# 安顺蒙正苗族民俗通论

罗荣彬 著

湘潭大學出版社
XIANGTAN UNIVERSITY PRESS

本书为贵州省高校乡村振兴研究中心成果，受到贵州乡村振兴2011协同创新中心、贵州省高校人文社会科学重点研究基地、贵州省哲学社会科学2021年度十大创新团队、贵州省人文社科示范基地等相关项目经费资助。

# 前 言

历史上的贵州，在各民族迁徙与定居的过程中，由于受高原山地川岭阻隔的影响，逐渐形成“大杂居，小聚居”的地理分布状态。或农耕而兼商贩，或半游牧而兼定居，各民族在贵州生息繁衍至今，发展出丰富多彩且极具特色的民族与地方文化。贵州各民族文化大抵以农耕文化为底蕴，存在于特定区域的山地聚落，通过一系列民俗仪式活动，勾连个体与群体的联系并将之彰显于世界。

目前，国发〔2022〕2号文件赋予贵州“四区一高地”的战略定位，要求贵州成为巩固拓展脱贫攻坚成果样板区，推动巩固拓展脱贫攻坚同乡村振兴有效衔接，全面推进乡村产业、人才、文化、生态、组织五大振兴，走具有贵州特色的乡村振兴之路。十里不同风，百里不同俗，贵州以山地聚落为特色的多民族民俗文化形态正在成为发展文化旅游的独特优势资源。

贵州安顺处黔省之中，民族文化资源富集，明清移民积淀而成的屯堡文化与本土世居族群绵延传承的亚鲁王文化相得益彰。在诸族群文化之中，崇奉竹王的蒙正苗族文化是独具特色的存在。本书以范热内普的“过渡礼仪”理论为研究视角，结合田野调查对安顺苗族（特别是蒙正苗族）的生育、成人、婚恋、丧葬仪式进行概述，用过渡礼仪“分隔—边缘—聚合”模式阐释安顺苗族人生礼仪不同状态的转化，并由此分析仪式与社会秩序建构的关系。关于本书，需要说明者有三，即研究方法、田野资料与仪式功能。

其一，研究方法。本书依据法国的范热内普的“过渡礼仪”理论为研究视角，考察安顺苗族山地、世居民族的背景和社会实际，通过文化史学、案例与文献互证等研究方法，以“蒙正苗族”为具体个案，挖掘安顺苗族人生礼仪的独特文化内涵和文化价值。

其二，田野资料。本书重视田野资料的呈现，以安顺蒙正苗族为例，不仅在正文中突出人生仪式的象征分析与社会秩序建构，还在“附录”中对不同支系苗族的婚俗仪式、丧葬仪式进行了整理。这样，既能客观呈现安顺苗族的人生仪式（生育、成人、婚恋、丧葬）过程与内容，也有利于保存安顺苗族仪式资料并为进一步研究提供帮助。

其三，仪式功能。安顺苗族的系列人生仪式活动由众多特定的象征符号构成，是个体勾连群体并获得群体身份认同的主要途径，蕴涵着人与鬼神、人与人、人与村落、村落与村落之间相互交流的丰富内容。通过人生仪式活动，延续族群历史叙事与群体记忆，构建内部社会关系并强化彼此认同。

总之，本书以安顺苗族族群为个案探讨人生仪式问题，记录并整理相关田野文献资料，希望能对安顺苗族尤其是蒙正苗族研究有所帮助，或为地方山地民俗旅游开发提供借鉴。

最后，本书在写作过程中参考了学术界有关苗族文化研究的诸多成果，引述了诸多前贤及友人的研究资料，在此谨向从事相关研究的专家学者、同事朋友表示衷心的感谢！限于笔者水平，加之时间仓促，书稿难免存在诸种不足，在此，恳请同行专家和读者朋友批评指正！

**罗荣彬**

**2022 年 6 月**

# 目　录

# 绪 论

文化是一种社会意识形式，也是人类在了解自然和认识自然的长期实践活动中逐渐形成的一种人类存在方式。各族人民生活中的民俗仪式是一种重要的文化载体。文化就是“作为群体或类的人的活动方式，……是人类群体或者类借以相互区别或者与他类相互区别的凭据”[①]。在人类历史的长期发展过程中，文化主要根源于人类的物质需要和精神需要，文化的传承往往通过人类社会交往的象征性符号系统来实现，一定的民俗仪式势必与人的文化活动密切相关。所以，一个群体的情感表达方式、民俗习惯、思维方式就是某个群体的文化符号，那么有着久远传承的民俗仪式就成为最为重要的载体之一。

党的十八大以来，习近平总书记多次强调优秀传统文化是中华民族的“根”和“魂”，是中华民族的精神命脉。习近平总书记强调：“一个国家、一个民族的强盛，总是以文化兴衰为支撑的，中华民族伟大复兴需要以中华文化发展繁荣为条件。”[②]“中国传统思想文化中的优秀成分，对形成和维护中国团结统一的政治局面，对形成和巩固中国多民族和合一体的大家庭，对形成和丰富中华民族精神，……对于促进中国社会利益和社会关系平衡，都发挥了十分重要的作用。”[③]这两段论述是习近平在考察孔子研究院时谈到的，彰显了中国传统文化对民族伟大复兴的重要意义，强调了优秀的传统文化对于构建民族统一大家庭的重要

① 李述一，李小兵．文化的冲突与抉择［M］．北京：人民出版社，1987：8.

② 把培育和弘扬社会主义核心价值观作为凝魂聚气强基固本的基础工程——习近平在中共中央政治局第十三次集体学习时的讲话［N］．人民日报，2014-02-26（01版）．

③ 从延续民族文化血脉中开拓前进推进各种文明交流交融互学互鉴——习近平在纪念孔子诞辰2565周年国际学术研讨会暨国际儒学联合会第五届会员大会开幕会上的讲话［N］．人民日报，2014-09-25（02版）．

作用。

各民族的民俗文化都是中国传统文化的一部分，生活在不同地域的族群所传承的民俗仪式也是中国传统文化的一部分。民俗仪式蕴含在“人”的日常生活，又作用于“人”的日常生活。生命个体的“人”一旦出生，就会“落入‘俗’中”，“人”就在“民俗”营造的环境中存在；反之，民俗仪式反作用于生命个体，往往用隐性方式影响生命个体的知识体系和精神世界，不同族群的民俗仪式也就促成了一个族群内特定的民俗心理，并由此形成了具有区域特色的民俗结构，就像乌丙安教授所说，民俗学是“人类的共同课题”，并且认为人类的基本属性之一是“因俗而生”。

因此，在当下深刻挖掘民俗仪式与社会秩序建构的关系，对于客观认识不同民族的民俗文化、研究不同民族文化的发展、提升地域民族文化自信具有非常重要的现实意义。

## 第一节　研究缘起

我国是由五十六个民族共同组成的大家庭，不同民族的民俗交融在一起，形成了独特的中华民族文化。在不同的民族之间有文化的交融，同样也各自保留着独特的民族文化特征。要使中华民族文化立足于世界之林，传承、维护和发扬少数民族特有的传统文化是不可或缺的，所以说，如何使少数民族传统文化得到充分的发挥，在当代社会中具有重要的意义和价值。如果说在中国古代文学史上出现的“汉乐府”诗是为了供封建社会的统治者“观风俗，知得失”的话，那么，中央政府机构代表团在新中国成立后对各个少数民族民间文化的研究和调查，以及对民族文化生态保护实验区的创立和对中国非物质文化遗产的维护等，都将体现中国政府对民族民俗文化的保护力度和决心，这种保护也是突显中华民族文化自信的一种重要方式。

安顺苗族民俗仪式承载着苗族历史记忆，对社会秩序建构有一定的现实意义。在全球化背景下，保护和传承少数民族民俗文化迫在眉睫，安顺苗族文化是贵州民族特色文化的有机组成元素，探讨其民俗仪式特征有利于助推多彩贵州民族特色文化强省建设工程，以及树立民族地区文化自信；分析安顺辖区苗族民俗仪式与社会秩序建构的关系，有利于发挥少数民族文化在当代中国社会文化建设中的作用。

## 一、国家对非物质文化遗产的保护与扶持

民族民俗文化、区域群体的民俗仪式，都是我国传统文化的一分子。近年来，国家政府特别注重对民族民俗文化的保护和扶持，尤其是 2000 年以来陆续出炉了一系列的中国非物质文化遗产保护政策。

2001 年 5 月 18 日，联合国教科文组织颁布“中国昆曲艺术”为首批“人类口头和非物质遗产代表作”，掀起了抢救与维护中国非物质文化遗产工作的浪潮。2003 年 1 月 23 日，财政部与文化部联合国家文联、民委开启了中国民族民间文化的维护工作，并且于 2004 年 4 月颁布《关于实施中国民族民间文化维护工作的通知》。2005 年 3 月，国务院办公厅下发了《关于加强中国非物质文化遗产保护工作的意见》。之后，国务院连续四次组织国家级非物质文化遗产名录评审工作：2006 年，第一批非物质文化遗产名录颁布了 518 项国家级非物质文化遗产名录；2008 年，第二批非物质文化遗产名录入选了 510 项；2011 年，第三批国家级非物质文化遗产名录入选 191 项，扩展项目名录 164 项，其中安顺紫云苗族布依族自治县的文学作品《亚鲁王》就被收录在第三批；2014 年，第四批国家级非物质文化遗产名录新入选 153 项，扩展项 153 项。另外，2004 年 8 月 28 日，第十届全国人民代表大会常务委员会第十一次会议决定：批准于 2003 年 11 月 3 日在第 32 届联合国教科文组织大会上通过的《保护非物质文化遗产公约》。与此同时，中国学术界也对非物质文化遗产保护理论研究高度重视，研究者主要展开了内涵、价值、功能、特征、保护措施等相关内容的研讨。随着保护非物质文化遗产实践的发展，不但开始对其进行深入探讨，许多学者也相继从不同学科角度研究关于非物质文化遗产问题，为我国在制定相关少数民族文化保护传承和发展政策上提供了相关的依据。

国家除了制定保护非物质文化遗产的相关制度以外，还相对集中地制定了非物质文化遗产保护政策和法律与之相配套。2011 年 2 月，全国人民代表大会第十一届常务委员会第十九次会议通过了《中华人民共和国非物质文化遗产法》。2012 年 2 月，文化部出台了《关于加强非物质文化遗产生产性保护的指导意见》。2012 年 3 月，贵州省为了加强对非物质文化遗产的保护，根据《中华人民共和国非物质文化遗产法》制定了《贵州省非物质文化遗产保护条例》。特别是十八大召开后，习近平总书记曾多次谈及中国传统文化和民族民俗文化，并阐述

了对传统文化思想价值体系的推崇与认可，阐述了保护民族民俗文化的重要意义。

由此可看出，当下我国的民族民俗文化遗产保护与发展工作，已经作为国家文化的发展战略而存在了。但是，随着全球化时代的到来，各国文化遭受了明显冲击。我国少数民族地区的传统生活方式在全球化时代背景下也难以保留原生态的民族民俗文化特色，遭遇生存与发展的严苛挑战。因此，我国亟须对少数民族地区文化生态进行保护，需要提升中华民族的自信力，建立平等的族际关系，并通过保护、发展、传承民族传统文化的工作，以克服当前少数民族传统文化不断失落或者隐去的重大困难。在这样的背景之下，只有把握不同地域民族民俗文化的不同特点，才能提升民族民俗文化转型的自主能力，才能有效助推少数民族地方社会经济文化的和谐发展。

## 二、安顺苗族是中华民族的组成部分

苗族是我国五十六个兄弟民族中的一员，从汉文献的史料、中国考古以及新中国成立以来的苗学研究专家、学者的研究成果中可以发现：苗族源于中国古代的“东夷”“九黎”集团，自涿鹿大战战败之后，苗族先民就开始了规模宏大的迁徙，苗族先人足迹遍及整个中国大地和世界多个国家，成为一个世界性的民族。

苗族是最早的农耕民族之一，在黄海、东海、渤海湾岸的江苏、浙江、山东和上海一带发展起来，后来又转而扩展至安徽、江西、湖北和河南。原始社会时，他们从黄河北渡，在中原挺进，并将势力在河北、山东和山西全境中扩展，形成了名为“九黎”的部落联盟。与此同时，炎、黄部落集团在西北地区的陕西、渭水流域壮大后，也先后向东发展并从中原地带进入。三大部落集团为争夺生存空间，在中国这块大地上发生了有史以来的第一次大战——“涿鹿大战”，此次大战最终以“九黎”部落集团的战败而告终。“涿鹿大战”中炎、黄部落集团的胜利，开创了中国历史游牧民族战胜农耕民族的先河，此次战败后，“九黎”部落便开始向南方撤离。

撤退后的“九黎”部落在长江中下游凝聚成全新的群落，即“三苗”，也称为“三苗国”“苗民”。当时“三苗”凭借着雄厚实力，曾与尧、舜、禹等为首的各大联盟部落不断斗争。之后尧、舜、禹部落向南扩张突进，其间，“三苗”断断续续地发起强势攻击，此次战役后“三苗”战败，少数苗族西迁至今四川东北部、西北的甘肃青海东部一带，部分继续南迁至今湖南、江西一带。苗族在商周时期（约公元前1600—前256年），被称为“荆楚”或“南蛮”，之后又被称为“荆蛮”。苗族经过三次西迁后，有一些苗族南迁到了今云南东北部和贵州西北部，历史上称之为“莫”或“西南夷”等。春秋战国时期（公元前770—前221年），楚国“南并蛮越”，处于江南荆楚地的苗族在此次战争后又陆续向西迁至今黔东、湘西。在秦汉之时被称为“武陵蛮”，东晋时期后又称之为“五溪蛮”。唐宋时期（公元618—1279年），今贵州东部、西部和中部有大量苗族西迁至此，史称“蛮夷”或“蛮”。

可见，苗族作为一个迁徙较为频繁的民族之一，在不同的历史时期其迁徙规模、行程、方向和原因也不尽相同，据《安顺苗族》记载：安顺苗族经历三大迁徙，秦、汉朝之后逐步定居安顺境内，到宋代，安顺已经成为苗族稳定的居住地区之一。①

安顺市的苗族迁来最早的已有两千多年。据《史记》卷一百一十六《西南夷列传》记载：“始楚威王时，使将军庄蹻将兵循江上，略巴、黔中以西。庄蹻者，故楚庄王苗裔也。”荆楚蛮作为楚国当时主要成员，其自西征收荆蛮族兵士留夜郎，久而久之收为百姓，苗族迁入安顺市境便是以此为始。今安顺市境内的主要民族之一便是秦汉期间西迁和南迁的苗族。彝文本《夜郎竹王》载：竹王与濮人、僚人等作战，建立九十九座城池，苗族分得三座，汉族分得十九座，其他由彝兵管制。苗族在隋唐、五代时大量从东迁入安顺市辖区，“西苗”在今安顺市辖区居住，安顺主体民族之一便为苗族，罗甸国的普里部治所亦有诸多“蛮夷”。唐懿宗咸通十四年（公元873年）间，南诏国出兵攻打黔南、黔中，掠夺人丁、财物，普里部降南诏，一些苗族便迁至云南。宋代，苗族人口在安顺市境内增多，建有阿达卜等较大的集镇。

按照语系来看，安顺苗语属于汉藏语系苗瑶语族苗语支，在苗族语支中又分三大方言，即黔东方言、湘西方言、川黔滇方言。目前，安顺苗族主要属于川黔滇方言。对于安顺苗族的分类，根据不同的视角出现了不同称谓：根据服饰、头饰的不同，可以称为“花苗”“青苗”“白苗”“红苗”“黑苗”“歪梳苗”等；根据居住地域不同，称为“西苗”“西堡司苗”“康佐司苗”“阿励苗”“坝苗”“水西苗”“四大寨苗”“洞苗”“永宁苗”“古董苗”；还有根据居住地是否偏僻，分

① 安顺市苗学会. 安顺苗族［M］. 贵阳：贵州民族出版社，2011：11.

为“生苗”“熟苗”等。[①] 安顺苗族虽然民间俗称较为繁杂，服饰和头饰也有显著区别，但是他们在社会交往过程中，诸多的民俗仪式还是有着较为广泛的一致性。

## 三、树立民族文化自信的需要

文化是一个民族的精神家园，是由民族、宗教、地域、民俗仪式等具体符号和载体构成。目前，我国在文化大繁荣的阶段，提倡“文化自信”，强调民族文化、地域文化的功能。那么，发挥少数民族文化在当代中国社会文化建设中的作用，对于实现中华民族文化的多元发展具有重要意义。

研究区域民族民俗文化，有利于丰富民族学和民俗学文化的研究。安顺苗族仪式文化有着几千年历史的传承与发展，蕴含着安顺苗族人的思想观念、行为方式，凝聚着安顺苗族人民的信仰以及价值取向。以安顺蒙正苗族为个案分析安顺苗族的礼仪文化内蕴，可以为苗族文化的保护和发展提供理论参考，可以丰富和发展我国民族民俗文化的研究。

研究区域民族民俗文化，有利于促进民族非物质文化遗产的保护。随着社会的发展，安顺苗族礼仪文化的民族特色逐渐地消退，但是这并不意味着民族文化没有存在的必要。在提倡保护民族文化原生态的今天，肯定某一区域的苗族礼仪文化的当代价值，对推动民族地区的文化建设有着重要的意义。

## 四、安顺苗族人生仪式承载着苗族历史记忆

民俗仪式承载了人类对族群的历史记忆和文化认同，所以说苗族人生仪式作为苗族民众仪式的一部分，也是对苗族历史记忆的承载。安顺苗族人生仪式在日常生活中起着加强族群成员之间横向交流的互动作用。正是因为安顺苗族诸多仪式在纵向上的记忆和认同属性，世代传续、覆盖族群生产生活的方方面面，因此在共时态的层面亦加强了族群成员的交流互动。这种交流和互动表现在村寨百姓之间、村寨与村寨、村落与族群乃至国家的联系，这种交流和互动恰恰是探讨社

① 注：居住在平坝、紫云、镇宁、关岭的苗族称为“西苗”，居住在普定的称为“西堡司苗”，居住紫云苗族称为“康佐司苗”，今安顺城郊的苗族称为“阿励苗”。清代对苗族的称谓复杂交叉：称居住在平坝、西秀区、镇宁自治县的苗族为“坝苗”“水西苗”，称居住在现紫云自治县的苗族为“四大寨苗”“洞苗”，称现在居住在关岭自治县的苗族为“永宁苗”，称现在居住在镇宁自治县、西秀区、紫云自治县交界的苗族为“古董苗”。称居住在深山僻岭的苗族为“生苗”，居住在统治中心地区的苗族为“熟苗”。

会秩序建构的重要组成部分。

从不同的研究角度对民俗仪式分类也不同，从构成单位来看，民俗仪式大体分为家庭仪式、宗族仪式、社群组织仪式、村落公共仪式、村际互动仪式五类，由此看到不同仪式类型对人的社会化和整个族群社会建构的作用。人生仪式只是民俗仪式的一个部分，安顺苗族人生仪式同样具有承载苗族人的历史记忆、文化认同、社区秩序、族群意识等方面的意义。安顺苗族人生仪式，覆盖着苗族族群的生产生活，增强着村民、村寨、族群的生活生产的稳定性，蕴含着人与人、村与村之间内部的秩序。安顺苗族人生仪式在促进人们的交流的同时，彰显了苗族村寨百姓的人生价值观念，满足了村民的精神需求。

综上所述，本选题以“安顺苗族人生礼仪与秩序建构研究”为研究对象，主要原因有以下五个方面。

第一，在全球化背景下，保护和传承少数民族民俗文化迫在眉睫。虽然我国政府对少数民族非物质文化遗产的保护已经上升到国家文化发展战略方面，但是少数民族文化的传承仍然无法逃避全球化时代带来的冲击，一些少数民族传统文化不断地在消亡或衰减，所以，要提升中华民族自信心，就势必要深刻了解地方民族民俗文化的特点、价值和意义。

第二，研究安顺苗族民俗文化，有利于助推多彩贵州民族特色文化强省建设工程。安顺苗族文化是贵州民族特色文化的有机组成元素，目前，学术界较为关注贵州苗族民俗文化的发展，但是系统性和深入性还是不够①。就对贵州省苗族文化的关注来说，其所涉及的面较为宽泛，可以说有苗族居住的地区都能得到学者的关注；也有就某一地区的苗族民俗文化研究较为系统而深入的，例如黔东南的苗族民俗文化、台江县苗族民俗文化、清水江流域的苗族文化等；还有就某一理论视角下关注地方苗族文化特征的研究，例如从社会学角度探讨苗族婚俗、丧葬习俗等。但是，苗族种类较多，他们在迁徙的过程中，所生活的地理环境和所形成的人文环境不同，他们所保留和传承的苗族民俗还是有明显区别的，所以，安顺苗族民俗文化作为贵州文化的一部分，研究其传承与发展有利于助推多彩贵州民族特色文化强省的建设。

① 注：就贵州苗族文化的研究而言，主要集中且影响广泛的地区有黔东南、台江县、清水江流域等地的苗族群落；贵州其余地区的苗族文化研究较为分散，例如贵阳市的花溪区、乌当区、南明区、云岩区、白云区等，安顺的紫云东南、镇宁县、西秀区等，六盘水市的水城县、六枝特区及钟山区，毕节市的织金、纳雍、黔西、大方、威宁、赫章，遵义市的务川、道真二县，铜仁市的松桃、印江、思南三县等。

第三，研究安顺苗族民俗文化的特征，是树立民族地区文化自信的需要。目前，在我国提倡“文化自信”的号召下，探讨安顺辖区苗族民俗文化的功能，有利于发挥少数民族文化在当代中国社会文化建设中的作用，有利于丰富民族学和民俗学文化的研究，有利于促进对民族非物质文化遗产的保护，对推动民族地区的文化建设有着重要的意义，对于实现中华民族文化的多元发展也具有重要意义。

第四，从不同学科角度研究安顺苗族人生仪式，具有一定的样本意义。因为它既是贵州苗族传统民俗的一部分，又体现了不同地域苗族分支的多样性。苗族人生仪式既具有传统民族村落的普遍性特征，同时又是在特定时空背景下塑型并延续至今的产物。从人生仪式入手，在一定程度上可以通过安顺苗族所承载的民族文化反观其社会秩序的建构。

第五，学术界关于苗族仪式的研究已有诸多成果，这些成果把“仪式”与“社会秩序建构”相联系的研究成果不多，特别是对某一区域民族的仪式特征分析不够深入。安顺苗族生活在这片土地上，不仅有丰富的仪式资源，且其仪式行为本身也作为主体参与到社会秩序建构之中，这也是确定该研究选题的主要原因之一。

## 第二节　研究对象及研究方法

本课题的立项题目是“黔中苗族人的人生礼仪与秩序建构”，但笔者在实际调研的过程中，认为“黔中”作为行政区划所囊括的空间位置的确定性有待进一步探讨，这里因项目负责人在申报该项目时考虑不成熟所致，故本课题研究对象直接界定为安顺苗族。安顺苗族人指居住在安顺辖区的苗族人民，安顺苗族人生礼仪即安顺辖区的苗族民俗文化生活仪式，即是安顺苗族人的生育礼、成年礼、婚礼、葬礼等人生阶段的仪式流程。

### 一、本课题研究对象

本课题研究初衷在于通过对安顺苗族人生礼仪的分析，揭示其历史演变过程及论证人生礼仪在当今安顺苗族社会生活中存在的表现形式，以及这种表现形式对安顺苗族人生活的影响，从而深化对安顺苗族社会文化的理解。

本课题研究内容包括三个部分：首先，考察安顺辖区不同苗族群体的生育、成人、婚恋、丧葬四种主要的人生仪式过程，客观呈现安顺苗族人生仪式的过程；其次，以范热内普的过渡仪式理论为观察视角，重点分析安顺苗族传承下来的约定俗成的人生仪式特征，探讨其表层的符号与内在结构的象征意义；最后，在对安顺苗族人生礼仪象征性特征分析的基础上，挖掘安顺苗族人生礼仪的文化意义和功能，试图探讨人生礼仪与建构社会生活秩序的关系。

安顺辖区共有苗族人 40 余万人，县区之间的苗族节日时间并不完全一致，他们的服饰及头饰区别明显，他们的成人仪式在逐渐地弱化，他们的婚俗仪式、丧葬仪式略有区别。所以，在调研过程中，笔者尝试尽可能地搜集安顺辖区内所有苗族人生仪式（附录整理罗列了一部分），重点以镇宁、紫云、西秀区三县（区）交界处的“蒙正苗族”为个案作为研究对象，探讨安顺苗族的人生仪式对社会秩序建构的作用，在今后的研究中再继续拓展对安顺苗族人的人生礼仪与秩序建构的深入研究。

鉴于调研情况，下面将“安顺苗族”的范围做出具体统计，在本书主体部分主要以镇宁、紫云、西秀区三县（区）交界处的“蒙正苗族”为主要研究对象进行分析。所以，这个部分概括介绍“安顺苗族”的范围，具体介绍安顺蒙正苗族的范围。

### （一）安顺苗族所指

目前，安顺辖区包括 8 个县（区），分别是西秀区、平坝区、普定县、镇宁布依族苗族自治县、关岭布依族苗族自治县、紫云苗族布依族自治县、安顺经济技术开发区、黄果树旅游区，总面积 9 267 平方千米。据 2017 年统计，安顺市总人口 300 万人，包含少数民族人口 120 万人，在全市人口中大概占到 40%，其中苗族大概有 40 万人，在安顺市的少数民族人口中居于第二。

据统计，安顺苗族人口分布情况如下：西秀区的苗族主要集中分布在华西办事处、东关办事处、轿子山镇、蔡官镇、七眼桥镇、旧州镇、岩腊苗族布依族乡等区域约 90 000 人；紫云苗族布依族自治县的苗族主要集中居住于松山镇、水塘镇、猫营镇、四大寨乡、白石岩乡、宗地乡、大营乡等地，大约有 130 000 人；平坝区的苗族人口主要集中于夏云镇、天龙镇、马场镇、十字回族苗族乡、齐伯乡、羊昌布依族苗族乡等区域，近 50 000 人；关岭布依族苗族自治县集中分布在关索镇、花江镇、断桥镇、岗乌镇、普利乡、八德乡、上关镇、永宁镇、顶云乡、坡贡镇等区域，也有近 40 000 人；普定县的苗族人口主要集中分布在坪上苗族彝族布依族乡、补郎苗族乡、猴场苗族仡佬族乡、猫洞苗族仡佬族乡、城关镇、白岩镇等地区，约 35 000 人；镇宁布依族苗族自治县的苗族主要集中于江龙镇、马厂乡、朵卜陇乡、本寨乡、沙子乡、革利乡、六马乡、良田乡、简嘎乡等，大约 40 000 人；安顺市经济技术开发区的苗族人口主要集中在西航街道、幺铺镇、宋旗镇等区域，有 18 000 人；黄果树旅游区的苗族主要集中在黄果树镇、龙宫镇两个镇，约 2 000 人。各县（区）苗族分布情况见“附录一：安顺苗族分布情况简介”。

一般而言，在安顺辖区对苗族的称谓有五种：“白苗”“黑苗”“红苗”“青苗”“花苗”。在具体的方言中称谓名目繁多，例如“西苗”“东苗”“箐苗”“紫姜苗”“短裙苗”“宋家苗”“蔡家苗”“大花苗”“小花苗”“黑山苗”“九姓苗”等几十种。这些众多的苗族称谓，多数是五种称谓下的小分支而已，如“黑山苗”“黑生苗”都属于“黑苗”，“大花苗”“小花苗”属于“花苗”。

据史料记载，安顺苗族有多种称谓：名冠以苗族的族称，例如“西苗”指的是居住在平坝、安顺、紫云、镇宁、关岭的苗族，“西堡司苗”指的是居住在普定的苗族，“康佐司苗”指的是居住在紫云的苗族，“阿励苗”指的是今安顺城郊的苗族。清代，对苗族的称谓复杂交叉，例如称现在居住在平坝、西秀区、镇宁布依族苗族自治县的苗族为“坝苗”“水西苗”，称居住在现紫云苗族布依族自治县的苗族为“四大寨苗”“洞苗”，称现在居住在关岭布依族苗族自治县的苗族为“永宁苗”，称现在居住在镇宁布依族苗族自治县、西秀区、紫云苗族布依族自治县交界的苗族为“古董苗”“蒙正苗”，按当时统治者统治势力，称居住在深山僻岭的苗族为“生苗”，称居住在统治中心地区的苗族为“熟苗”。还有按不同服饰、头饰的称谓，如称“花苗”“青苗”“白苗”“红苗”“黑苗”“歪梳苗”等。[①]

安顺苗族具体分布如“安顺市苗族分布图”所示（见图 0.1）：

① 安顺市苗学会. 安顺苗族［M］. 贵阳：贵州民族出版社，2011：36.

图 0.1　安顺市苗族分布图（王国清先生提供）

## （二）安顺蒙正苗族所指

安顺蒙正苗族也被称为“歪梳苗”或者“古董苗”，“蒙正”的意思是“留下”的意思，“蒙正苗”表示在战争年代被苗族祖先留下的一支苗族。安顺蒙正苗族人口主要分布在镇宁、紫云、西秀区三县（区）交界处的 11 个乡（镇），68 个村，162 个自然寨，约 5 000 户，人口约 30 000 人。

安顺蒙正苗族居住的自然条件较差。大多数蒙正苗住在偏僻山区，如镇宁的蒙正苗主要居住在海拔 1 649.5 米的蜂糖大山周围，而且每个村寨的居住地点都是有选择的，多住在山梁、山顶，背靠大山，依山为寨。据介绍：由于过去兵荒马乱，如果住在山脚和山坳的地方，外人入侵不易发现对方，到发现时已来不及躲避；选择在山梁、山腰、山顶，依山为寨，背面有防御的作用，前面居高临下，如有外人来侵犯，一是容易发现，二是可以躲避。所以，今天蒙正苗族居住的村寨大都是在山梁、山腰、山顶的现状。

安顺蒙正苗族房屋建筑的形式很独特。正如民国《镇宁县志》载："本县地瘠民贫，乡间穷苦农人，虽值隆冬，仅着衣一件，或以粗麻布为衣者为数甚多。更有夜宿稻草窝中，以禾苗编成之秧毡代被，终其生未见被盖者。"[①] 据统计，现在蒙正苗族的住房主要有以下四种形式：(1) 石头墙房。石头主要用于砌岸坎和房子地脚一周。房子的建造首先是自家把屋基挖好，再由石匠来下石，房子前面拨条岸坎，岸坎的外观都是石匠用錾子一錾一錾打的，有的粗一点，有的是细锤细錾，石匠是根据主人家的要求以质论工定价而做。岸坎一般是一磴一盖，有的是二蹬一盖。岸坎在房子前面一是美观好看，二是能保持屋内干燥。(2) 木质结构部分。由于蒙正苗居住的地方盛产杉木，所以柱头大部分是杉木的，木结构部分也要用钱请当地的木匠做，木工价钱的多少是根据主人家建房的大小而定。木工做好后，择定日期才立房。(3) 石板房。所谓石板房就是将石板盖在房顶上，当地有一种石头是起层的，用锤子敲开，可成一块一块的，厚度在七八厘米最适宜盖房，石板盖在房顶上既可防风避雨，而且有冬暖夏凉的好处，所以当地都用这种石板盖房。(4) 地圈。所谓的地圈就是设在屋内的地下。蒙正苗族的房子一般是长三间，少数人家是长五间。有部分人家的牛圈设在屋内地下，故称地圈。地圈的门由岸坎前面开，屋内要设地圈的，在拨岸坎前就事先在一间屋的下半隔底下挖个牛圈坑，然后用石头先把圈砌好，房子盖好后，再用方板将地圈盖上。地圈设在屋内的好处，一是节省地基，二是方便晚上喂牛的草料，三是还可以防止晚上小偷盗牛（地圈楼上一般都可以住人）。

蒙正苗族族谱。安顺蒙正苗族各家族均有自己的母系族谱和父系族谱。蒙正

---

① 镇宁布依族苗族自治县志编纂委员会编. 镇宁布依族苗族自治县志［M］. 贵阳：贵州人民出版社. 2002：55.

苗族社会历史的发展与人类社会历史发展一样，同样经历了由母系氏族社会到父系氏族社会。虽然蒙正苗族进入父系氏族社会已有几千年的历史，但由于地处偏僻，与外族交往少，长期处于封闭的状态，至今还保留着古代先民们创立的母系氏族谱系。

安顺蒙正苗族的母系、父系族谱，主要体现在父子、母女连名上。蒙正苗族一个人一生中有两个名字，一个是小名，小名是生下第三天给取的名字，男孩、女孩均在父名的后面加上一个名字。例如，父名叫“尤爱”，儿子名“爱华”，即“爱”是父名，“华”是子名。这个小名要叫到结婚后取成人名为止。成人名为结婚的第二天，家族中给取的名字，这个名在小名后加上一个成人名，如“华”是小名，在“华”后加一个“玉”，“玉”就是成人名。为体现成人统称叫“尤玉”，这个成人名一直叫到去世，祭祖时还叫这个名字。婚后新郎取了成人名后，新娘也跟着新郎名来取名，所不同的是，新郎叫“尤玉”，新娘叫“抱玉”（“尤”指男性，“抱”指女性）。

由于族谱没有文字记载，只能是靠口传心记，对逝去多年祖辈的名字难以记下来。因此，各家族规定，祭祖名单有祭五辈、三辈的，以上的统称祖先。虽然蒙正苗族进入父系社会已是几千年，但母系氏族社会的族谱至今在蒙正苗族中还有遗迹，父系族谱和母系并存。但父系和母系的社会功能各异，父系主要体现在家族祭祖上，母系的社会功能主要体现在婚姻上。在蒙正苗族中流传的俗语叫：男的“清家族”，女的“清针线”。所谓“清针线”，就是母系氏族族谱。进入20世纪80年代后，年轻人走出大山到省内外打工，有的与其他民族通婚，年青一代在婚姻上不“清针线”了，母系氏族族谱逐步淡化。

## 二、本课题研究方法和范围

本课题考察安顺苗族的生育仪式、成人仪式、婚恋仪式、丧葬仪式等人生仪式文化，具体的研究方法和研究范围如下。

在研究方法上，主要依据法国的范热内普的“过渡礼仪”理论为研究视角，考察安顺苗族特殊的民族背景和社会实际，从中找出安顺苗族人生礼仪的潜在价值，及其人生礼仪独具匠心的世界观和人生价值观对区域社会秩序的建构功能。在行文中将“安顺蒙正苗族”作为具体个案，采用文献互证的策略。

在研究范围上，本课题研究对象是安顺苗族人生仪式，在进行田野调查的过程中，根据本课题的田野考察方案，对不同县区进行分组展开调研，最后结合调研结果，归纳梳理了不同方言支系苗族的生育仪式、成人仪式、婚恋仪式、丧葬仪式过程。在具体的行文中，为了言之有物避免空泛阐述，采取以安顺的某一类苗族（安顺蒙正苗族）为主要研究对象，探讨苗族人生仪式与社会秩序建构的关系，这样既可以具体地了解到安顺蒙正苗族人生仪式，又可以纵观安顺苗族民俗仪式现象。

在具体研究视角上，主要涉及镇宁、紫云、西秀区交界处的蒙正苗族人生礼仪，运用范热内普“过渡仪式”理论对安顺蒙正苗族的文献进行全面的考察与研究，将民俗仪式的功能运用到安顺蒙正苗族的人生礼仪研究中去。

## 三、成果概要

### （一）本课题研究的目的和意义

#### 1. 研究目的

仪式是最能体现人类本质特征的行为表述与符号表述，它反映了不同族群对人与世界的理解与看法，彰显了不同族群的文化与社会生活的基本结构以及整体运行秩序。所以，本课题试图以安顺蒙正苗族人生仪式为个案，梳理其历史演变过程中仍然保留的仪式（生育、成人、婚恋、丧葬）过程，以范热内普的“过渡礼仪”理论为视角，分析相关仪式过程背后蕴含的象征性含义，诠释人生仪式在安顺苗族社会秩序建构中所起的作用。

#### 2. 研究意义

理论意义：仪式作为文化的核心内容，成为人类学、民族学研究的重要领域之一。以安顺蒙正苗族为个案探讨人类的仪式问题，有利于丰富民族学和民俗学文化的研究，有利于促进民族文化遗产的保护，有利于助推多彩贵州民族特色文化强省建设工程，对区域民族文化建设的研究具有一定的理论意义。

应用价值：安顺苗族作为苗族的一部分，承载着苗族人的历史记忆。在全球化背景下，从不同学科角度深刻挖掘安顺蒙正苗族人生仪式的象征性特征与社会秩序建构的关系，具有一定的样本意义。该研究成果既是贵州苗族民俗的一部分，又体现了不同地域苗族分支的多样性。

## （二）研究成果的主要内容、重要观点或对策建议

### 1. 本课题研究成果的主要内容

本课题研究成果的主要内容包括以下三个部分。

第一，绪论、第一章和第二章是本课题开展研究的基础。主要介绍了本项目研究的缘起、研究对象、研究方法；梳理了学术界关于“苗族”“仪式”“贵州苗族人生仪式”的研究情况，并作出简要述评，为今后进一步地深入苗族仪式研究打下基础；第二章介绍安顺苗族基本情况，如分布、婚恋、丧葬及人生仪式等。

第二，第三章和第四章是本课题研究重点。第三章考察梳理了安顺苗族不同分支的人生仪式程序，客观完整呈现了生育、成人、婚恋、丧葬四种人生仪式过程。第四章从范热内普为代表的过渡仪式理论视角，以安顺蒙正苗族人生仪式为个案，分析安顺苗族人生仪式表层的符号与内在结构的象征意义。

第三，第五章是本课题研究的核心内容。在对安顺苗族人生礼仪象征性特征分析的基础上，挖掘安顺苗族人生礼仪的文化意义和功能，从三个方面分析了人生礼仪与社会生活秩序建构的关系。

### 2. 本课题研究成果的重要观点

第一，安顺苗族人生礼仪极具有范热内普“过渡礼仪”理论的一般性特征，也具有民族独特性。依照范热内普的“过渡礼仪”理论视角，通过考察安顺苗族独特的生育、成人、婚恋、丧葬等人生仪式过程，笔者认为在安顺苗族人生仪式的系列过程中，确实存在“过渡性”特征。在第二章客观呈现苗族人生仪式程序的基础上，第三章首先概括了范热内普“过渡礼仪”理论的三层含义，然后依次分析了生育、成人、婚恋、丧葬四种仪式具有的“分隔—边缘—聚合”的象征性特征。

第二，安顺苗族人生礼仪与社会秩序建构关系密切。安顺苗族将一整套的生命伦理蕴含在了语言、农耕生活、各类仪式之中，成为完善个体生命以及引导族群内部和谐共生的重要基石。安顺苗族通过不同阶段的人生仪式建构起了自身信仰崇拜的神圣空间，在具体的演绎中一定程度上规范了社会秩序，在这个过程中将历史进程、社会文化、公共记忆等要素紧密关联。因而，在漫长的社会记忆中，安顺苗族群体形成的固有的人生仪式具有承载民族历史的叙述、强化族群内部认同感、构建族群内部社会关系的功能。

### （三）研究成果的突出特色

本研究成果运用过渡礼仪理论，结合田野调查对安顺苗族（特别是蒙正苗族）的生育、成人、婚恋、丧葬仪式进行概述，用过渡礼仪“分隔—边缘—聚合”模式阐释了安顺苗族人生礼仪不同状态的转化，并由此分析了仪式与社会秩序建构的关系。突出特点有以下三个方面。

其一，研究方法具体。在研究方法上，主要采用文化史学、案例与文献互证的策略，根植于安顺苗族特殊的民族背景和社会实际，从中找出安顺苗族人生礼仪的独特文化内涵和文化价值。以范热内普的“过渡礼仪”理论为研究视角，考察安顺苗族特殊的民族背景和社会实际，从中找出安顺苗族人生礼仪的潜在价值及其人生礼仪独具匠心的世界观和人生价值观对区域社会秩序的建构功能。在行文中将安顺“蒙正苗族”作为具体个案，采用文献互证的策略。

其二，扎实的田野调查资料，为今后苗族研究打下基础。在内容上，正文以安顺蒙正苗族的人生仪式为个案窥探安顺苗族仪式文化，在“附录”中对不同支系苗族的婚俗仪式、丧葬仪式进行了整理，这样既可以具体地触摸到安顺蒙正苗族人生仪式，又可以涵盖安顺苗族民俗仪式现象。可以说，田野调查的收获，客观呈现了安顺苗族不同支系的人生仪式（生育、成人、婚恋、丧葬）过程的内容，既有力地支撑本课题的研究内容，又为今后拓展安顺苗族仪式研究打下坚实的基础。

其三，探讨安顺苗族人生仪式的功能，在一定程度上既可以丰富苗族仪式理论研究，又可以促进苗族文化遗产保护。研究成果从“分隔—边缘—聚合”三个层次的仪式行为分析了安顺苗族人生仪式象征性特征，阐释了其促进族群内部交流、强化个体身份认同、增强族群内部认同三个方面对社会秩序建构的作用。安顺苗族的人生仪式活动不仅仅是一个单纯的存在，它是由众多特定的象征符号构成的。安顺苗族民俗仪式活动背后，实则蕴涵着人与鬼神、人与人、人与村落、村落与村落之间的一种交流方式，也是一种个体由虚拟世界走进现实世界的特殊表演活动，并且在系列仪式表演活动中完成对个体生命的身份认同。这些仪式活动还具有承载着苗族民族历史叙述方式、强化着族群内部的认同感、构建着族群内部社会关系的功能。

## （四）研究成果学术价值、应用价值，以及社会影响和效益

### 1. 本课题研究成果的学术价值

仪式作为文化的核心内容之一，也是最能体现人类本质特征的行为表述与符号表述，因而成为人类学、民族学研究的重要领域之一。可以说，安顺苗族的人生仪式活动，与其他民族有着共通性，它们不单单是对一种主体社会角色单纯性的转换与认同仪式，更重要的是蕴含了对主体社会角色权利与义务的教化与规范作用。因而，从范热内普的“过渡礼仪”理论切入，以安顺苗族族群为个案探讨人类的仪式问题，具有一定的学术价值。

### 2. 本课题研究成果的应用价值

通过对安顺苗族“人生仪式”的象征性内蕴的解释，可以发现其人生礼仪活动过程本身是对构建社会秩序的一种努力，并且确实也在不断建构社会秩序。人生礼仪展演诠释了安顺苗族人的信仰，承载了民族历史的记忆，强化了生活逻辑的秩序，构建了群体之间的认同，同时建构和调整着人与神、人与人、人与社会的秩序。在这个意义上，人生礼仪可以起到建构和维护社会秩序的作用，具有一定的应用价值。

### 3. 社会影响和效益

一则本研究成果可以为研究苗族民俗的国内外科研人员提供研究参考。该成果通过田野调查整理了安顺苗族不同支系的人生仪式的内容，可以让有志于贵州民族文化研究的学者更多地了解贵州苗族文化。二则该成果聚焦于安顺苗族人生仪式及其秩序建构，拓宽贵州少数民族仪式研究的话语体系，进而丰富贵州民族学研究。三则因为安顺苗族的人生礼仪在加强族群凝聚力方面有不可忽视的作用，因此本课题的研究成果还可以提交政府或企事业单位，为有关部门在活化少数民族村落和进行少数民族村寨旅游开发方面提供决策依据。

# 第一章　苗族研究与仪式研究文献综述

在民族学、人类学、民俗学的研究范围内，仪式研究是较为关键的层面，对于仪式很多学科都有着各自的角度认知和不同理解，由此研究成果侧重点也不同。对于苗族文化的研究，历来有诸多学者及专家对其进行多方面关注：有的探究其历史的发展和族群的变迁，有的从人类学、社会学、民族学的学科角度探寻苗族仪式的社会意义，挖掘其仪式的社会功能。

本章两节内容先后概括梳理了学术界关于国内外学者对于苗族和人生仪式的研究现状，并且对贵州苗族文化的研究情况进行简要梳理。

## 第一节　关于苗族研究综述

这个部分按照时间线索，列表概括梳理国内和国外对苗族文化进行研究的情况，具体如下。

### 一、国内关于苗族的研究情况

从“九黎”时期，有关苗族记载的历史至少有五千年，苗族是中国最古老的民族之一。根据苗族的发展历史进程来看，国内学者对苗族的研究大致可以根据历史发展进程分为古代、近代和现代几个时期。关于苗族的研究分期以及具体的研究成果，为了更清晰地呈现给大家，具体内容见“表 1-1：国内学者关于苗族研究情况一览表”所示。

**表 1-1 国内学者关于苗族研究情况一览表**

| 分期 | 历史时期 | 主要著作 | 价值或意义 |
| --- | --- | --- | --- |
| 古代苗族文化研究情况 | 先秦 | 《尚书·舜典》《韩非子·五蠹》《墨子·非攻》《战国策·魏策》《荀子》《礼记》《吕氏春秋》《资治通鉴》等。 | 主要反映苗族先民的生活习俗、传说故事、居住地域以及先代苗族人民对于封建社会中民族压迫和民族歧视的反抗活动等，这一内容基本上在“记述民族学”的范畴之内。例如，在《后汉书》的《南蛮西南夷列传》和《马援传》中分别讲述了关于“盘跨蛮”的传说和苗族与封建朝廷之间冲突和斗争的历史。 |
| | 汉代至魏晋南北朝 | 《汉书》《后汉书》《通典》《三国志》《华阳国志·南中志》《水经注》《北史》等。 | |
| | 宋朝时期 | 《太平御览》《太平寰宇记》《新唐书》《旧五代史》《新五代史》《十国春秋》《文献通考》《续资治通鉴》《贵州通志》等。<br>朱熹《记三苗》、宋濂《宋学士文集》、朱辅《溪蛮丛笑》、洪迈《容斋随笔》、范成大《桂海虞衡志·志蛮》、周去飞《岭外代答》、陆游《老学庵笔记》、樊绰《蛮书》等。 | 这个时期，不仅仅是记述，而且对苗族文化已经有所研究，尤其是一批文人，开始考察苗族的族源，调查记录苗族的生活习俗和苗族的反抗斗争历史等。 |
| | 元明时期 | 元朝：《南村辍耕录》《异域志》；<br>明朝：《明实录》《贵州途经新志》《贵州通志》《平播全书》《万历武功录》《万历野获篇》《黔记·诸蛮》等，徐弘祖《黔游日记》、张廷玉《明史》、田汝成《炎缴纪闻》、侯加《苗缴纪事》、沈瓒《五溪蛮图志》、王士性《广志译》等。 | 元朝“正史”中所写，人们用规范的形式记录苗族的族称，将苗族称为“苗蛮”。同时，人们为区分苗族不同支系，将其中的领域名称在苗族的族称之前加以备注，比方“紫江苗蛮”“平伐苗蛮”等。另外，个人藏书均以西南诸省为背景介绍地方行政土司世袭和苗族的反封建争以及西南诸省各民族的社会历史与文化发展状况。 |

续表

| 分期 | 历史时期 | 主要著作 | 价值或意义 |
|---|---|---|---|
| 古代苗族文化研究情况 | 清朝时期 | 私家著述：《黔书》和《续黔书》；<br>“改土归流”之后部分著作：《皇清职供图》《贵州通志》《黔南识略》和《苗防备览·风俗考》《苗俗记》《黔记》《苗疆见闻录》《苗俗纪闻》《苗度记略》《平苗议》《苗民考》《洞溪纤志》《黔南职方纪略》《苗俗记》《苗变记事》《平苗纪略》《平苗记》《湖南苗防屯政考》等；<br>地方志书籍：《贵州府志》《铜仁府志》。 | 这一时期对苗族各个支系进行了详细梳理，开启了研究我国苗族支系的先河。清朝雍正皇帝自“改土归流”后，清政府便将“生界”内的苗族纳在清政府的统治之下，这时苗族开始引起了政府的注意。在这一时期，我国学者对苗族文化的探研又向前迈进了一步。 |
| 近代苗族研究情况 | 民国时期 | 著名的学者和著作：闻一多《伏羲考》，盛襄子《湘西苗疆之设治及其现状》《湖南之苗瑶》，凌纯声、芮逸夫《湘西苗族调查报告》，吴泽霖、陈国均《贵州苗夷社会研究》，薛绍明《黔滇川旅行记》，张敷荣《苗族之特点》《苗族之种类习俗》等。 | 这一时期出现了专门研究：吴泽霖、杨汉先、陈国均、李植人、吴定良、任美锷、梁聚五等人专门研究贵州苗族，凌纯声、芮逸夫、闻一多、石启贵专门研究湖南苗族等，岑家梧、史图博专门研究云南苗族等，胡庆均研究四川苗族，王兴瑞研究海南苗族。 |
| 当代苗族文化研究情况 | 1949至1977 | 苗族语言研究：王辅世《苗族简志》《苗族古音构拟》，王春德《苗语语法》，贵州省民族语文指导委员会《苗族语法纲要（川滇黔方言）》，罗安源《现代湘西苗语语法》，潘元恩、李锦平《黔东苗族与基础知识》，中央民族大学苗瑶语研究室《苗瑶语方言词汇集》，王辅世、毛宗武《苗瑶语古音构拟》，张永祥、许士仁合编《苗汉词典》；<br>医药和卫生研究：贵州省中医研究所编的《贵州中草药验方选》《贵州草药》《贵州民间方药集》《贵州中草药汇编》；<br>苗族历史以及其他研究：《苗族人民在反清斗争中跃进》《清代苗族起义》《湖南彭族人民革命斗争史》。 | 这段时期，在语言文字的创制和资料的整理上，一批苗族学者开始专门从事苗族语言的研究；同时，在苗族古文字的研究和创制上也取得了一定成果。<br>其中的著作涉及了苗族的医药和卫生，还有苗族历史以及传说。 |

续表

| 分期 | 历史时期 | 主要著作 | 价值或意义 |
| --- | --- | --- | --- |
| 当代苗族文化研究情况 | 1978 年至今 | 苗族历史：龙伯亚、李廷贵《苗族简史》，伍新福《苗族历史探考》《中国苗族通史》，过竹《苗族族源史》，潘定横、杨朝文《蚩尤的传说》，田玉隆《蚩尤研究资料选》，游建西《近代贵州苗族社会的文化变迁》，李廷贵、张山等《苗族历史与文化》等；<br>苗族语言文化：田兵《苗族古歌》，徐晓光《苗族习惯法研究》，过竹《苗族神话研究》，马学良、今旦，译《苗族史诗》，胡起望、李廷贵《苗族研究论丛》，杨正保、潘光华等《苗族起义史诗》，刘柯《贵州少数民族风情》等；<br>苗族文学资料：田兵、施培中《苗族文学史》，王鸿儒《贵州少数民族作家笔耕录》，陈靖《风雨征途》，苗青《苗族当代文学作品选》；<br>苗族医药文化：《族医药简史》《苗族医药学》等；<br>苗族古籍资料整理与学术文集：《黔书·续黔书·黔记·黔语》《黔南识略·黔南职方纪略》《南疆闻见录》《二十四史贵州史料选辑》《苗族社会历史调查（一、二、三）》《苗族理词（上、中、下）》等。 | 1978 年至今，是我国苗族文化研究全面发展的时期。改革开放后，由于中央政府高度重视少数民族人民的生存和发展，因而关于少数民族文化的研究逐渐成为理论界关注的重点和热点问题。在这一时期，我国学者在研究苗族文化中取得了诸多重要成果。 |

苗族研究的古代时期。从人类文明社会起始到封建社会灭亡，这段时间为古代苗族研究时期。宋朝之前，在中国历史典籍中所出现的关涉苗族的资料，仅仅限于对事件的简单记录，不过，就是这些简单记录却为后来的苗族文化研究提供了宝贵资料。秦汉时期的文献，研究成果主要反映苗族先民的生活习俗、传说故事、居住地域以及先代苗族人民对于民族压迫和民族歧视的反抗活动等，这一内容基本上在“记述民族学”的范畴之内。例如，在《后汉书》的《南蛮西南夷列传》和《马援传》中分别讲述了关于“盘瓠蛮”的传说和苗族与封建朝廷之间冲突和斗争的历史。宋元明时期，研究成果不仅仅是记述，而且对苗族文化已经有所研究，尤其是一批文人，开始考察苗族的族源，调查记录苗族的生活习俗和苗族的反抗斗争历史等。元朝“正史”中所写，人们用规范的形式记录苗族的族

称，将苗族称为“苗蛮”。同时，人们为区分苗族不同支系，将其中的领域名称在苗族的族称之前加以备注，比方“紫江苗蛮”“平伐苗蛮”等。另外，个人藏书均以西南诸省为背景介绍地方行政土司世袭和苗族的反封建斗争以及西南诸省各民族的社会历史与文化发展状况。

苗族文化研究的近代时期。清末至民国这段时间，是苗族文化研究的近代时期。清末，学者对苗族各个支系进行了详细梳理，开展了研究我国苗族支系的先河。清朝雍正皇帝自“改土归流”后，清政府便将“生界”内的苗族纳在清政府的统治之下，这时苗族开始引起了政府的注意。在这一时期，我国学者对苗族文化的探研又向前迈进了一步。1908 年（光绪末年），美国民族学家、人类学家摩尔根（Lewis Henry Morgan）的《古代社会》已传入中国大地，随后关于西方人类学、社会学等方面的研究也逐渐进入中国学者的视野，中国学者已经开始从社会学的角度对苗族的族源、迁徙、信仰等方面进行综合性的考察。民国时期，在北京大学校长蔡元培的全力配合与支持下，1936 年凌纯声、芮逸夫合作调查湘西苗族，并一起出版了关于湘西苗族的《湘西苗族调查报告》，就是这份调查报告成为我国现代苗族研究的开端之作；除此之外，贵州省民族研究所编印了《民国年间苗族研究论文集》，此论文集成为研究苗族文化的重要内部参考资料；特别值得关注的是，这一时期开始出现苗族学者撰写的苗族研究著述，他们身上流淌着苗族的血液，在日常的生活习惯中传承了苗族人的生活习惯，他们对本民族的历史与文化更加熟悉和了解，比如：杨汉先的《苗族述略》、梁聚五的《苗族发展史》、石启贵的《湘西苗族实地调查报告》等。这些著作，由于受到当时客观条件的限制难免会有一些不足，但是丝毫不能掩盖其对于苗族研究的学术价值，可以说这一时期对苗族的探究，为今天的“苗族文化研究”以及“苗学学科”的发展奠定了坚实的基础。

苗族文化研究的当代时期。1949 年新中国成立至今，这一时期被称为苗族文化研究的当代时期。根据我国社会历史发展进程特征，当代苗族文化研究又可以 1978 年为界分为两个阶段。1949—1978 年的苗族文化研究：20 世纪五六十年代在马克思主义理论的指导下，我国的苗族文化研究逐渐走向科学化道路；20 世纪 60 年代至 80 年代我国学者集中编著了“少数民族五种丛书系列”，内容涵盖苗族的分布、政治、经济、文化等研究成果，这些调查资料和研究成果奠定了研究苗族文化的基础。1978 年至今，关于少数民族文化的研究逐渐成为理论界关注的热点，主要包括历史类、语言类、文学类、医药文化、古籍整理等方面，在研究的广度和深度上都得到了拓展。这段时期，在语言文字的创制和资料的整理上，一批苗族学者开始专门从事苗族语言的研究，同时，在苗族古文字的研究和创制上也取得了一定成果。其中的著作涉及了苗族的医药和卫生，还有苗族历史以及传说。

## 二、国外关于苗族的研究情况

在国际上，不少学者从不同角度窥视苗族文化的不同方面，是因为苗族本身是个多区域分布的一个古老的民族，所以引起了很多专家去挖掘它的历史由来和从古到今迁徙的轨迹。国外学者对苗族文化的研究线索，基本上以他们进入中国考察苗族的时间顺序和苗族的国外迁徙状况来进行，具体的研究成果见“表 1-2：国外学者对中国苗族研究情况一览表”所示。

**表 1-2 国外学者对中国苗族研究情况一览表**

| 分期 | 主要著作 | 价值或意义 |
| --- | --- | --- |
| 13至19世纪古代苗族文化研究情况 | 鸦片战争前：<br>《马可·波罗游记》(13 世纪，意大利，马可·波罗)、《中国新纪实》(17 世纪中期，葡萄牙，马盖兰斯)、《中华帝国的地理、历史、编年史、政治概况》(1735 年，法国，阿尔德等)、《中华帝国和中国鞑靼人的概况》(1736 年，法国，阿尔德等)。<br>鸦片战争后：<br>传教士著有《苗子简述》(1830 年，美国，布里奇曼)，《中国》(1848 年，美国，威廉斯)，《关于中国的苗人或土著居民》(1861 年，英国，洛克哈特)，《苗族的方言词汇汇编》《苗部落》(1870 年，英国，埃得肯斯) 等，《通过长江咽喉——在中国西部的经商和旅行》《穿蓝袍人的地方》(1862 年，英国，利特尔)，《在长江上五个月》(英国，布勒契斯顿)，《倮倮和苗子》(法国，得伟利阿来)，《新世界的神话》(1868 年)、《种族与民族》(1890 年)、《原始民族的宗教》(1897 年)(美国，布林顿)，《卡尔梅克族的研究》《基里压克人》(1883 年)《若干人类的解剖和胚胎的研究》(1886 年)、《世界的种族和民族》(1890 年)(俄罗斯，德尼克)，《汉文史料中的贵州和云南的苗族》(1881 年，英国，普莱费尔) 等论著。 | 国外学者从 13—19 世纪关于苗族生活相关的文化探察所记载的零星记述，到对相对集中的四川、云南、贵州、广西等地区苗族的记载，再到通过收集关于不同少数民族的发展进程以及文化风俗习惯和地理位置方面的材料中都有记录过云贵两广这四大省中苗族人民的现有情况，并且还很细致地描述了苗族人口和各传统民俗习惯。 |

续表

| 分期 | 主要著作 | 价值或意义 |
| --- | --- | --- |
| 1900至1975年的现代苗族文化研究 | 《苗族调查报告》（1907年，日本，鸟居龙藏），《中国的中央民族学院》（1956年）、《部落研究中心》（1967年）、《东南亚的部落、少数民族和国家》（1967年，澳大利亚，格迪斯），《人类学民族学博物馆馆藏越南苗瑶（蛮）服饰》（1957年）、《关于贵州中国人的一个民间口头创造题材》（1959年）、《苗瑶与蛮的族属关系》（1959年）、《苗族》（1960年）、《东亚南部民族史》（1972年）、《争取独立的斗争是中国南方民族在清代统治时期民族发展的因素》、（1972年）《亚洲各民族史》（1972年，苏联，伊茨），《论苗瑶语声调系统》（1953年）、《广顺夷苗的记音》（1957年）、《原始苗瑶声调构拟》（1973年）、《苗瑶语比较研究》（1974年）、《中国境内非汉族语言学研究的发展》（1974年，美籍华人，张琨），《贵州省的大花苗》（1954年）、《中国西南部贵州省的九个部落的艾化车南族文化特点》（1956年）、《海南岛的"苗"》（1961年，德国，布克莱尔），《苗法词典》（1917年）、《苗族史》（1924年，法国，萨维那），《苗瑶语历史语言学导论》（1950年，德国，乌德里库尔），《川苗的诗歌与传说》（1954年，美国，格雷姆），《论苗族》（1963年，德国，勃劳梯加姆），《白苗的变调与调变》（1967年，英国，唐纳），《苗族指路歌》（1974年，法国，勒摩纳），关于苗族少数民族文化他们都根据各种阶层做了分析和探讨。 | 进入20世纪，随着中国社会的不断开放，更多的外国传教士、旅行家、学者等纷纷进入中国边疆少数民族地区，他们对苗族各个方面如民族种属、来源、不同区域的语言文化、风俗习惯、各种属礼仪、文学艺术以及宗教信仰还有相关斗争和生产劳动方面等进行了专门研究和调查，涌现出了不少关于苗族研究的著作。 |
| 1976年至今的当代苗族文化研究 | 对中国苗族文化的研究：《原始苗族的词首》（1976年，美籍华人，张琨），《西方苗族调查报告》（1982年）、《苗族的变迁》（1986年）、《苗族史》（1988年，约翰逊），《西南中国少数民族——贵州省苗族民俗志》（1985年，日本，铃木正崇和金丸良子），《当代中国的苗族——一个初步的总看法》（1986年，美国，施切爱因），《民族集团动态与民族性贵州省东南部苗族的事例》（1988年，日本，谷口裕久）、《贵州苗族文化复兴》（1988年，美国，路易莎），《西南中国少数民族的基督教——苗族与彝族的集团改宗》（1989年，日本，曾士才），《民族集团动态与民族性——贵州省东南部苗族的事例》（1990年，日本，谷口裕久）等；<br>对东南亚苗族文化的研究：《山地的移民——泰国青苗的文化生态学》（1976年，澳大利亚，加格迪斯），《苗族史》（1978年，越南，莫当）、《苗族的迁徙及其族称》（1984年，越南，林心），《老挝苗族的历史》（1985年，法国，杨沫丁）、《老挝苗族难民的文化变革》（1988年，法国，塔普），《老挝苗族大规模迁出及重返的经济原因》（1986年，美国，库柏）等；<br>对西方国家苗族文化的研究：论文集《苗族在西方》（1981年10月，在美国明尼苏达大学举办第一届西方苗族文化的研讨会的论文集，共收集论文20篇），《苗族的变迁》（1983年11月，在美国明尼苏达大学举办第二届西方苗族文化的研讨会的论文集，共收集论文31篇），《苗族历史》（20世纪80年代，美国，昆西）。 | 在1976年以后，国外学者对中国苗族文化的研究、对东南亚苗族文化的研究、对西方国家苗族文化的研究逐次开展。尤其是20世纪80年代，美国历史学家凯瑟·昆西所著《苗族历史》、日本学者鸟居龙藏的《苗族调查报告》、美国苗族研究会出版的《苗族的变迁》以及越南学者莫当《苗族史》等著作占据着重要地位，它们被视为欧美各国关于苗学的代表作品，为现阶段各国专家提供了相关参考和数据。 |

综上可见：上述“表 1-1”“表 1-2”梳理出了不同历史阶段的国内外苗族文化研究成果。就内容而言，研究范围涵盖了苗族的渊源、语言文化、教育情况、文学艺术、医疗卫生等诸多方面；就分析角度而言，又与哲学、历史学、社会学、文学、民族学、人类文化学等方面相关联。因而目前的研究内容和视角得出的结论确立了苗族文化持续研究的牢固根基。任何事物的发展，都需要经过一个逐渐成熟的过程，苗族文化的研究也一样，主要表现在以下两个方面。

一则从国内研究成果看。早期苗族文化研究文献侧重历史记录。主要穿插在不同的历史时期中央王朝对苗族进行统治以及镇压情况的分析和研究中，这些记录保持着对苗族的基本认知，虽然材料不多，但却极为珍贵。直到今天，这些并不算详尽的文献资料，仍是我国当代专家对苗族文化进行研究的过程中最有说服力的文献。

近代以来的苗族文化研究文献侧重研究的广度。民国时期的专家学者根据民俗学、社会学角度，通过实地考察，对于苗族历史文化的考察及其研究结果，为人们对苗族的文化风俗和民族发展史的探究提供了大量的文献资料参考。这些研究较之于早期的研究成果，可以说进一步从深度层面分析了苗族文化，促进了苗族文化发展史完整体系的形成。

新中国成立以后苗族文化的研究文献侧重研究的深度。国内专家结合不同的研究视角，对苗族文化的研究也有了多角度的纵深挖掘，并由此将多个角度的研究结果进行了分类归整，这一时期的考察和分析较之以前更具全面性、系统性，国内专家对苗族发展文化史的研究从此进入新时代。

二则从国外研究成果看。从 13 世纪到 18 世纪期间侧重游记记载。国际上其他国家对于苗族文化的记录多数限于游记，对苗族文化仅作了平面描述，没有完整的理论阐释，并不能算苗族文化学术方面的研究，可以说这个时期仅仅停留在了记录民族学的基础界面，对相关现象描述的准确性有待商榷和考究。在 1900 年至 1975 年期间侧重主题研究。国外专家按照不同的主题，对苗族文化现象进行了较为全面的研究和考证，由此得出来的结论体现了较高水平，到现在这些结论都具有高度参考价值。从 1976 年以后，国外专家关于苗族的相关考察逐渐从表面的描述转化到深刻的理解，因此其研究的结论逐渐得到了进一步的提升。

由此可见，国内外学者对苗族文化的研究逐步走向了成熟，但是客观而言，学者们对苗族文化的研究范围以及形式还有待进一步的扩大和深入。就研究成果而言，笔者认为学者们关于苗族的研究特点如下。

一则多数研究成果从人类学或社会学角度研究苗族文化，这是苗族文化研究的主流趋势。这种研究方法比较单一，没有形成多学科研究方法的结合，在一定意义上讲，研究成果缺乏系统性和综合性。

二则有一部分研究成果研究视角简单化。这一时期关于苗族文化研究的文献，有一部分研究成果是分门别类地分析论述苗族传统文化的文化传承功能、经济发展功能和道德教育功能等，研究视角较为简单。

三则有一部分研究成果重视客观呈现苗族文化。其往往采用描述型或叙事型的研究方法，主要记述苗族迁徙、斗争历史、宗教信仰、婚丧、服饰日常生活等方面的情况。

四则有的研究成果将精神、制度以及物质文化三大传统方面来分析考察苗族文化之发展史，所以研究结果的论证创新性不足。针对这一点，云南大学少数民族文化研究学者刘芳在《人类学苗族研究百年脉络简溯》一文中也指出，目前国内学者对苗族的研究存在以下不足之处："从研究成果的方式上来看，分析相对少于叙述；而从研究方式上看，深入描述少于白描型，且自我观察法也少于他观法；而从研究的对象来看，动态又少于静态研究。"①

五则有学者逐渐关注某一区域或者某一特殊民俗现象，并且从不同的视角对苗族民俗现象进行阐释。例如，对某一地区的苗族文化的深入研究的成果有：罗连祥的《台江苗族礼仪文化及其变迁研究》、罗义群《黔东南苗族历史文化研究》、向轼的《族群性的承变——苗疆边缘秀山苗族的生活》（人民出版社）、刘锋/靳志华/徐英迪的《地方文化资源与乡村社会治理：以贵州清水江流域苗族为例》（社会科学文献出版社）等；对某一现象的理论研究成果有：麻勇恒的《敬畏：苗族神判中的生命伦理》（贵州民族出版社）、龙仙艳的《文本与唱本：苗族古歌的文学人类学研究》（社会科学文献出版社）、王唯惟/徐浩的《舞蹈与文化——贵州苗族舞蹈的身体叙事》（人民出版社）等；还有其他的专题研究：李欣欣的《消解与重构——现代性体验与苗族乡村妇女的家庭生活》（上海三联书店）、罗连祥的《贵州苗族地区教育发展与民族传统文化变迁》（中国书籍出版社）等。

① 刘芳. 人类学苗族研究百年脉络简溯 [J]. 广西民族研究，2008 (1)：79.

# 第二节　关于仪式研究综述

在西方百年的人类学研究过程中有一个重要范畴——仪式，西方相关学术成果较为丰富，而我国的仪式研究 20 世纪 80 年代才渐成规模，有关研究成果主要集中在民间民俗仪式方面。有关民间民俗仪式的研究，主要表现为某区域或者某民族的民俗仪式蕴含的文化内涵。在对地方民俗文化研究的过程中，都离不开对民俗仪式的关注。研究苗族的民俗文化，必然无法脱离苗族人生仪式问题。学术界对仪式的研究成果颇为丰厚。根据本课题研究的需要，结合贵州苗族文化的特点，对人生仪式的研究现状以及贵州苗族仪式研究现状进行述评。

## 一、国外关于仪式的研究情况

一般而言，仪式就是人际规范及规范限定下按部就班的行为，也有具体的与宗教信仰相关的专指宗教祭祀与礼拜的仪式。19 世纪以来，不同学科从不同视角关注仪式的意义，有的关注其宗教起源问题，有的关注其结构功能，有的关注仪式的美学意蕴，等等。不同学科的不同维度让“仪式”具有了多层次内涵。

2012 年，我国学者彭兆荣发表的《人类学研究评述》一文，对国外的不同仪式的研究进行了梳理，并做出较为客观的分析。他认为国外仪式的研究大致沿着这样两种方向演进：“其一是对古典神话和仪式的诠释。其学理依据主要来自人类学的古典进化论及其影响，早期的进化学派是将仪式放在文化的原初形态，以建立一个历时性文化时态的建构机制，泰勒、斯宾塞、弗雷泽等学者都不乏关于神话—仪式的重要著述。其二是对仪式的宗教渊源和社会行为的探讨。依据一般的看法，仪式一直被视为特定的宗教行为和社会实践。学者们沿着这样的路径，一方面审视神话—仪式与宗教之间的历史纽带关系，另一方面探索作为宗教化的仪式在社会总体结构和社会组织中的指示性功能。涂尔干、莫斯等人类学家就在仪式和社会结构之间架起一座桥梁，列维·施特劳斯、利奇、特纳、道格拉斯等，在仪式研究上也承袭了这一学术传统。”① 可以说，在早期的人类学研究中，关于仪式的诠释一般将其归属于“神话”范畴，主要是对传统文本或传统民

---

① 彭兆荣. 人类学研究评述［J］. 民族研究，2002（2）：88.

俗仪式的重新诠释，仪式也相应地成为一种诠释神话的实践话语，强调二者是一个相互交融的体系。彭兆荣先生所说的第二种研究路径在某种程度上拓展了人类学对于仪式研究的视角。

国外对民俗仪式的研究，较为有影响的主要有法国、英国、德国等西方国家的相关专家，按照他们研究的视角简要介绍如下。

其一，社会功能——结构学派。这个学派关注仪式行为的社会属性，即仪式的功能性，人类通过仪式行为来实现个体的社会化、构建与维系社区秩序、解决社会争端、巩固群体认同等。

法国社会学家涂尔干在《宗教生活的基本形式》中曾提出："宗教乃是显著社会性的事物，宗教表象是表达集体实在的集体表象，仪式是产生于集合群体中的行为方式，并注定要激发、维持或者重新创造群体中的某些心理状态。"① 他认为宗教现象可分为"信仰"（beliefs）和"仪式"（rites）两个方面，如果说信仰是一种观点的表达，那么仪式则是一种表达信仰的确定的行为模式。

法国的范热内普提出的"过渡仪式"理论，为人类学、民俗学中仪式研究提供了一种重要的理论范式，他将仪式看成是一个过渡的动态进程，内含着前后相继的三个阶段：分隔—边缘—聚合。这一研究取向直接影响了利奇、道格拉斯、特纳等后来学者，他们在仪式理论体系的建构上都是对"过渡仪式"理论的继承和发展。在神圣与世俗间，范热内普在表达仪式不断前进之状态时，用"过渡性"范畴完成了参与者的"社会化"过程，也就是说在各种连续而富有内蕴的仪式中完成参与者的社会身份及生命任务的转变过程。然而，建立在时间和空间基础之上的过渡仪式理论体系仍需要从"多层次、多维度"的过渡或通过与多层级的"分隔机制"来进行解读。

英国的人类社会学家马林诺夫斯基和布朗都强调仪式的"功能性"特征。马林诺夫斯基在《巫术、科学和宗教》中表示全部仪式以及巫术都是为了满足人们的基本需要。强调了仪式的功能性特征。布朗认为："人类有序的社会生活依赖于社会成员头脑中某些情感的存在，这些情感制约着社会成员相互发生关系时产生的行为、仪式可以被看作是某些情感的有规则的象征性体现。因此，当仪式对调节、维持和一代代地传递那些社会构成所依赖的社会情感起作用时，仪式的特

① 涂尔干. 宗教生活的基本形式［M］. 芮傅明、赵学元，译. 台北：桂冠图书股份有限公司，1992：23-38.

有社会功能也就显示出来。”① 意即同样认为仪式也是为了满足人类的需要。

其二，象征——文化学派。该学派将仪式作为一种独立的系统来研究。文化、仪式与语言具有相似性，通过一系列词汇或者术语，根据相应的语法结构进行连接组合，以此形成表述或象征。法国的结构人类学家施特劳斯认为通过仪式表演可以探索到人类文化的深层意蕴。奥地利的人类学家格尔兹把文化看作符号体系，认为“仪式表演本身，引导人们承认支持着仪式所体现的宗教观的权威。通过借助于单独一套象征符号，引发一套情绪和动机……”② 英国利奇进一步强调文化的象征阐释，认为文化是人类交往的系统、传达形式的体系，人类学者马丁提出一个论点：“中国民间仪式是一种交流模式，交流的两方分别是人和神。”英国的人类学家维克多·特纳认为仪式就是“从一种状态进入另一种状态时，一个群体会出现某些变化，而伴随着这些变化的就是仪式”③。他们注意到仪式行为的持久重复性，认为它可以从知识与信息的角度去解释，无文字民族会有各种动机来有效地贮存他们的信息，一切知识都贮存在人们所熟悉的故事和仪式中，仪式通过重复叙述将知识传之久远，仪式因此成为人类保存其基本生存技术的方式之一。

其三，仪式的“表演”研究。20 世纪 70 年代，这个学派将仪式、戏剧、节日等概括为“文化表演”，是更加抽象的表述文化存在方式。在“表演”模式中，特纳“社会戏剧”（social drama）这一概念有很大影响。仪式与戏剧之间的文化理想模式及其范畴，在戏剧和表演的比喻中，被纳入社会的态度和个人经历，仪式表演帮助人们利用、改变和形塑个人身份和文化价值观。在该学派看来，意义的掌握者不是理论家自己，而是表演者本身的自我意识与创造性。法国社会学家布尔迪厄（Pierre Bourdieu）有关文化的“实践理论”，认为仪式不能将“历史”与“结构”综合起来，理论家们的研究应该是行为本身，而不是抽象的“结构”或者“历史过程”。仪式作为人类在其生命历程及社会场域中具有象征意义的“过渡”，在具体个案的研究中，将仪式的对象普遍化，即将社会生活中的节日庆典、成人礼仪、政治活动、经济行为等的诸多行为皆视为仪式。

① 拉德克利夫·布朗. 原始社会的结构与功能［M］. 潘蛟，等，译. 北京：中央民族大学出版社，1999：175.

② 克利福德·格尔兹. 文化的解释［M］. 纳日碧力戈，等，译. 上海：上海人民出版社，1999：129-135.

③ 维克多·特纳. 仪式过程—结构与反结构［M］. 黄剑波，柳博赟，译. 北京：中国人民大学出版社，2006：94-95.

由上可见，当代西方学术界对于人类学的反思，也涉及仪式研究的范式和理念。“毫不奇怪，对于仪式的描述和分析早已成为建构民族志文本的主要工具，从迪尔凯姆到特纳，仪式已被作为一种将社会的强制性标准转换为个人的愿望、创造社会化情绪、引起角色转换、提供治疗效应、制定社会行为的神话宪章、重新整合对立社群的工具来加以分析。仪式几乎一直被看作是一种相对自在的戏剧框架。”① 可见，传统的人类学中，奇特的异国社会往往首先以奇特的风俗为核心被不同国度的人认识。仪式研究的焦点主要关注于“边缘、神秘、古朴”的奇异文化，将地方性的民俗文化进行细致“深描”。恰如彭兆荣先生所述：“将仪式作为一个可以如零件一样从一部机器拆卸下来进行单独分析的、具有器具化操作的样品。”② 当然，学界对这种研究方法的研究内容也是存在质疑的。

## 二、国内关于仪式的研究情况

目前，我国关于“仪式”的研究呈现繁盛状态。早期的研究较为简单，主要把民间信仰、仪式等归结为古代史的一部分，认为这些仪式在新的时代就失去了原有的意义；到 20 世纪 80 年代，对于仪式的研究普遍从历史学、民俗学的角度展开，侧重收集原始资料，并未深入地挖掘仪式背后的文化内涵。经梳理，可以归纳为三个方面。

其一，推介西方仪式研究成果。彭兆荣先生在《人类学仪式的理论与实践》中，对西方仪式理论及相关分析要素作了全面介绍，就仪式的表述和定义，功能和特点，仪式与宗教、社会、族群、权力、艺术（表演）的关系，“过渡”“阈限”“象征”等仪式理论及运用……诸方面对西方的仪式理论与实践做了全景式介绍与解读。③

其二，宗教仪式与民间信仰的研究。彭兆荣的《文学与仪式：文学人类学的一个文化视野——酒神及其祭祀仪式的发生学原理》、张小燕的《梅州香花仪式及其宗教艺术象征研究》、朱文广的《庙宇·仪式·群体：上党民间信仰研究》、侯冲主的《经典、仪式与民间信仰》、汪晓云《从仪式到艺术：中西戏剧发生学》等，这些成果都是以宗教信仰仪式为研究对象，是目前国内仪式研究成果的主要

① 马尔库斯·费彻尔．作为文化批评的人类学：一个人文科学的试验时代［M］．王铭铭，蓝达居，译．北京：生活·读书·新知三联书店，1998：92-93．

② 彭兆荣．人类学仪式理论的知识谱系［J］．民俗研究，2003（2）：18．

③ 彭兆荣．人类学仪式的理论与实践［M］．北京：民族出版社，2007．

体现。

其三，仪式与社会关系研究。郭于华的《仪式与社会变迁》《民间社会与仪式国家》、王铭铭的《灵验的“遗产”》、王海洲的《政治仪式：权力生产和再生产的政治文化分析》等，都试图探讨仪式与政治、仪式与社会的关系。

可以看出，国内关于仪式的研究，包括了仪式的功能意义、象征意义、仪式变迁的视角等方面，主要特点可以概括如下。

其一，研究角度改变。从开始的民族风俗收集和分类归纳资料，转变为从宗教仪式，以及成年礼、婚礼和葬礼这三个人生礼仪相关的研究和了解。

其二，关注点在变化。早期的仪式研究分类结构往往参考较为单一的古典进化论；20 世纪的 80 年代，重点转移到收集民间相关材料；最近几年来的研究基本来自基础的人生礼仪层面。

其三，受到西方人类学影响较为明显。例如《民间的仪式与国家的在场》（高丙中）、《地方政治与传统的再创造——福建溪村祠堂议事活动的考察》（王铭铭）、《民间社会与仪式国家：一种权力实践的解释》（郭于华）、《仪式与象征的秩序》（刘晓春）等，除了保留功能的分析和抽象认知的说明，还从历史以及变迁的角度上加以引用，使得仪式的行为和政策权利以及认知标识的关系同时得到照顾，对仪式的研究超越了传统的乡土社区仪式研究。

## 三、关于贵州苗族仪式研究情况

从宏观上对苗族民俗进行研究，探讨贵州苗族文化及历史变迁的研究成果是研究苗族仪式的基础。较为有影响的著作包括游建西主编的《近代贵州苗族社会的文化变迁（1895—1945）》，杨昌儒、陈玉平主编的《贵州世居民族节日民俗研究》等，这些著作从苗族文化的递变、地域布局、家庭婚丧礼仪风俗到政治组织、开垦耕作、宗教信仰和巫术等各方面进行了客观描述。

从贵州苗族仪式方面研究要探讨仪式的整个发展历史以及某民俗仪式的相关考察，其贵州苗族仪式方面的研究重点区域汇集在贵州东南部方向，研究的结果大部分与象征主义、过渡理论、结构主义的相关方面有关联。

涉及贵州苗族人生礼仪的论文有如下篇目：《贵州苗族仪式音乐的文化模式探究》和《音乐人类学视野下贵州苗族仪式音乐探究》（向耀莉）；《苗族英雄史诗〈亚鲁王〉文化的简析——以贵州紫云麻山地区苗族的丧葬仪式为例》（单菲菲，韦凤珍）、《贵州苗族舞蹈与仪式》（徐浩、王唯惟）、《民间仪式与国家在场：

贵州苗族大乌烧村“鼓藏节”的人类学考察》（靳志华）、《苗族丧葬仪式中的芦笙乐：以贵州省毕节大南山苗族丧葬民俗为例》（孙婕）等。上述所列的研究成果，或者对苗族民俗仪式的某一方面进行客观描述，或者对某一区域苗族民俗的人生仪式进行美学意义的阐释，对于深入全面探索安顺苗族人生仪式的社会价值还有待进一步的挖掘。

关于苗族礼仪的研究，具有代表性的成果有：罗连祥的《台江苗族信仰礼仪的变迁》，任继敏、王琼、杨焰的《滇东北苗族丧葬礼仪及其符号功能探析》，吴合显的《苗族丧葬礼仪的变迁》，张原、汤芸的《传统的苗族社会组织结构与居民互惠交往实践——贵州雷山县苗族居民的礼仪交往调查》，杨再彪、龙兴武的《苗族民间礼仪制度的产生与形成》等。这些研究成果主要对某一地域苗族民俗礼仪文化的功能方面进行描绘和分析。近年来的研究突破了以往的功能色彩，理论上开辟了从结构主义、象征主义、过渡理论等新的研究角度，如张凌波的《苗族人生礼仪的生命美学意蕴》、程学传的《所住村苗族人生礼仪研究》、杨鹓的《诞生·成年·死亡：苗族服饰与人生礼仪》等。

上述可见，目前学界关涉苗族仪式文化的研究成果在广度和深度上都有了较大发展，也有学者逐渐关注某一区域或者某一民俗现象，并且从不同的视角对苗族民俗现象进行阐释，特别是对贵州苗族人生礼仪方面的研究成果确实在逐年增多，这些研究成果可以为进一步挖掘安顺苗族人生仪式起到奠基作用。但是，系统深入地阐释安顺苗族仪式文化的研究成果数量还不多，尤其是以安顺苗族为研究对象的仪式文化研究成果更少，所以，针对这一点，笔者选择以安顺苗族为例，其目的在于拓宽苗族文化的研究方法和视角，增加苗族文化研究的广泛性。

# 第二章　安顺苗族基本情况

## 第一节　安顺苗族分布情况

据 2017 年统计，安顺市总人口 300 万人，其中少数民族人口 120 万人，在全市人口中大概占到 40%，这里面苗族大概有 40 万人，在安顺市的少数民族人口中居于第二。安顺苗族人口分布情况如下：西秀区的苗族主要集中分布在华西办事处、东关办事处、轿子山镇、蔡官镇、七眼桥镇、旧州镇、岩腊苗族布依族乡等区域，约有 90 000 人；紫云苗族布依族自治县的苗族主要集中居住于松山镇、水塘镇、猫营镇、四大寨乡、白石岩乡、宗地乡、大营乡等地，大约有 130 000 人；平坝区的苗族人口主要集中于城关镇、夏云镇、天龙镇、马场镇、十字回族苗族乡、齐伯乡、羊昌布依族苗族乡等区域，近 50 000 人；关岭布依族苗族自治县集中分布在关索镇、花江镇、断桥镇、岗乌镇、普利乡、八德乡、上关镇、永宁镇、顶云乡、坡贡镇等区域，也有近 40 000 人；普定县的苗族人口主要集中分布在坪上镇、猴场苗族仡佬族乡、猫洞苗族仡佬族乡、城关镇、白岩镇等地区，约有 35 000 人；镇宁布依族苗族自治县的苗族主要集中于城关镇、江龙镇、马厂乡、朵卜陇乡、本寨乡、沙子乡、革利乡、六马乡、良田乡、简嘎乡等，大约 40 000 人；安顺市经济技术开发区的苗族人口主要集中在西航街道、幺铺镇、宋旗镇等区域，有 18 000 人；黄果树旅游区的苗族主要集中在黄果树镇、龙宫镇两个镇，约 2 000 人。各县（区）苗族分布具体情况如下。

## 一、西秀区苗族分布

西秀区的苗族人口大概占全区人口总数的47%，人口散布在25个乡镇办事处，265个自然村，在137个自然村比较集中汇聚。苗族比较集中的人口分别在三个地方：西秀区旧州两个古城周边以及三股水，还有岩腊地区。其中位于东南西北四街的办事处都有散居苗族。西秀区苗族人口的95%以上会操苗语川黔滇方言和贵阳次方言。苗族村寨分布如下。

**1. 东关党办**

柴家苑、梅家苑、窝子地、马家冲、大山脚、小龙潭、小寨、郭家苑、牛角洞、中寨、黑桃寨、邵家庄上寨。

**2. 杂居**

龙家庄、邵家庄、王家庄、旧院。

**3. 华西办事处**

黑石头、关口、胶泥坝、上寨、下寨、西王山小寨、旧寨、老平寨、汪家山。

**4. 杂居**

沙子坝、管元村、小寨、二桥、欢喜岭、新平寨、玉碗井。

**5. 杂居**

河上庄、赵家庄、土桥、甘苑塘、娄家坡。

**6. 杂居**

大坝、宋旗、打子屯、白果寨、石板寨、洪家庄、青杠林、兴隆寨、平寨、旧院。

**7. 杂居**

青山、大堡、幺铺、荡上堡、潘胜寨、上头铺。

**8. 龙昌镇**

石头小院、上板掌。

**9. 杂居**

安心寨、杨柳冲、小箐后寨、偏坡、陇戛、大仡佬、满寨、下板掌、毛粟坡、马头、纳门克马、火麦、下屯、六万、响陇。

**10. 鸡场布依族苗族乡**

四方井、大坝。

**11. 杂居**

场坝、老鸡场、连石堡、新房、孔陇、罗补董、烂坝寨、黄猫寨、后寨、小王官堡、水井寨、看牛坡、鱼塘、孔旗大堡、孔旗小堡。

**12. 新场布依族苗族乡**

克田院、高寨上苑、长树、平桥、二合坡、后冲、高坡、凤山、二台坡。

**13. 杂居**

场坝、中寨、古家寨、柏枝湾、牛头、凤山、葡萄冲、右江寨、下吊南。

**14. 岩腊苗族布依族乡**

岩头上、大高寨、小冲、格沙、土角山、嘎若、龙潭上寨、岩松箐、塘家湾、干河、麻子冲、新哨、陡箐、岩脚。

**15. 杂居**

对门寨、三股水、大猛沙、小猛沙、对门山、桥头、小底西、烂佑、巴茅冲、青杠林、四家寨、龙潭下寨、摆夺、黑泥井、岩腊、茨犁井、赖岩、普街、沟头、箐口、上吊南、关口田、大佑仿、小佑仿、高寨、大寨、木叶寨、大水井、麻子冲。

**16. 杨武布依族苗族乡**

白岩。

**17. 杂居**

小猛弄、小冲、小寨、湖坝、杨武、大寨、高家院、平寨、贬王、中寨。

**18. 双堡镇**

大井、青塔、雷打岩、长田、新院。

**19. 杂居**

荡上堡、小堡、上陇头、水井山、大双堡、小花洽、山京、哨头、鱼塘、许官、张官堡、水库、平寨、上马牛、畜牧场、水塘、落水岩。

**20. 东屯乡**

长寨、花园。

**21. 杂居**

玉山、胡坝、八角山、石头寨、山湾、窑上、高官、八角儿。

**22. 旧州镇**

老黄寨、新院、牛滚塘、清水、峰子坡、小五翠、大五翠、倮俚、瘪牙口、岩腊、新寨、大寨、小寨、陈家庄、新院、谷家坟、官家坟、老秧寨、松林寨、新苑、郭伍寨、魏家寨、下陇灰熊家院、王家院、甘冲、高院、土坝。

**23. 杂居**

平寨、莲花塘、横水、小高寨、苏吕堡、茶坡、老孟寨、龙潭寨、旧州场坝、浪塘、庙塘、新桥、平寨、莲花塘、把士寨、赛围、洗马塘、平桥、八锣、文昌阁、吴章、马过河、小龙潭、小者模新寨、高车、打柴山新寨、新坡、猫洞、羊保寨、旧坡、木叶寨、小仡志、甘塘大堡、甘塘小堡、甘塘湾子、蒙村、蒙村下寨、新猛贡、旧猛贡、大汪寨、小汪寨、王二寨、旧院、齐家庄。

**24. 刘官乡**

兴红、新寨、洋红土、梅红土、托木。

**25. 杂居**

腊蹄关、兰翠、炸陇后寨、老帮寨、大黑土、金齿、大寨。

**26. 黄腊布依族苗族乡**

大庄、猛方。

**27. 杂居**

落杠、大马桥、小马桥、杨梅寨。

**28. 大西桥镇**

黄坡、黄家庄、娄家庄、下摇车、上摇车、小白岩、老青山。

杂居：带子街、白泥寨、马场。

**29. 七眼桥镇**

大石板、大香樟、燕子窝、凉水井、赵家庄、水寨、清凉洞、小寨、岩上庄、上寨、王家庄、云鹫山、洞口、下寨。

**30. 杂居**

小关口、齐家庄、鹞子岩、薛家坝、高寨湾、水洞、夏官屯、竹林寨、雷家屯。

**31. 宁谷镇**

肖冲、弯子园、偏坡寨、冲头、新院、石门楼。

**32. 杂居**

大海洋、潘孟寨、上苑、龙泉寺、新塞、上河头、下河头、下洋场、老塘河、罗家大坝、木山堡、五屯、长冲、后冲、林肖、张家并、下苑场、大岩底。

**33. 蔡官镇**

小寨头、子坡、老意地、牛角塞、对门班、地头、小驿马塞、梭罗村、半屯、小张家庄。

**34. 杂居**

蔡官屯、龙天、侯家庄、家庄、仲家坝、尖山、梅家庄、张家庄、小张官屯、鼠场大寨、大冲、大坡脚、刀鞘、长坡、焦家塞、长坡、对门、黄泥地、释马、大坡洞、北头门、对沙地、若上、对门坡、老龙赛、贝家庄、关口寨、红岩、格来月。

**35. 轿子山镇**

篱口、云盘、槐子园、安家菁、吊屯脚、小新塞、大桥坡、平桥、大洋落坝、邓家水井、野鹿山、范包、新塞、雷打若。

**36. 杂居**

孙家庄、鲍家庄、朱家捕、小洋落坝、上寨、下塞、青山、言旗山、鸡窝塞、马鞍山、张官屯、大苑上、棕树、新庄、木头寨、小牛庄、郭家屯、屯脚、小瓦密、讨兑塞、新赛、对门那、大词口、小洞口、本赛、岩上、平赛、毛粟坡、各什、水洞、新、洋坪、袁家屯。

西秀区境内的苗族早在唐、宋时期就基本结束迁徙不定的状态，以村落的方式定居下来。据《清凉洞碑》记："宋南渡后，柴氏大乱黔疆，孟氏殆尽，适阿达卜寨苗首朵克率部乘机追迫孟氏至江畔。"说明现在安顺城在宋朝以前就是一个有苗族首领的大苗寨。阿达卜大苗寨周边分布着大大小小的苗族村寨，相传现安顺经济技术开发区属的王庄，聚居王姓苗族有 300 多户。据清末民国初，由当时县政府对苗族人口状况进行的统计："花苗"共 136 寨，1 636 户，10 923 人；"青苗"共 60 寨，930 户，6 122 人；"水西苗"共 5 寨，89 户，558 人；"黑苗"共 4 寨，80 户，449 人；"白苗"36 户，共 166 人。

20 世纪 90 年代原安顺县民族事务委员会进行了一次调查。全县少数民族 17 819 户,70 776 人。其中苗族 8 010 户，占少数民族总户数的 44.95%；人口总数 47 552 人，占少数民族总人口的 47.18%；分布于全县 7 个区，42 个乡（镇），394 个自然村。

1986—1989 年原安顺市民族事务委员会也进行过一次调查：全市苗族人口 2 565 户,16 001 人，聚居在安顺城郊的 34 个寨子和杂居在 22 个寨子。

在安顺城周边，很早就居住着数万苗族人。按传统的说法，"高山苗，水仲家，仡佬住在岩音旯"，就整个苗族的居住环境来看，绝大多数苗族居住在深山区、石山区，生存环境恶劣。唯有安顺城郊方圆约 20 千米的范围内，地形较为平坦，多坝子，水源丰富，交通便捷，适合人类居住。

新中国成立以来，现在西秀区的建制几经分合，但是苗族村寨的位置没有因建制的变迁而变迁。纵观近百年来，有的苗寨消失了，但又有新兴的苗寨产生。

## 二、紫云苗族布依族自治县苗族分布

苗族是紫云苗族布依族自治县主体民族之一，全县 12 个乡镇都有苗族居住。据 2000 年第五次人口普查统计，全县苗族人口为 14 444 人，居全县首位。其中：松山镇 15 398 人，水塘镇 1 473 人，猴场镇 12 211 人，猫营镇 6 665 人，板当镇 13 596 人，白石岩乡 4 473 人，宗地乡 22 075 人，大营乡 10 863 人，四大寨乡 12 532 人，坝羊乡 1 584 人，火花乡 2 955 人，达帮乡 655 人。据 2009 年统计，全县有苗族人口 13.44 万人。

各乡镇苗族分布如下。

### 1. 猫云镇

新塞、猫云、新苑、沙坝、岩腊、革么、巴等村。

### 2. 松山镇

青香、青河、红岩、中心等村，坝当村的洞边、纳排，马安村的田家湾、小河、墨弄燃、弄贯村，红星村的冷凹，牛场村的白作、海子，甘桥村猪场坝、磨南，团丰村的小平寨、红若、石头赛、团坡、磨来冲、岩湾、小哨、蔡家桥，枫香村的破岩、马梨光，红岩上寨、界排、烂坝、新院、茅草地、驾嘎、骂弄、芰草坡新寨，新苑村的河湾冲、这板，大白岩村的薅枝冲、下庆、中心村、干龙坝、小若上、骂柱塘，板香村的六郎坪、上板毕等村寨。

**3. 白石岩乡**

新池、大水井、幸福园、群联等村寨。

**4. 水塘镇**

打卧，幺岩，二关村的上坝，洗马塘村，塘房村的打唧、南关屯、过岩，长田村的交洞、麦子关、大冲、翁匠、翁艾、新寨、上把项、下把项，沙子坝村的落窝、格井、旁入、坎赛、克混全山、银山、庆寨、大堡、中洞、卡榨等村寨。

**5. 板当镇**

新场村的小王二寨、羊六、后冲、板普，沙坝村的翁供，小寨关村的小寨，沙子响村岩脚、堡堡上、老寨、润平、蔡家桥、克卜磨煞、小牛场，青山村的磨拉局等村赛。

**6. 四大寨乡**

喜凯村、猛林、长赛、晒瓦、关口、高坪、绞卜、喜档等村寨。

**7. 顶云乡**

新场、白花村的沟脚、古树林、大摆平、石板井，打凹村的梁子上、石灰密等村寨。

**8. 火花乡**

江纳村，纳容村有纳马、关盘、者阳电屯、洗鸭河、板母、项望等村赛。

**9. 宗地乡**

打绕、山脚、摆架、鼠场、翁坎、戈枪、摆纳、孟坑、黑关、水落岩等村寨。

**10. 达邦乡**

岜啥村、牛滚凼等村寨。

## 三、平坝区苗族人口分布

截至 2007 年 12 月，在全县 9.7 万余少数民族人口中，苗族人口有 4.96 万余人，占全县总人口的 13.8%，占少数民族人口的 51.3%。

苗族分布如下。

**1. 羊昌布依族苗族乡**

威清坝、平寨、大坡脚、鸡窝寨、坝子头、猫冲、大陈寨、小街、下寨、对门寨、瓦窑上、野鸭塘、新居田、老三寨、上龙潭、龙潭口、火草坡等。

**2. 高峰镇**

黄猫村、上河湾、六甲堡、七甲堡、十甲堡、白岩、胡家岩、下大坡、猫猫洞上院、活龙场坝、小堡寨、王家院、和尚庄等。

**3. 马场镇**

马场街上、周家寨、枇杷陇、洋塘、牛路边、大林头、牛奶场、谢家寨（新松）、大后山、白花塘、川新寨、马路场、林卡平赛、凯掌大寨、凯掌小寨、对门寨、凯坝旧寨、凯坝新赛、中亲、青菜坡、金家坝、竹林寨、小羊艾、林卡老寨、林卡、平阳、沙坝、龙山、佳林、干河、刘家庄、羊艾、河新寨、小桥坝、塘边、牛滚塘、梓木井、岩下寨、滥坝、鹅洞、川心堡、白莲塘、大后山、园头等。

**4. 夏云镇**

老岛、老鸡场、新堡、夏云新农村、金鳌山、马武屯、小寨、毛栗园、谭家庄、界首堡云盘、三小坡新农村、高寨、学庄、何家院、谭家庄、老鸡场等。

**5. 白云镇**

新场、白云庄、平庄、洞上河、大元关、何家庄、龙家田、野龙山等。

**6. 城关镇**

新田、马田、尧南、双龙、十字乡龙洞山、肖岗亲、后龙、石人山等。

**7. 齐伯乡**

黄泥坡、喇叭洞、格支、下坝村新场、塘边寨、包包上、桃花冲、新靠、旧寨、鹅抱蛋、干草冲、鸡叫冲、谷早、野猫寨、三岔冲、石板井、小寨、湾冲、塘边、大寨、偏坡寨、大竹山、浪烟洞、岩脚寨、后寨、洗马塘、北门、谢华赛等。

**8. 天龙镇**

岩上、蟠龙树、白岩脚等。

**9. 乐平乡**

大田坝、长田、小补陇、谷尺（蠻）、状元山、老聋、谷忙、土地关、旱羊、竹林、大路边、新寨坝、华塔、鸡场坝、小革章、大补陇、小补陇、龙井、青庄、王寨、衙门头、六角山、虾儿并、龙井等。

**10. 十字乡**

屯上、前所、小河、上吴庄、下吴庄、干田寨、摆劳、谷豹、四甲、岩脚、中寨、后头坝、龙坑半坡田、尖坡、大坪、石板田、小寨、六甲堡、应坝寨、岩脚、金家坝、龙洞山、肖岗寨、后龙、石人山等。

## 四、关岭布依族苗族自治县苗族分布

根据 1996 年统计资料显示：关岭布依族苗族自治县有苗族 31 002 人，占总人口的 10.5%，主要分布在关索、花江、断桥、岗乌、普利、八德、上关、永宁、顶云等乡镇。据 2010 年统计，有苗族人口 3.91 万人（含机关、厂矿苗族人口）。操川黔滇方言黔滇次方言苗族：分布在 12 个乡镇，69 个村，6 014 户，34 206 人。

苗族具体分布如下。

**1. 关索镇**

板王村、北口村、岭岗村、民族村、许土村。

**2. 断桥镇**

纳用村马鞍山组、蘑菇组。

**3. 永宁镇**

沙锅村、萝卜村、尧上村、麻布村、上坝村、康寨村、养马村、白岩村、中哨村、小河村、团圆河村。

**4. 花江镇**

半坡村、厂上村、大元村、戈林村、弄袍村、杉木村、哨上村、五里村、锡厂村、下哨村、下石村、享乐村、养元村、永睦村。

**5. 普利乡**

大坡村、丫新村、新发村、大地村、养马村、小坝村、角寨村、上发村、麻龙村、东关村。

**6. 板贵乡**

新其村。

**7. 新铺乡**

高寨村、炭山村、沙星村、大坪村、松德村。

**8. 岗乌镇**

丙坝村、上寨村、正界村、柏寨村、包包村、陇古村、纳马村、偏坡村。

**9. 上关镇**

坝坎村、场坝村、冬足村、红星村、坡麻村、下岩村、向阳村、新店村、宜所村。

**10. 顶云乡**

麻龙村上寨、角寨村北洞组、包包田村白纸厂、老龙洞、棠梨村、上发卡村、谷雨村、茅草坪、五一村蚂蚁冲、石街路、坛罐窖、平寨村、新场村新明寨、木厂公家冲。

**11. 八德乡**

上前、三家湾、板屋。

**12. 坡贡镇**

尧上村新寨、地坝。

**13. 关索镇**

北口村、大树村。

**14. 断桥镇**

普岔村、龙朝村、烂坝村、湾塘村。

**15. 花江镇**

大元村、新桥村、永睦村。

**16. 上关镇**

下关村。

**17. 八德乡**

上前村、坡冒村、大树村。

## 五、普定县苗族分布

普定县有苗族 6 270 户，人口 3.5 万人（含机关、厂矿人数）。在普定县居住人数比较多的少数民族是苗族。主要分布在城关镇、化处镇、马官镇、白岩镇、马场镇、龙场乡、坪上镇、补郎苗族乡、猴场苗族仡佬族乡、鸡场坡乡、猫洞苗族仡佬族乡等。

具体分布如下。

**1. 城关镇**

小兴寨、大洼、操子堡、长田、栋青寨、野猪窝、偏坡寨、包包寨、岩上寨、三岔街、花地、岩脚、大兴寨、后山、桥边、三棵树、阿成寨、后坡、黎家寨、仲家寨、石头堡、褚家山、龙潭、新房、牛滚塘、大兴寨、王家湾、灯盏河、新堡、田坝寨、陈其堡、旧院坝、普运城、滑石坡、刀帕、撒力、蒙纳、桥头、黄家包等。

**2. 马官镇**

白安、偏坡寨、玉羊寨、潘家寨、岩凤洞、六谷、中坝屯等。

**3. 白岩镇**

讲义寨、魏旗、小竹林、沙锅（上、下寨）、三望坡、新寨、梅家庄、龚家院、小寨、小坡上、薛家坝、清水塘、九洞桥、杨家庄、狗场坝、八宝山、团坡、老龙湾（大、小寨）、白岩、花桥、九洞桥、高坡小寨、潘家庄、团山、三块田、三棵树、阿陈寨等。

**4. 化处镇**

太平农场、贡达、王家包、硝厂等。

**5. 马场镇**

毛粟坡、羊场坝、落水岩等。

**6. 龙场乡**

新寨、苗家包包、上窖、落龙井、高寨、靛山、双山、马跑地、水潮、下寨、高坡、付永院、平桥、猴子大坝、小寨、新林、波玉河、干龙潭、旧院等。

**7. 坪上镇**

革渣、苗寨、大寨、陇箐大寨、丰林、比古、上丰林、下丰林、上沙锅、下沙锅、小寨、硝洞、岩上、大寨、老寨田、小田、哈呼、新寨、肖家湾、那吉、青杠林、畜牧场、杨柳村、新民村、火烧寨、鱼塘坝、旧寨、小沙、苗院、化托、芦稿冲、化架、蜂子岩、石关口、竹林寨、坡头上、青枫脚、坪上街上、岩脚寨、哪叭田坝、中寨、龙潭口、坪坡等。

**8. 补郎苗族乡**

岩箐陇、岩脚、包包、歪冲、小枯支、上格区、格当鲁、吉箐陇、补郎、上本根、下本节、河边蒙浪、岩头上、等堆、小井寨、高寨、格基坝、上坝、大地、高石坝、垦丈、大寨、长土河、新寨、杭炳、枯江等。

**9. 猴场苗族仡佬族乡**

猪丫口、公鸡岩、石垭口、仙马塘、马桑寨、垭口寨、岩头上、架担湾、下老鼠、上冲、小谷毛、顾家冲、街上、下水洞、王永湾格坝广、到淀、大寨、丫口田、猛正、猛架、毛稗田、泮喝、干谷冲、水淹塘、别筛、谷子垭口寨、岩头寨、补屯坝、田坝、来口寨、沙子坡、碓窝箐、补彩等。

**10. 鸡场坡乡**

春光、鸡场、比古、今菜子冲、红岩、后箐、纳支、果骂、背后寨、米地、牛硐、鹌鹅寨、包包上、营盘、尖坡、狼坝、下播枫等。

**11. 猫洞苗族仡佬族乡**

张家寨、谷挂、补那、翁卡、又奋寨、月亮坡、平寨、地坝、者戛、卡拉寨、火干长冲、火干、三望坡、刀有、岩脚寨、来腰鼓、灯笼山、岩头上、八钱地、喊甲、潘家农场、来方、高窝、岗架、大龙仓、小龙仓、双种、普祥、草坝务、草坝榜、可歪、螳螂、干小羊、后寨、来街、高粱地、枯噜郎、猴洞等。

## 六、镇宁布依族苗族自治县苗族分布

镇宁布依族苗族自治县苗族主要居住于城关镇、江龙镇、马厂乡、朵卜陇乡、本寨乡、沙子乡、革利乡、六马乡、良田乡、简嘎乡、丁旗等镇，132 个村，256 个自然寨。从语言上区分有川黔滇方言和黔东方言两大方言，从服饰上区分为 10 个支系。操川黔滇方言的人数近 3 万人，黔东方言近万人。

具体分布如下。

**1. 城关镇**

南街、沙潭坝、大山、红岩、田关、新发、李广堡猴其、旧堡、十三旗、火把岩等。

**2. 丁旗镇**

新寨、肖玉堡村、比工村、大河边桂家等。

**3. 大山乡**

大河边、养马村、大河边桂家、王二河、楼梯坝、梅子丫、养马村等。

**4. 扁担山乡**

上坝村等。

**5. 募役乡**

洞口、石期、庆口、泡木庆、牛角洞、蜜蜂岩、老鹰嘴、猪场、鹅田、傲田、海马区、冒沙井、木叶寨、关口、老耗冲、长冲、芋头湾、冉胶、六腰、洞口、纳坡、卵弄腰、马家庆、杠上、沃田、牛角洞等。

**6. 马厂乡**

吴关堡、大水井、平寨、李山堡、中段、苗卫、关山、一碗井、七山、长田、斑鸠寨、牛田、马路、本寨、李山堡、三家寨、马厂、关山、牛口、新寨、杉树林、簸箕林场、包包寨、相利盆、木场、烈山、小沙、平安寨、龙潭、纳墩、纳岱、上寨锁头坝、斗篷寨等。

**7. 沙子乡**

弄塘、弄潭、空洞河、歇气保、炭山林场、星秀坡、浪朝围、卜慢、岜脚、磨斗棚、猪嘴巴、各文、太安、浪江等。

**8. 朵卜陇乡**

王坪院、高坡、陇西、新寨、大河边、簸箕田、草邦寨、小平寨、开门坡、新寨、毛草、革钵、王家庆、杨家屯、沙坝、刘家岩脚、龙潭堡、岩底、红岩、刮贡、子朝等。

**9. 革利乡**

人仁坡、上新寨、下新寨、渔塘寨、簸错、大岩脚、平寨、田坝、白杨坡、后冲、下院、革利、板昌、窝子田、大寨、小河干丈、小河青杠林、翁告、板尧、革窍、板尧村、青杠林、下革包、尤西、岩底下、小岩脚、小右羊、窝寨、白苗湾、王占马、杨柳树怀纳、永沟、板西、新革利、小平寨、开门坡、新寨、毛草、革钵、王家庆、杨家屯、刘家岩脚、龙潭堡、岩底、红岩、刮贡、子朝等。

**10. 本寨乡**

本寨、波罗寨、金药、羊铁关、奋基冲、纳早、客妈寨、干河、磨罗、新寨、平箐、鱼凹、卡子门、龙将、传荡、偏坡、干田坳、小白岩、大箐、高坡、后冲、通洞、大营、蜂塘、杨柳坝、大千丈、毛立冲、革拽、河头村下院、卡车、干坝、猫猫冲、虫羽山、小林田坝、猛正上院、猛正下院、猛正小虫羽山、猛正后冲、大寨、普差、盘潘地、后坝、猪场、张家坝等。

**11. 六马乡**

烂田、塔山、落号、八轿山、募储、纳劳新寨、打罕、顶腰、坡嘎、白杨林、岂宁、卵荣、丫口田、磨石寨、丙坝新院、羊论、板阳、新寨、纳建、下板阳新寨、田坝寨、弄袍等。

**12. 打帮乡**

喜芳、半山、神树保、喜向、纳右、坡闹脚、喜慢、看牛坪、坡洪、上绞龚、下绞龚、大花地、井鱼等。

**13. 良田乡**

包包寨、纳马沟、下丫口田、小庆、江孔、下板阳、鸡叫山、岩脚、小庆、高寨、岩坡、杨柳井等。

**14. 江龙镇**

云盘山、双龙洞、磨石井、尖坡、杨柳坝、猫猫冲、河头村下院、猛正上院猛正下院、干坝、破岩新寨、毛草、红岩、纸槽、龙潭堡、半坡、革拽、毛栗冲等。

## 七、安顺市经济技术开发区苗族人口分布

安顺市经济技术开发区共有苗族1.8万人，主要分布如下。

**1. 西航街道**

牛山、洞口流、苑塘、偏坡寨、新寨、河掌岩、大兴寨、小兴寨、小云盘、

新寨、罗家苑、南马店、土桥小寨。

**2. 幺铺镇**

立山、塔山坡、石板寨、寨上。

**3. 宋旗镇**

汪家冲、石头寨、董家庄、旮旯寨、和尚庄、跳花山、桃花井。

### 八、黄果树镇的区苗族人口分布

黄果树风景名胜区苗族约 0.2 万人。具体分布如下。

**1. 黄果树镇**

石汪寨、安庄、王安寨、底下坝、猴鸡堡、小寨、旧场、蒋其堡等村寨。

**2. 龙宫镇**

石头小院、上板掌。

## 第二节　安顺苗族婚恋习俗

安顺苗族的婚恋习俗保存得相对完整，下面从五个不同支系进行梳理：一是川黔滇次方言支系的苗族婚恋习俗，二是平坝区平凯土语林卡、凯掌支系的苗族婚恋习俗，三是黔东方言支系的苗族婚恋习俗，四是贵阳次方言支系的苗族婚恋习俗，五是滇东北次方言支系的苗族婚恋习俗。下面依次汇总如下：

### 一、川黔滇次方言支系的苗族婚恋习俗

#### （一）恋爱

主要是自由恋爱。苗族未婚青年男女是借传统的社交活动实现恋爱，即通过传统的“春游”“玩老表”“相月亮”或称“踩月亮”、赶场、跳花、过节等社交活动来实现。开始男女对唱情歌，以情歌表达谈情说爱的愿望，若唱得双方感到情投意合，才请媒人提亲。

“相月亮”（也称“踩月亮”）是西秀区、普定县、镇宁布依族苗族自治县、紫云苗族布依族自治县、关岭布依族苗族自治县、平坝区操川黔滇次方言苗族未

婚青年男女谈恋爱的一种方式，苗语叫“Ak guk xial”，多在农闲季节的夜间进行。

每当天高气爽、风和日丽、皓月当空的傍晚时分，苗家山寨的小伙子们，邀邀约约，背上芦笙、提起二胡、拿着笛子，三五成群，翻山越岭地去“相月亮”。他们一路上说说笑笑，到了“她处”，隐入丛林，并随手摘片木叶，含在嘴上，吹起“补物，补喂，补喂，补物！……格阿哒子哒！格子哒果？阿姆喽喂！”（木叶曲调：1613131616661611）意思是说：“阿妹，阿妹，我们来了，你来不来？不来，我们就走喽！”反反复复，吹着唱着。木叶声音，悠扬悦耳，回荡山野，牵魄勾魂。听到呼唤，寨子里的阿妹们芳心欲动、神不守舍，收拾打扮后，不多一会儿，三三两两，从四面八方飘然而至。……男女之间相隔丛林，泾渭分明，吹着唱着，一问一答。假若，女问：“阿哥你们是哪个村子的？”男答：“我们就是你们村里的！”这不可能，“相月亮”都到外村去进行。姑娘们调皮地说：“这恐怕是我们寨里的小阿舅吧！”男女双方为了逗乐，挖空心思，无话找话，比谋斗智，你来我往，开着玩笑，增进了解，建立情谊。

凡是相中了“情人”的小伙子小阿妹，就互赠礼物（称为“把凭”），而后二人约定约会时间。为与姑娘约会，无论是去哪个村、哪个寨“相月亮”，小伙子都不怕“路途遥远、河宽水深、山路崎岖，不见姑娘不回头”。有了“意中人”的小姑娘为和小伙子约会，也不怕“熬更守夜、流言蜚语、旁人刁难、父母阻挠”，一意孤行，见不到小伙子心不甘！他俩相见于“村前村后、河群滩头、花前月下、含情脉脉”，有民谣云：“小妹挑水担勾长，双手拉住担勾梁，家中还有满缸水，不为挑水是送郎！”

通过了解、沟通，当恋爱成熟后，男方才请媒人提亲。

“坐表坡”是每个寨子由寨老指定寨边一个坡作为年轻人唱情歌、“玩表”的地方。每年正月初二至初十，寨中女青年就到本寨“坐表坡”等待外寨来的小伙子。小伙子们来后，嬉哈打笑一阵，就逐个地离开表坡。小伙子走出不远，对小伙子感到如意的姑娘就会尾随上来，两人吹木叶、唱情歌，互吐真情。待正月十四跳花到高潮时，姑娘的母亲把腰带拴在小伙子的腰间，由姑娘牵着小伙子的腰带，名曰“牵羊”。正月十五及四月初八请小伙子到姑娘家吃饭，互赠礼品，通过双方了解，感情投合就请媒人说亲；感情不和，则在下一年才到“坐表坡”去另择对象。

春游（苗语称 Cangk raib）。春游是每年正月初一至初三，苗寨的姑娘相互邀约、带上布料、拿起针线、拾个小凳前往村里约定俗成的大树脚或草坪上围炉取暖、挑花绣朵、促膝谈心、说说笑笑，等待来春游的小伙子们。各村寨里的未婚小伙子们身着盛装、挂上彩带、背着芦笙，三五成群，去苗寨春游。他们穿田走坝，一路上吹吹打打，兴高采烈。当小伙子们来到村寨时，遇到长辈都要下跪三鞠躬，以示尊重。在离姑娘们不远的地方，小伙子们吹奏春游芦笙曲：

|32 3|5—|6 |5—|3 5|6—|3—|2—|2 6|3—|2—|6 —|26|3—|6－|2—|

我来我春 游，我 春 游 我 来，有 粑没有粑， 有 粑 我 上 来。

|1 6 1|2— |3— |2—|13 2|1— |6 |63 1|6— |3— |2—|63 1|2－ |6—|

我来我 春 游， 我春游 我 来，有 粑 没 有 粑，有粑 我上 来。

小阿妹们便羞红着脸，一边说：“远道而来的阿哥，欢迎，欢迎！”一边赶紧起身让座。此时，站在一旁看热闹的老阿妈笑着打趣地说：“不要让，不要让！叫他们先唱个歌、跳个舞再说！”于是，小伙子们在大家的欢声笑语中，于草坪上翩翩起舞。在场的人立即散开，牵起手来，围成一个大圆圈，唱起来，跳起来……为了表示对小伙子们的欢迎，姑娘们用围腰布兜着粑粑果进入跳舞场，边跳边将粑粑果往小伙子背着的粑粑箱里装。此时，如有哪位姑娘看中了哪位小伙子，就要举行抱粑粑仪式（苗语称“葩假”）。姑娘便请乐意为自己“当红娘，牵线搭桥”的老阿妈将事先准备好的大糍粑转交给被看中的小伙子。

小伙子抱着这个宛若筛子大的糍粑，依依不舍地离开了阿妹、阿妈，回到家来，父亲母亲、左邻右舍、亲朋好友、同龄伙伴都称贺，有民谣云：“春节期间抱粑粑，小伙来到姑娘家；抱得粑粑回家转，喜结良缘人人夸。”

正月十五前，抱粑粑的小伙子就要到阿妹家还礼，按一斤粑粑两斤糖的规定，请寨中1～2个小伙子陪伴送糖到阿妹家。如果两人互相中意，就请媒人说亲。

### （二）媒合

苗族青年男女婚姻形成方式虽然不同，但是媒合少不了，他们信守“天上无雷不下雨，人间无媒不成亲”的礼俗。青年男女通过谈情说爱，情投意合，双方自愿结为终身伴侣，但不能自由结婚。因为还有一个做人的尊严束缚着他们，女方为求一个“值价”的尊严，要求男方家请媒人到女方家说亲。媒人的条件是：能说会道，夫妇健在，懂礼仪，善交往，善应酬的中老年家庭妇女或男性。若是女方不经媒人就到男方家成亲或随意到男方家来，将来会遭人说闲话。如果婚事成了，男方家要送媒人一只10公斤的猪腿作为酬谢。

关于提亲的相关事理，在安顺苗族中大同小异，一般来说，男方请媒人去，要带礼品。一般带两份点心（糖），女方家有意，则说商量后回话；如果不同意，则找借口推脱，婉言谢绝。媒合至少要进行三次，第一、二次女方即使同意也要佯装不同意，第三次，若女方家同意婚事，要议订定亲彩礼规格，才能最终拍板定案。

### （三）定亲

经媒合后，在媒人和男方家长陪同下，另请和自己年龄相当的一个男青年和二至四位亲友陪同去女方家举行订婚仪式。男方到女方家订婚时，一般要提酒、抱鸡和带点心作礼物。女方家要邀请家族和寨邻来吃订婚酒。订婚仪式在女方家正堂屋举行，为长桌席，女方父亲及家族亲友坐上席左右两边，下席两边坐来定亲的客人，新姑爷和陪郎坐下席。席位排定后开席前，首先新姑爷和陪郎立于堂屋大门坎外，向长辈下跪三鞠躬，男方当场交一半或三分之一的彩礼钱。席间，男女双方代表要唱定亲歌，边唱、边喝、边吃。特别是吃鸡肉时很讲究，鸡头敬长者，青年人吃鸡脚，儿童吃鸡腿。

订婚仪式当天晚上，女方家族和寨邻的妇女要来举办“洗脚”晚会。晚会上，年轻妇女们先给长辈洗，然后给新姑爷洗，再给老姑爷洗。洗脚场上热闹非凡，打闹开玩笑的声浪此起彼伏。特别在给新姑爷洗脚时，打闹最激烈，新姑爷被众妇女抬得高高地再放坐在洗脚盆旁的凳子上，新姑爷请来的“护卫”们也不示弱，为保护新姑爷，与众妇女打闹开玩笑，你推过去，我推过来，新姑爷被拉过去，扯过来。打闹开玩笑大约要进行一小时，最后由新姑爷及同伴们付了洗脚钱（叫擦手帕）后，“洗脚”晚会结束。

### （四）结婚

男女订婚后，结婚的日辰由男方选择。结婚前一个月，男方要补交欠女方家的彩礼钱，并将“日单”送给女方的父母。安顺苗族历来只有结婚的日子，没有嫁姑娘的日子，女方父母别无选择，只有按男方提出的结婚时间，做嫁姑娘的准备工作。

结婚前一天，女方家办喜酒，请家族、亲戚和寨邻吃送亲酒，其中一部分人第二天要送亲。在结婚前一天，新郎请一名陪郎，提酒一壶（约2.5公斤），背米一升（约 2.5 公斤），抱两只小鸡（称伴鸡）到女方家接亲。当晚女方家要举办第二次“洗脚”晚会，过程与定亲时的“洗脚”晚会相似。第二天拂晓（5～6 时），新娘新郎在第一批送亲人陪同下，向男方家出发。女方家请的第一批送亲客，就是要选择 1～2 对夫妻双全、多子多孙的中老年夫妇送亲（叫“领亲”），另择 8～10 名未婚男女青年送亲。过去，新郎不骑马，新娘不坐轿，同送亲者步行到新郎家。新娘到新郎家时，要打着伞，前面挂一面镜子（意在辟邪），后背一个筛子（象征多子多孙），走到新郎家堂屋大门前，不能立即进房，男方家请的老者早已站在门前，手提公鸡，口念“护吉驱凶词”，并在新娘头上空绕几圈，扫除沿途中遇到的“邪气”后方得进家。此时男方的哥哥嫂嫂要暂时回避不与新娘见面（意在今后不发生口角）。送亲的第二批人员，中午出发，人数不限，无条件要求，其中有新娘的亲兄弟，他们要抱两只小鸡送亲。快进寨子时，第一批送亲者和男方家帮忙的小伙子们要前往迎接，抱鸡者将鸡放开，迎亲小伙子们要追赶抓鸡，现场一片欢呼。

过去苗族的结婚，进出三天三夜。迎、送亲客人，男方亲友有请必到，人数可估计，送亲客人难以估计，少则一百人，多则数百人。长桌席、掼斗盛饭，大锅菜、大碗酒。妇女按人分发肉类，大都打包带回家。男人吃饭、饮酒，从中午到晚上。三天客散，新娘随送亲客返回娘家。七天后，新郎才去接回。以后一段时间，女方在娘家一场（6～7 天），在夫家一场（6～7 天），直到新娘生孩子后才“坐家”，即永久性住在男方家。

婚后第一年春节，夫妻要到娘家去拜年。男方家要在春节前做一斗二升糯米的粑粑。

正月初二，小两口打扮得漂漂亮亮的，然后男的用两条“叉口麻袋”各装一个如簸箕大的糍粑，挑在肩上，走在前头，女的用花竹篮装上些小礼物，紧跟其后。小两口高高兴兴，前往娘家拜年。他们到了娘家，见到长辈，叩头以拜，表示后生对长辈之尊敬。他们挑去娘家的糯米粑要切成像巴掌大的正方形，分送家族与寨邻之众人，每户两块。苗族人民殷勤好客，特别是每年“新春头上”，凡有亲朋好友来访，寨上人家只要沾亲带故，都得请去吃饭喝酒。婚后的小两口第一次回娘家拜年，许多人家都来请他俩去吃饭，拿出自家做的香肠、腊肉、血豆腐以及“山珍美味”，盛情招待。小两口东家吃出西家进，应接不暇。

年初四至初九是跳花节。跳花那天，新娘拿出自己婚前精心制作的衣物，将新姑爷男扮女装，然后将挑花、刺绣、蜡染等用“背扇”装好，给他背去跳花山

“亮亮相”，以向世人显示女主人的聪明才智和心灵手巧。“背扇”用竹板衬空，像大箩筐，装上东西，犹如花坛，配上银饰光芒耀眼，花团锦簇。准备妥当后，随同苗寨里的其他兄弟姐妹，到跳花山上跳花。

现在有汽车，交通方便，送亲车一般有8～12辆，新娘坐小车，送亲的人没有接亲的人多，宴会桌的菜看七盘八碗，与过去相比有了很大的改变。

### （五）招上门女婿

有女无儿人家，可招女婿上门继承产业、延续“香火”，招女婿与讨儿媳一样，也要请媒人过彩礼，彩礼由女方家付。上门女婿要改姓，以儿子称呼。

### （六）离婚

过去苗族离婚程序简单，如果夫妻感情不和或破裂，可以离婚。首先经过男女双方请寨老、族老或亲朋好友调解，调解不成就协议离婚。如果男方主动提出离婚，是男嫌女，男方要包休女方名誉，女方可以不退男方曾经送过的彩礼钱，有时还要给女方一定数量的补偿费；女方嫌男而离婚，女方要退足男方的彩礼，有时还要赔偿男方一定数量的损失费。

## 二、平坝区平凯土语林卡、凯掌支系的苗族婚恋习俗

本支系苗族青年的婚姻，多以自由恋爱为主，但在形式上也要经过提亲、踩门、吃喜酒、请满月酒等礼节。

自由恋爱与提亲：每年的春节“跳花”（苗语的近似音为“鼓斋”）和四月八、六月六、七月半等“玩场”，都是男女青年自由恋爱的时机和场所。男女青年通过自由恋爱，认为可以相互托付终身时，由男青年告诉父母，由父母请一个双方家长都熟悉且福气好（儿孙满堂）的人做媒，前往女方家征求女方父母意见。如女方父母应允这门亲事，由媒人转告男方家。媒人将女方家的意见向男方家长说明后，由男方家备一份见面礼（通常为一壶酒、一封糖、一双鞋、一把布雨伞），择吉日（通常为龙、狗天），由媒人带到女方家正式提亲，并由媒人代表男方邀请女方及女方父母、叔叔、伯伯等到男方家认亲（实为看家底）。

请媒人酒与踩门：女方家同意后，男方家要备酒席款待媒人，称“吃媒人酒”。如女方及女方父母同意到男方家认亲，男方家要再“择吉日”备酒席，由媒人和男青年前往女方家接女方及其父母等一同到男方家认亲、踩门。男方家要

请叔叔、伯伯及堂哥等陪同吃酒。酒后，女方及其父母等返回时，男方要打包香粑一个（一斗米）送给女方。同时，也要送给随女方前来认亲的人每人一个两升米的糯米粑。踩门后，亲事就算定下来了。

接亲、吃喜酒：亲事定下后，男方家要根据男女双方实际商定吃喜酒的日期（有的在提亲当年，有的也可推到来年或以后两三年）。男女双方商定可吃喜酒后，男方家要请媒人到女方家询问女方家有多少亲戚，男方家要按女方家提供的亲戚数，每户备一份礼品（一壶酒、一封糖），由媒人带男青年及同伴送到女方家。由女方父母分送给亲戚朋友（称欢喜糖），并告诉亲朋好友，女儿已同意出嫁到某家，请你们某月某日一起到男方家吃喜酒。同时，男方家也要请男方亲戚和亲朋好友来吃喜酒。

吃喜酒的头一天，男方要备衣服、布料、糖食果品、酒肉等礼品，在媒人和伴郎的陪同下一起送到女方家接亲，女方家也要置酒席招待亲戚朋友。次日凌晨，由新郎和伴郎接新娘及伴娘到男方家。一般天亮前到男方家，不让孕妇看到新娘（接新娘时不坐轿，多步行到新郎家，现在也有坐车到新郎家的）。新娘到男方家，进屋时要用筛子立于门前，表示把不吉利的东西隔开了，同时，既不拜堂，也不与新郎同房。新郎接新娘走后，媒人待天明邀女方家男女亲戚前来吃喜酒。来男方家吃喜酒的，大多是女方的父母、叔叔、伯伯等至亲，称送亲客（也叫新客）。送亲客及男方家亲戚朋友一般在新娘到男方家当天下午才到男方家。喜酒通常为三天，头天来，第二天吃正酒，第三天返回。在三天的喜酒中，男方家叔叔、伯伯、亲哥、堂哥和亲朋好友，要热情招待新客，尽情畅饮。第三天吃过中午饭，新娘要回门，同时，送亲客要返回。这时，男方家亲友要在大门口劝酒挽留，不让送亲客离去。送亲客中要选一位代表，道谢说："多谢亲家和各位亲戚朋友，多谢各位厨官师傅，我们来吃三天三夜，吃得酒足饭饱，喝得兴高采烈。我们择吉日来，也按吉日回，多谢各位亲家，我们后会有期。"男方家亲友代表会说："各位亲家，你们来三天三夜，但我们清茶淡饭，没有招待好大家，请多喝几杯酒，多吃几碗饭再走。"送亲客代表说："喝不完的亲家酒，吃不完的发财饭。吃了这次酒，我们从此是亲家，你们的盛情，留我们今后再来喝。"至此，男方才肯让送亲客离去。

新娘回门后，新郎将新娘接回。此后，新娘可常住夫家，也可夫家、娘家两头居住，但怀孕后必须到丈夫家坐家。

请满月酒：青年男女通过自由恋爱，双方认为情投意合，可以相伴终身时，征得双方父母同意，女方可自行到男方家与男方共同生活，待生孩子后，才到娘家报喜。这时娘家才通知亲戚、朋友一道来吃“月米酒”（有的也在满月时请满月酒）。来吃“月米酒”时，娘家才把陪嫁的家具、衣料和米、蛋、糍粑等一起送来男方家（这种婚姻形式，可省去吃媒人酒、踩门、吃喜酒等）。满月酒也要大办三天，除了娘家亲戚、朋友外，男方家亲戚、朋友也要来贺喜。这种婚姻形式俗称“两棒做一棒打”，越来越受到男女双方认同。现有50%左右的男女青年都采取这种婚姻形式。

命名：夫妻生育子女后，要举行命名仪式。本支系苗族命名有苗名和汉名两种。苗名通常是父子、父女连名制。本支系的连名，子名在前，父名在后，通常连二代。如子名为“宝”，父名为“贵”，祖名为“元”。称子为“宝贵”，称父为“元”。平时称呼只称本名，不连父名，否则视为不敬。清代以后，一些苗族也仿汉人制定字辈，修撰家谱，用汉姓与汉名相连，用意和方法与汉族相同。

## 三、黔东方言支系的苗族婚恋习俗

安顺黔东方言支系的苗族虽然居住地不同，但婚姻习俗大致相同。主要居住在安顺市平坝、镇宁、关岭、紫云四个县（区），分布在78个村寨。他们的婚姻以自由恋爱、包办婚姻、“担钩亲”“侄女赶姑妈”“背扇亲”“娃娃亲”、引带私奔结婚等形式存在。自由恋爱以青年男女的意愿为主，包办婚姻则以父母或长辈的意志来决定。1949年以后，以自由恋爱和包办婚姻混合的形式存在于现实生活之中。婚姻缔结一般都要经过相识、提亲、订婚、打彩礼、结婚五个程序。如果是私奔的，没有相识、提亲、订婚、打彩礼、结婚等过程。

### （一）相识

凡自由恋爱均有相识交往阶段。相识一般在喜庆活动、走亲访友、赶场及芦笙场、正月游方等场合，也有通过父母或长辈介绍认识的。相识之后，青年男女通过相互往来、交谈对歌，加深了解，在培养了感情、双方倾心钟情之后，各自告诉父母或长辈，然后由男方家依照礼规请媒人前去提亲。

### （二）提亲

提亲是某男方家请媒人向某女方家提出联姻的过程，一般要经过三回九转。时间多选择在农历二月初二日或八月的某日。民间认为二月是万物复苏、春暖花开的季节，八月是果实累累、五谷归仓的时候，在这两个月提亲联姻就意味着一切吉祥如意，结婚后生活会幸福美满，白头偕老。

第一次提亲是选择在农历逢鼠、龙、狗、羊、猴的日子，请福好命好、能讲会说的中老年人做媒。去提亲时，媒人必须带红伞，走到女方家门前，要将伞靠在左门枋外，然后才进屋。女方家看到后，便会明白客人的来意。在以后的交谈中，媒人有意以各种方式婉转介绍此男的家庭情况及其人品，并适时提出某家想来“开亲”的意思。第一次女方家不会直接回答可否，通常要“远处过访，近处过想”。凡嫁女要征求舅父的意见，即使父母心里想答应也要等待征得舅父意见再说，或者以姑娘不在家，要问问姑娘是否愿意为由拖延。媒人回去时将靠在门枋外的红伞带转。

第二次提亲是在此次后的第十三天（对场），媒人带上红伞又来女方家，伞仍然要靠在左门枋边。进屋后，媒人又向女方家重提“开亲”之事，女方父母在过去十几天中一般都经过思考、询问舅父、征求亲友意见，虽然心中有数，但仍然会说“不要忙嘛，一刀砍不成个格螺，孩子们都还小，容我们再考虑考虑”。如有意“开亲”，在媒人回转时，女方父母会说：“欢迎以后多来坐坐。”这样，媒人回去就可以告知男方家，说女方家已经“松口”（有意思了），可以再去提亲。如果女方家已经决定不答应这门亲事，便会找一些理由推辞，婉言谢绝，媒人转告男方家后下次就不用再去了。不论是否有意结亲，女方家这次仍不收伞。

第三次提亲，时间在第二次提亲后的一个月左右，这次媒人除了仍带红伞外，另带一封糖（一公斤左右）、一瓶酒到女方家。伞要仍靠在左门枋外，提着糖、酒进门，放于堂屋大桌上，然后再提谈开亲的事。女方家若答应，就会收糖、酒，并将红伞收进家中，表示已同意开亲，然后热情款待媒人。媒人回去把喜讯转告男方家，男方家就可以请人看日子订婚了。

### （三）订婚

订婚是以看日子请客的形式，向亲友及乡邻表明某男与某女已订婚姻之约，已是未婚夫妻，别家不能再请媒来提亲了。一日女方家答应“开亲”，男方家就必须及早地看日子举行这个仪式。订婚仪式在女方家举行，男方家请一桌人（八人），带十二斤猪肉，一斗二升米，十二斤菜油，十二斤米酒，十二两茶叶，十二两土烟，十二两盐，一只鸡，一对红蜡烛，一挂鞭炮。到女方家门前要喝双杯的拦门酒（喻好事成双），女方家请娘舅、叔、伯、姑爹、同辈兄弟姐妹及乡邻作陪。第二天上午吃汤圆，表示希望婚姻圆满。下午杀鸡敬供祖宗，摆酒席举行订婚仪式。长辈坐堂屋一桌，娘舅必须在上坐。席间，媒人要向女方娘舅和长辈敬酒，双方都要说些祝贺“开亲”的吉言。长辈们要轮流看鸡头、鸡卦。其过程是：由媒人用竹筷串着煮好的鸡头逐一递向在座的各位，首先是递向娘舅；当鸡嘴对着谁，谁就说上几句祝福婚姻美满的吉言。看鸡头是根据鸡头的外卦象看一看这两个年轻人的婚姻将来是否美满、幸福。随后就唱酒令歌、大歌、亲家歌等。第三天回转，女方家将男方家带来的礼品每件留一点给男方家带回（退米花礼），并敬酒送客。

订婚后第一年起，男方家要在每年的正月初二或初四日，挑糯米粑到女方家拜年。糯米粑半斤左右一个，扁圆形，约一指薄厚，饭碗口大小，用稻草包成两捆，穿上根木棒成一挑。从六十个开始。挑米粑拜年，一是遵老的礼规习俗，二是为联络感情。到要结婚的当年初二，挑一百二十个，意思是婉转地告诉女方家，今年要准备给年轻人完婚了。

### （四）“交彩礼”（在女方家）或“收彩礼”（在男方家）

这是男女双方家长商谈结婚时给儿女准备衣服、首饰、酒、肉等所需费用的仪式，一般在农历八月的某日举行。男方家看定日期后，请媒人转告女方家。如果仪式在女方家举行称为“交彩礼”，在男方家举行称为“收彩礼”。不论订婚仪式在哪方举行，女方须请娘舅另请一桌人同去。男方家去时所带礼品与订婚时基本相同，只是将鸡换成鸭。结婚吉日约定后，男方家送女方家的彩礼为：猪肉一方一肘（肉 20 斤、肘 25 斤），鸡 12 只，豆腐两箱，酒 60 斤，面条 20 斤，红烛一对，叶子烟一斤六两或香烟数杂，糖果数十斤，父母“报恩钱”1 200 元。

父母“报恩钱”兑现后，男方又将送给女方的银首饰摆到桌面上给亲友过目。一般是项圈 7～9 只，银泡 400～600 个，手圈 6 对，空泡花 2 对，戒指 8 个，耳环（小耳环、银板环、银吊环各 1 对），包头银“抓板”1 只，配银链 2 对，2 只银蝴蝶簪子。

酒席中间双方亲友们互相唱歌祝贺，希望子女们的未来婚姻美满，荣华富贵，并互相划拳打码。散席后，如客人相邻较近的，可以当时回转，较远的第二天再回。此后，双方老人就为子女的婚事做准备。女方家一般准备出嫁女的一应穿戴及簪环、首饰等，现在也有准备家具物件的。男方家准备新房、用具等。

## （五）结婚

结婚要举行仪式，这是苗族青年男女组成家庭必需的过程。苗族结婚日期一般选择在十、冬、腊月的鼠、马、龙、狗、羊、猴等日子。忌讳用牛、虎、鸡日，素有“八月寅不要，十月丑不吉”的说法。程序是：男方家在正日子摆酒，女方家次日安席。此前男女两家都要查询周边村庄，看看是否有人亡故。如有，要看日子及路线是否相冲，以尽量避开。万一相遇，回到男方家要举行一个“除邪”（苗族称“咯哒”）仪式。

在正日子前一天，男方家一般都要杀猪准备待客，并连头带尾巴砍半边，留作接亲肉。

女方家请客时，还要请亲友带着所有姑娘以及请两个福好命好的中年妇女参与送亲，并请这两名妇女编织一双草鞋和做糯米饭，请一名福好命好的男子编制一担竹篮，编好以后由送亲婆送到女方家。竹篮用来挑糯米饭，草鞋给姑娘出嫁时在去婆家和回来的路上穿。

男方家请三名父母双全的后生前去接亲，还要请一名中年男子随同交涉处理有关礼仪事项。三个后生是明确分工的：一人挑鸡鸭；一人背衣裙（此衣裙是男方家专门向福好命好的老妇人借来）和红伞；一人负责从女方家挑着糯米饭回转，称“挑新媳妇的糯米饭”。

接亲客去到女方家门口，要喝双杯的拦门酒。进屋后，女方家将后生带来的鸡宰了供饭。吃过晚饭，由同去的中年男子与女方家办理礼仪事项并将男方家“进亲”时间告诉女方家，女方家根据情况安排发亲时间。

如果有亲戚给新郎挂红，必须在结婚的前一天半夜完成仪式。这是借鉴外族的习俗，过程与汉族大致相同。

半夜，女方家要杀鸭子供祖宵夜。宵夜中间，准备送亲的姑娘们向接亲后生歌三巡酒，说“四句”讨要衣服的头帕，预讨猪肚子、鸭子、红线等礼品，随后抹后生的花脸，再带他们到其他人家去清洗，这家也就是后生们第三天做“猪肚子”的人家，这家的地形必须比女方家的低些才行。

当晚，做糯米饭的人撮三升六合米做饭。煮熟后，用预先编好的竹篮垫竹叶装上，每铺垫一层竹叶，放七或九个糯米饭团，共放六层，准备挑到男方家去。再适当留一点给主人家，其余捏成团分给在场的亲友吃。

给出嫁姑娘梳妆。后半夜，“送亲婆”中的一个先在姑娘的闺房点上一盏

“七芯灯”，然后为她梳妆打扮。

吉日清晨，女方家按预定时辰发亲。发亲时，接亲、送亲的人都等候在场，女方父母兄弟、老辈直系亲属及“四眼人”（孕妇）回避。先由一位妇女把鸡和鸭递给接亲的后生，一名少女递交衣裙、红伞给接亲后生，做糯米饭的人递上饭篮，后生们只能用左手接过背或挑上，路上是不能放下的，一直要到男方家有人接时才能递交。由负责蒸糯米饭的人结伴出门，有两名中老年妇女倒发亲酒，每人喝完双杯酒后，由大门走出。发亲顺序依次是接亲的、新娘、送亲的。一路上，所有人都不能坐卧，新娘要打红伞遮盖，路途中如与其他新娘相遇，应相互交换小礼品，相互祝贺。

走到男方家村前，人们会来“抢新媳妇的糯米饭”。挑糯米饭的后生可任凭他（她）们抢去，只注意不能让饭篮翻倒或掉下来，并预留二三两给男方家祭供祖先用。挑糯米饭的竹篮要及时放置高处，以防被人跨过不吉利。

到男方家村前500米左右，要给新娘换上男方家预先准备好的老年妇女衣服，把一块后围裙系在前面，以暗示他们将来幸福美满，白头偕老。

走到男方家门前，如接亲时辰还没到，可先由两名少女接过伞、衣裙、鸡、鸭进屋，其余人员在院坝等候，这时接亲送亲的人都不能到别家串门。

男方家在门前放盆清水，内放一枚硬币，大门头上挂一面镜子，横放一根扁担，右边挂把秤，门槛内放一把筛子。在清水中放硬币，意思是为新人洗去灰尘邪气，清清白白进家门；头上挂镜子、扁担是为了拦阻妖魔；挂秤、筛子、点灯表示称心如意。时辰一到就“进亲”，由两名妇女劝“进门酒”。接亲的后生先进屋，接着是新娘，其余跟进。“进亲”后，送亲的人直接将新娘送入新房。进屋坐定，接亲的后生就要斟酒回敬送亲客，送亲的客人会唱歌表示感谢。同时，男方家要及时宰杀送亲带来的鸡，然后接、送亲的客人才能去别家串门玩耍。

新媳妇挑水。按古老礼规，新媳妇进门后就要象征性地挑一担水。男方家请两名姑娘带接亲的后生去水井边，由姑娘舀十六瓢（暗示有衣有禄）一担的水，先由后生挑到新郎家门前院中，又由这两名姑娘各自抬一头，然后换给新娘挑进屋里，然后新娘及时从这担水里舀出一些来，当场敬与众亲友喝，以表示新媳妇的勤劳贤惠和已是家中的挑水做饭人了。

下午二至三时，男方家祭供祖先，然后摆酒席。“送亲客”和“回亲客”必须坐第一轮。在“回亲”的酒席之上，众亲友们相互劝饭、添辣子面，中老年人高兴地唱大歌，年轻人盘歌对唱，热闹非凡。新娘一般是当天回门，如因路途远当天不能回转的可三天回门，这期间新郎新娘不能同房，由送亲姑娘陪同过夜。新媳妇不吃婆家饭，送亲姑娘会设法送饭给她吃，但不能让别人知道。

席后，男方家安排回亲，喝了“回亲酒”之后出门。三位接亲后生（小伙子）先挑一只鸡、一只鸭、一个猪肚、三斤六两猪肉，带三钱红线、二斤酒、三升米以及背衣裙，竹篮仍然要挑回女方家。同时还要另请一桌中年男客参与其回亲，称为“回亲客”。他们提一只鸡，抬一斗二升米，背一坛“老妇酒”和三斤“老妇肉”作礼物，同时，抬上半边接亲肉，与新娘和送亲客人一道回亲。这时，送亲客致谢出门，主家亲友会依依不舍地为他们唱歌送行。如果个别人家是在正月结婚的，还要在“回亲”时候，挑一百二十个糍粑补拜新年。

回到女方家寨边或者房角，新娘要脱草鞋换新鞋才能进娘家门。接亲、送亲、“回亲客”仍要喝下双杯的拦门酒。待杀鸡后，才能到其他人家玩耍。三位后生交割礼物以后，再将带来的礼物拿到他们洗脸的人家存放，待来日再洗煮招待送亲人等，称“做猪肚”。第二天早饭后，接亲的后生宰鸡、杀鸭、做猪肚。做好后在这家堂屋摆上桌子，先敬供女方家祖宗，由一个接亲后生演唱“开亲歌”，然后青年男女们同吃、对歌、嬉闹。不管“猪肚”菜饭做多少，姑娘们都会说不够吃，找到各种借口用鸡笼、炕笼、筲箕、饭甑来笼罩后生，用以取乐，增加热闹氛围。姑娘们随后向后生讨要红线，后生则向姑娘们索要前夜讨去的头帕。经过反复较量，姑娘们交还头帕，后生将红线拿出交给一位中年妇女，由她将红线分发给在场的人们，以祝福大家都平平安安，吉祥如意。

下午三四点钟，女方家准备安席待客。安席前，主人家要到厨房谢厨，给厨房的师傅们敬酒，唱“谢厨歌”。酒席中，不论男女老少，凡是同龄同辈的，都要添辣子饭，对唱盘歌、古歌时间划拳打码，歌声笑语不断，整个酒席场地热闹非凡。如果双方都是行家对手，这种情形会一直延续至晚上，对歌的甚至可唱到第二天中午。

第二天午饭时，客人们余兴未尽，仍然劝酒对歌。饭后，女方家安排接亲、“回亲客”回程，他们仍然要喝拦门酒。在场的一名妇女将小半坛“酒”（实际是水）给“回亲客”背上。回送一只鸡和一包有引子、稻谷、茶叶、盐的小包作为回礼。女方家的姨妈或舅妈将“回亲客”所背坛子拉翻，淋他一身，并说：“你背子背孙回去。”寨中的男人们摆下几道留客拦路酒，客人要走过去非得唱歌或划拳喝酒才行。这样，每一道关口上歌声、划拳声此起彼落，走的人希望少喝快走，劝的人希望多劝上几杯，互不相让。才走出喝酒关口，姑娘妇女们又向“回亲客”打稀泥巴抹花，让他们记住这里。“回亲客”一般不回手，只有躲闪快跑。青年们互唱挽留歌、送别歌，歌词内容客方多为感谢，相思相念，主方多为挽留、惜别、相约再见、一路平安等。客人各自散去，三位接亲后生仍然要回新郎家，将鸡和“五谷盐茶”交给男方家，结婚仪式才算最后结束。

结婚后，新娘仍住娘家。第二年农历正月初二日，新姑爷请两三个后生陪同，挑着用稻草包成的糯米粑两三担一百二十个，带上十数封糖果，几瓶酒去岳父母家“拜新年”。到女方家以后，先将物品放于堂屋大桌上，然后在堂屋安上供桌，摆上食物、供品，点上香烛，新郎给新娘家神祖牌位磕头，燃放鞭炮。磕头时，女方家姐妹们往往会搞些小恶作剧，比如，在跪垫的下方放鸡、鸭或水盆等物，待新姑爷下跪时弄出笑话，借以增加欢乐气氛。新姑爷拜新年时，有的岳父母会给新女婿衣服等物品，新姑爷也会回敬相应的礼品。以后拜年的糯米粑可逐年减少，三年以后只挑六十来个就行了。拜年一直要拜到岳父母及舅子们都年老归天方止。

到这年的农历二月初二日，婆婆带小姑或一名少女去接新媳妇，女方家安排在丈夫家居住的时间。如果允许其住七天，即可来回九天。新媳妇第一次到婆家，有一把红伞，一个斗篷，一个提篮，要带煮熟的红鸡蛋十二个，进婆家寨子时分发给看热闹的孩子们。以后农忙时候，如栽秧、割谷，由婆婆或丈夫去接来便可，三年满后才来“坐家”。若怀孕可以提前来夫家居住。新中国成立以后，这种习俗逐渐改变，多数结婚后即“坐家”了。

## 四、贵阳次方言支系的苗族婚恋习俗

贵阳次方言苗族支系婚俗有碑记载。1987 年，平坝区有人修《军事志》一书，到马场镇松树林了解清嘉庆九年（1804）苗族陈大鹏率苗民起义的情况，松树林苗胞告知：松树林村前苗族跳花坡上，有一块立在跳花坡中央的清代石碑刻，全碑高 120 厘米（其中出土高 1 米，入土 20 厘米），宽 67 厘米，厚 18～21 厘米（背部凹凸不平）。经杨启政、杨学鼎认真清理，反复校对，发现该碑是有关贵阳次方言平凯土语支系苗族婚规习俗改革的碑刻，碑上用汉文书刻有 380 个汉字，碑文成纵向从右至左排列。碑文大致介绍了居住在平坝、清镇、贵阳、长顺等地的这一支系苗族，在碑刻出台之前的“上古之世”，其婚俗的基本规则是：实行晚婚，自由婚姻，婚礼从俭（“男子三十而始娶，女子二十而嫁”“忠厚嫁娶绵绵”）。

这一支系苗族的结婚仪式是在择偶、提亲、抓鸡、认亲、劝亲等程序后举行的，要经历以下礼节。

### (一) 接亲出发前的准备

在选定的接亲吉日，男方家要在神龛前点香燃烛，祭供祖宗，请接亲人员吃饭。接亲人员有新郎、伴郎（未婚的小伙子）、两名“阿目”（苗语，指未婚女青年）、两名“叫尧”（未婚的青少年），还有5～7位男性中年人去做“亲家”（苗语称为“教角”）。有的村寨还要去两位中青少年，还有5～7位男性中年人去做“亲家”。有的村寨还要去两位中年妇女接亲，苗语称为“毛弥角”。两名“阿目”中，负责向女方母亲要新娘的为“阿目捞”（“捞”为苗语近似音，是“大”的意思，下同），另一位为“阿目尤”（“尤”为苗语近似音，意为“小”，下同）。两名“叫尧”中，负责扯鸡卦的为“叫尧捞”，负责“引亲”的为“叫尧尤”。全体接亲人员都要着苗家盛装，佩带金银项圈等装饰。去接亲的人员必须为单数，意为“单去双回”。本支系苗族接亲，不管路程多远，历来往返都是步行。近年来因交通方便，各方面的条件较好，往返步行的方式逐步被现代交通方式替代。

接亲人员在男方家吃完早饭，出发前要做以下准备工作：一是围坐在男方家堂屋的长形桌上，列行给女方家“包彩礼”。本支系苗家的彩礼，按前人的规矩，限多而不拘少，彩礼的具体数额由男方父母视自家的经济情况决定，但必须在“包彩礼”时征得本宗族多数人的同意。通常，新郎的叔、伯、舅父、姑夫、姐夫和亲堂弟兄及亲朋好友还要当众“添彩礼”表示祝贺。彩礼用两块1.2尺见方的青、蓝布（现在已演变为用青布或蓝布和红布）包好，红布在里，青（蓝）布在外，放上尾数为偶数的彩礼和有五谷盐茶的小包，包好后用红、蓝（青）线系好交给“叫尧捞”或主人家指定的一名接亲人员。二是主人家要给每个接亲人员准备一个红包，苗家称“慈姑钱”，方便在返回时送给与自己唱歌的对方。三是准备好接亲酒坛，一个有竹筐装的土酒坛，装上10～15公斤的米酒，用口袋装10～15公斤大米压在酒坛上，用绳索固定并穿上一根粗若手腕、长6～8尺的竹竿，便于抬着去接亲。

准备就绪，按“叫尧”“阿目”的顺序在堂屋向新郎祖宗行礼（“叫尧”行跪拜礼，“阿目”行屈膝礼或鞠躬礼）。礼毕，两名“叫尧”抬上接亲酒坛从堂屋出发往新娘家接亲，其余人员按“阿目”、新郎、伴郎、“毛弥角”“叫角”的顺序紧跟其后。接亲酒坛不能在途中着地休息。

## （二）拦门酒

女方家（以下称为主方）在男方家（以下称为客方）接亲人员到来之前，要在院子门口放一张方桌设“拦门酒”，桌上摆一只牛角、八个碗、八双筷、几盘菜和一坛酒。接亲人员来到之后，主方来人迎接“阿目”“叫尧”、新郎和伴郎到主方堂屋向祖宗行礼，行礼后可以休息片刻，等待就餐。其他接亲人员除“毛弥角”外，被主方拦在方桌前喝“拦门酒”。苗家“拦门酒”按主不吃客不依的礼规进行，一般双方各有3～4人喝过两碗或两角“拦门酒”后，即让客方进家休息、进餐。

客方人员进家后，主方摆喜酒宴，招待亲戚朋友和接亲人员。

## （三）婚宴礼仪

### 1.“跑马酒”

喜酒宴后，婚宴礼仪开始，主方在堂屋里或堂屋外，将几张方桌拼成长方形的席面，神龛方为首席，就座的人员为主方家族中辈分较大、夫妻双全、德高望重的两位老人，下席则由“叫尧”、伴郎和新郎就座，两边由客方家的“教角”与主方家的家族或本寨人员交叉而坐。坐下后，先喝两巡“洗碗酒”，之后，首席老人取两个碗，碗里各放一节1～2寸长的谷草（意为“马”），斟上酒，待谷草可在碗里漂浮转动（即“跑”）时，征得左侧亲家的同意后一饮而尽，然后顺时针逐个向左传递，如此依次喝酒助兴。

### 2. 报彩礼

待“跑马酒”至三巡的时候，第一个传递下来的酒碗到“叫尧捞”面前时，“跑马酒”暂停。“叫尧捞”斟上两半碗酒，带上彩礼包从首席左侧过去，恭恭敬敬地将彩礼包交到首席老人面前，并尊敬地说：“两位亲家公，我们父母手长衣袖短，请帮我们方圆过去。”说完回到原位。两位老人打开礼包，经清点无误后，当场向众人公布男方家的彩礼数目，同时用苗语提问“叫尧捞”所报数目有无差错。“叫尧捞”要用苗语逐一回答。接着，首席老人出示新郎家送给新娘的衣物首饰等。

### 3. 扯鸡卦

“跑马酒”再过一巡，主方家的两个小伙子给“叫尧捞”敬双杯酒，随后将一只公鸡（也可用宰杀后洗净煮熟的整只公鸡）请“叫尧捞”“扯鸡舌头”（又称“扯鸡卦”），叫“尧捞”用手轻轻地握住鸡嘴，轻抚鸡舌，高声朗诵鸡卦辞（意译）：

各位亲家公：

今年是新中国管辖××××年，今天是新中国管辖××月××天，今天是新中国管辖××月初××，我们来到父母家，父母们做得样样有，拿一对鸡像天鹅似大雁。父母们心诚好意拿给我们说，我们高高兴兴朗声说，父母们心诚意爽拿给我们讲，我们荣幸借她的巧舌来恭贺。

鸡呀，让她（新娘，下同）在家吃红米饭，出门喝清泉水；清清的泉水让她常喝，红红的大米让她常吃；天高给她长寿，路宽让她常走；让她去成双成对，成对成双；愿她去攒得九仓吃十仓放，九头牵十头骑，六畜更兴旺；愿她吃不完、借亲朋，用不尽、贷塞邻；愿她大斗放，小斗收，不图利钱图名誉；愿她像树栽到好山冈，像竹栽到好地方，不用施肥她常青，不用管理她成林；愿她绿似树，青似竹，夫妻永和睦；她青如松，绿如林，长寿到百岁；愿她如石桥踩不崩，铁桥踩不断；让她成家发富在何方去何处？让她成家发富到某方在某处（说出新娘嫁去的村寨）；愿她双双白头偕老，寿同南山，福如东海！

鸡舌头朝向亲家公们敬99碗，朝向我们弟兄喝个作揖拱手。

朗诵完毕，如果是熟鸡，即将鸡舌扯下摆在桌上；如果是活鸡，放手让主方把鸡拿走，两名“叫尧”随即向首席老人行跪拜礼。接着由主方“扯鸡卦”回敬客方并向新郎新娘致鸡卦辞。

### 4. 穿新郎装

主方扯过鸡卦后，再喝一巡“跑马酒”，举行“穿新郎装”礼仪。此时，主方有人用竹筛或木盘装上新娘父母送给新郎的新长衫来到“叫尧”面前，说“父母们手长衣袖子短，请‘叫尧捞’多多包涵”。“叫尧捞”接过“新郎装”并回答（苗语大意）：“好布做新衣，感谢父母们；好料做新装，让我兄弟穿上跳花场，盖过半边场；穿上走亲戚，盖过客人们。”随即与“叫尧尤”和伴郎帮新郎穿好新郎装后，面向席首说（苗语大意）：“各位亲家公，兄弟穿得新又新，实在感谢父母们；新衣做得合弟身，恭恭敬敬拜谢父母们。”说完，新郎、伴郎、“叫尧”

给首席老人行跪拜礼。

**5. 上“兆乌生”(苗语意为上新菜酒)**

再喝一行“跑马酒”，当酒碗在“叫尧捞”手中时，主方就要上“兆乌生”了，这是苗家婚礼上的酒令。“兆乌生”要上三道，酒令也有三道。每上一道“兆乌生”时，主方有一人拿碗装上洗净的新鲜白菜和豆腐准备上桌并说酒令，第二、第三道酒令分别由新娘的舅父和家族人作答。

**6. 装烟(敬烟)**

上完“兆乌生”后，接着给客方和主方装烟。先由主方按顺时针逐个边给烟边唱《装烟歌》，客方再照样应答。装烟之后，婚宴礼仪结束。如果客方要当天返回，除当晚的婚礼对(唱)歌可免去外，其他礼节在“装烟”后即可进行。

## (四)婚礼对(唱)歌

婚宴礼仪结束后，喜气洋溢的婚礼唱(对)歌活动接着开始。主方堂屋里生着熊熊的炉火，陪客的主人端着竹筛子，筛子里的两个酒杯斟满酒，主方热情地逐个给客人敬双杯酒，也叫唱歌酒，然后主、客双方根据年龄选择对手唱歌。当晚的歌声此起彼伏，一直到天明。

## (五)“要新娘”

次日晨晓，在亲戚朋友们唱歌、饮酒之时，是新娘子离开娘家去婆家的良好时辰。走之前，新娘家要摆一桌酒席招待两位“阿目”和“引亲”的“叫尧”，并请相同数量的未婚男女青年作陪。两位“阿目”和引亲“叫尧”吃饭的碗数，总计必须成双数。饭毕，两位“阿目”去向新娘的母亲要新娘。新娘出门要避开亲人和亲友，到屋外或塞院外僻静的地方等候“阿目”和引亲的“叫尧尤”。这时，“叫尧尤”肩挑小竹箩，箩内装有新娘父母送的鸡一只、米二升和两件“礼品”(用稻草包肉片、豆腐等菜，扎成一根带有龙头凤尾形状的“鸡头”，下同)，起步走在前头，新娘走在“阿目”和“叫尧尤”之间，跟随“引亲”的“叫尧尤”离开娘家走上接亲的原路往新郎家去。路上，行走顺序和路线不能改变，引亲“叫尧尤”肩挑的礼品不能着地休息，但可以换肩。倘若在路上与另一家娶亲的相遇，两位新娘要互换手帕或图腰等随身物品，以表双方相互祝福。当新娘在进新郎家堂屋大门的时候，男方家中的老幼要暂时回避，不能与新娘见面在新娘未到新郎家之前，新郎的家人早已在堂屋门槛外摆上一张磨耙，耙齿朝上，新娘、“阿目”、引亲“叫尧”必须跨过耙齿进入堂屋，意即把不吉利之邪恶怪物等统统梳理去掉。进堂屋后，引亲的“叫尧尤”将从新娘家挑来的“礼品”放在堂屋神龛下的方桌上，新娘在两个“阿目”的陪同下，一起向新郎家祖宗行屈膝礼或鞠躬礼，“叫尧尤”行跪拜礼。然后两个“阿目”引新娘到新娘与伴娘住的房间休息（婚礼期间新郎与新娘不能同居，新娘回家之前均由伴娘陪住，不闹新房）。

### （六）接亲人员返程

第二天清早，接亲的“教角”“毛弥角”及其他人员要等吃过中年饭，谢过主人家才起程回家。回程之前，主方家已将回程的“拦门酒”备好等候在院子大门口。双方人员交替敬酒至少双方要有 2～3 位作代表喝过三牛角拦门酒，主方才会给回程的“教角”们放行并转入下个礼节——跳芦笙舞。此时主方有两名中年男子在院子旁一块宽敞地坝吹起芦笙跳起舞，来送行的主方妇女邀请回程的亲家们围绕芦笙边歌边舞。歌舞过后，主客互唱“拦门歌”和“送客歌”。主方的中老年妇女和未婚女青年要依性别和年龄分组送客人，主、客双方边走边歌，相送一段路程后，主方将早已备好的礼品送给客方。在赠送礼品的同时，主方以取悦的方式向客方要“唱歌钱”，苗家称“挖慈姑”。大家边走边唱，送到适当路程后相互道别。

### （七）请客

客方回程时，新娘父母回送一只带尾巴的猪腿（1949 年之前回送一只牛腿，之后逐渐改为送猪腿）。客方要按原来规矩请主方在第 3 天或第 5 天到新郎家“吃猪腿”。因此，客方在回程出寨不远，要指定 2 人转回新娘父母家邀请主方到新郎家“吃猪腿”（旧时为“吃牛腿”）。主方对于客方转来请客的人员，仍要例行“拦门酒”和其他礼节。

### （八）吃新娘饭

新娘到新郎家的当天或第二天摆喜酒宴之前，新郎家要将接亲时新娘父母送的那只鸡宰杀做菜，请新郎父辈以上三代之内的家族人员与新娘和两位伴娘一起吃饭，同时邀请“阿目”“叫尧”作陪。新郎的上述本家要在新郎家喜酒宴之后请新娘和伴娘到每家吃一餐饭（现在有的村寨已逐步改变为由新郎的本家妇女共同请新娘和伴娘共吃一餐饭）。

### (九) 新郎家摆喜酒宴

新娘到新郎家的第二天，新郎家摆喜酒宴招待前来贺喜的亲戚朋友、家族人员和寨邻父老乡亲。如果新郎的舅父来贺，喜酒宴后要举行“做外家”的酒宴礼仪。其内容有“喝洗碗酒”“跑马酒”“扯鸡卦”“新郎舅父给新郎父亲穿新衣”“上新菜酒”“装烟”等礼节。当晚同样举行“对歌”活动，第二天“外家”回程时，同样举行“拦门酒”跳芦笙舞、对歌、“挖慈姑”等仪式。

### (十) 回娘家

新娘的两位伴娘（通常为新娘的伯母、叔母或舅母、姑母等长辈）陪同新娘住满 3 天或 5 天后要带新娘回娘家。

新娘和伴娘回娘家时，新郎家要做两斗六升（折合 54 公斤）的糯米粑（“送亲粑”）给新娘家。这糯米粑平均分成两个圆形，象征天地、日月，由新郎家邀请“叫尧”或两个未婚青年送去。在送去的途中，不能将糯米粑着地休息，要一气扛到女方家并放在堂屋桌上；如果路程较远，可用马驮。同时送去的还有用 5 升糯米做给两位伴娘的糯米粑和 4 件礼品。

当新娘和两位伴娘回程时，新郎家的宗族叔伯兄弟、亲友和寨邻中的中年男子要来行“拦门酒”的礼规，与回程的伴娘唱“拦门歌”并送行一程。送行时要给伴娘敬双杯酒，并用对歌和跳芦笙舞的方式送行。歌舞过后，唱歌相送一程，伴娘自觉掏出“唱歌钱”给送行的唱歌者，这叫“挖得慈姑”。至此，双方相互道别。

新郎家的“送亲粑”送到新娘家的第二天早晨，新娘父母将其中一个糯米粑从四面用刀切开煮给客人和家族人员作早餐，留着中间成四方形的一块回送新郎家，这既是回礼，又表示新娘把心交给了新郎家

在新郎家，其父母还要做 3～5 升（6～10 公斤）的糯米粑分为 5 份分别送给“阿目”“叫尧”和“伴郎”，作为酬谢礼品。至此，婚礼全部结束。

## 五、滇东北次方言支系的苗族婚恋习俗

滇东北次方言苗族在 20 世纪 70 年代以前，青年男女谈情说爱要通过“踩月亮”“串门寨”及“节日活动”等方式进行交往。如某家的青年男子相中某家女孩，该男子相约寨中的几个小伙子做伴，在夜幕降临时，到女方家房前屋后约百

米处，以吹笛子、木叶为信号，寨中的几个女孩相约至男方处进行谈情说爱。通过数次交往后，如果男女双方情投意合，由男方在月初请媒人到女方家说亲。

### （一）请媒人说亲

由男方的父母请媒人于月初到女方家说亲，媒人将到女方家时，须先到这个寨子找一位寨老或其他有一定威望的人家，并说明来意。吃过夜饭后，此人手持一个火把在前面引路，行至女方家门口时将火把熄灭，引路人便大声说“猪腿至堂屋”，进门坐后媒人将来意说明，便起身返回。

约半个月后媒人第二次赴女方家，与女方的父母进行此门婚事的交涉，如女方及父母同意，当面表明此婚事已成，媒人便返回男方家报好消息，如不同意便告吹。

### （二）择订婚日

这一地区的苗族在择订婚日之时，无论是信仰宗教或不信仰宗教都一样，不请先生算字，但必须择每月 15 日前，因为此日前为吉日。媒人和随同一人携带两只活鸡（一只公鸡一只母鸡），米酒 2.5～5 公斤，炒面一袋到女方家，女方的父母邀请家族及寨老前来。此时，媒人将男方家择定的日子告诉女方家，如女方家没有异议，当场表示同意；如有异议，双方再进行协商择定日子。与此同时，双方进行彩礼之事的协商，且必须达成一致意见。20 世纪 50 年代前这一地区的苗族有三种彩礼方式。最高的彩礼为男方家一头黄公牛，七半边猪肉，一背箩和两袋炒面，两对鸡，土烟二把，白酒一坛；中等彩礼除了猪肉为三半边，其他彩礼同上；最低彩礼为一只羊。

### （三）办酒

到女方家办酒时，男方家由十几个人以上组成接亲队，并备齐预定的彩礼送到女方家，接亲队员在女方家住一宿。第二天，女方家组成 20 人以上男女青年，将备好的各样陪嫁家具当众点交接亲头人，送亲队员便随接亲队员到男方家住一宿。第二天早饭后新郎与随陪的男青年备好两只活鸡，一袋炒面，20 个鸡蛋，2.5 公斤米酒随新娘返回娘家回门。新郎新娘在女方家住 3 天后返回新郎家坐家。

进入 20 世纪 80 年代以后，这一地区的苗族 95％以上已信奉基督教，在婚姻习俗上也有所改变。当送亲队员到新郎家时，必须请教会中的教职人员（即牧师、长老、传道者）给新婚夫妇举行婚礼，惯称“合婚”。婚配时，靠近教堂的寨子就在教堂主持婚礼，相隔较远的寨子可在新郎寨子较宽的院坝举行。婚礼场地中间摆设一张四方桌，主礼的人靠近桌边就站，送亲队员女前男后围桌就站，主礼的人宣布配婚仪式后，同唱一首《赞美诗歌》，读几节与婚礼相关的《圣经》经文，并且当着众人问新郎说：“某某，你愿意娶某某为妻，无论她生死祸福，你不抛弃她，善待她直到蒙召归天。”此时，新郎说：“我愿意。”主礼的人又用同样的话语问新娘，新娘如说“我愿意”，主礼的人便将盛好的两杯糖水递给新婚夫妇各一杯，新人接过杯喝一口后又递给主礼人，并将两杯糖水合为一杯，再递给新郎直至喝完。主礼的人与参加婚礼的观众唱一首诗歌，作个简短祷告，全场婚礼结束。

### （四）贺客

贺客一般由新郎的姑爹、舅爹、姐妹夫、老表等 30～60 人组成，于新郎家办酒的当天前往贺客。贺客方必须备带一头猪或一只羊，10～25 公斤米酒，5 公斤米作为贺礼。当贺客方人员浩浩荡荡行至新郎家门口时，早已准备的敬酒人手持着斟好的大羊角酒向客人每人敬上三羊角酒，客人进屋围堂屋转一圈回至门槛时，再敬每人一羊角酒后就休息。

晚饭结束后，由新郎家管事人员给后勤人员各敬三羊角酒，再敬母舅和家门中头人三羊角酒。此时，年轻人手持火把在前，芦笙队、古歌队依次从屋内到屋外循环转三圈后返回屋内，此后，其余的人可以轮流吹芦笙、唱古歌直到第二天 12 时前，才宣告结束。

### （五）抢婚

这一地区的苗族过去在青年男女婚姻问题上存在着自由恋爱和双方父母包办婚姻两种。

自由恋爱的婚姻不存在抢婚，父母包办婚姻的才出现抢婚，而均于男方相中女方，但如果通过正常渠道说亲未成，男方就选择在“跳花节”及其他场合，邀约几个得力的小伙子把女方强行抢走。到男方家时如女方勉强同意就可以留下来，三天后男方家打发一人前往女方家和好；如女方生死不同意，就趁男方家不防自己跑回娘家，男方家必须备好一只羊和数斤酒赴女方家赔礼道歉才算了事，否则难以收场。

## 第三节　安顺苗族丧葬习俗

安顺辖区内苗族的丧葬习俗，笔者梳理了5个区域，一是川黔滇次方言支系的丧葬习俗，二是贵阳次方言支系的丧葬习俗，三是黔东方言支系的丧葬习俗，四是滇东北次方言支系的丧葬习俗，五是西部方言麻山次方言支系的丧葬习俗。具体如下。

### 一、川黔滇次方言支系的丧葬习俗

安顺市川黔滇次方言苗族，占全市苗族人口的50%以上。其丧葬习俗有相同的地方，但是也存在家族和地方差异。年轻早夭的，老人很悲伤，要戴孝帕入棺，入土。只进行“开路仪式”，不举行宰牛、杀猪等祭祀，操办比较简单。

老年人寿终正寝的葬礼隆重，装殓普遍用棺木，抬棺上路不丢“买路钱”。非正常死亡的先进行火化之后再进行土葬，但是都要举行丧葬仪式。丧葬程序如下。

#### （一）送终

父母在病重期间，子女无论在远近都必须赶回家中轮流守候，宗族和寨邻每晚陪伴子女守夜，父母在病情严重时由子女扶着落气。

#### （二）遗体美容

如果逝者是男性，首先要理发、洗身后着装。逝者所用服装称为寿衣（逝者生前就已准备齐全），一般由亲生女儿准备，大女儿负责包头帕，其他女儿们负责穿的衣服和垫盖，棺椁由儿子负责（一般早有准备）。如果是女性，首先要洗身，梳戴，着装，仍然是大女儿负责包头帕，其他女儿们负责穿的衣服和垫盖，棺椁由儿媳妇负责。

#### （三）遗体入棺

先用蜡水涂在棺椁内底，防浸水，再用白纸垫底，然后将遗体装入棺椁内，并用纸钱填空隙，盖上盖，但不完全盖严，留一点空隙，待祭祀用。将棺椁横停在堂屋正上方，头向堂屋左边，脚向堂屋右边。

(四)“破竹卦胆”

死者不论男女，把尸停好后，用事先准备好的刺竹来做竹卦。“竹卦”做好之后用刀由中间一划两破，“破竹卦胆”后说明死者已离开了人世间。这对竹卦就是代表死者，死者的整个丧葬程序都要用这对竹卦来做。

(五)“落气鸡”(苗语叫“唉多赛”)

人死后，由家族中会念“落气鸡”词的人，手提竹卦，将一只小鸡在死者灵柩前活活掐死给死者进行丧祭，这只鸡叫作“落气鸡”。意思是死者刚离开人间吃不惯“鬼饭”，先用这只“落气鸡”给死者“吃”一餐，同时也安慰死者从此去同鬼一起生活了，别再挂念人间。“落气鸡”词：“握摇！（某人、某人……）是你的儿（或是你的孙），他抵不了你命也接不了你的气，他只好准备一只小鸡，做得你的落魂鸡、落气鸡、接魂鸡、接气鸡，这回你拿去当得牛犁，当得马骑，宰了你的落气鸡，饭香肉熟，我们才献肉献饭给你吃。”

(六)定安葬吉日

请阴阳先生，按死者生辰和逝世时辰确定安葬吉日。

(七)妇女哭孝

老人逝世的当天和第二天，家中晚辈女性、寨邻妇女、亲戚妇女来灵堂哭孝。

(八)守灵

苗族是以一个寨子或几个寨组成一个“鼓社”(苗语称为“热绕”)，选有头人，定有规章。成年或老年人逝世，全“鼓社”每户一人参加晚上守夜，无故不到者按照“鼓社”规章处罚（拿一只鸡或交钱），守灵直至出山最后一夜。

(九)指路(苗语叫“挨给”)

指路由专门的指路师进行。逝者安葬的前一天举行指路仪式。时间一般从晚上 11 时开始，第二天 1 时 30 分左右结束。指路师抱着一只公鸡，高坐在逝者棺椁前，时而诉说、时而唱说苗族的“指路经”。苗族“指路经”涉及天、地，阳间、阴间，过去和现在等许许多多的事。指路结束后，其女儿、媳妇们要进行哭送。

### （十）悼唁

安葬日子确定后，出山前一天，主人家提供亲戚朋友的姓名、住址，由“鼓社”头人派遣人员去通知亲戚朋友前来悼唁，被通知到的亲戚要送小费以示吉利。一家亲戚就是全寨众人相陪。悼唁人员进入主人家大门前要进行鸣炮，妇女先进孝堂哭孝，男人随后进入孝堂，亲戚代表烧香纸、叩头。如果是女婿，寨邻姨妈姊妹要压头，打闹开玩笑。当晚大女婿家坐正堂房间，二女婿家坐正堂两侧房间，请唢呐乐队，吹奏比赛，守灵一夜。

### （十一）出丧

出丧日，一般在天刚亮时出丧。送葬队排序：次儿手持草垫走在前；次儿媳打着火把在前照路，列二：寨子的众人四人抬着木马在后，列三：大儿媳妇端着一升米，列四：长子身挂弓箭，手持大刀，腰系长服，牵着黄牛，并边走边念：“不准哪个来抢我父（母）的牛……”。先鸣炮再出丧，由大女婿抬头杠，次女婿抬二杠，送棺出大门后，由寨众抬棺至打牛场。送葬队伍每经有村落处要进行鸣炮，路经桥面前，次子们就要下跪，面向前方，以示背着已逝亲人过桥。

### （十二）打牛祭祀

打牛祭祀在川黔滇方言苗族中比较盛行，但由于居住地不同，祭拜方式略有差异。一般来说有两种方式，一种是在灵堂内进行（苗语称“唉场”），另一种是在野外进行。

第一种打牛祭祀方式。这种方式比较简捷，先要请“社鼓”（苗语称为“尤阿岛”）仪式。“社鼓”长 1 米有余，直径 40 厘米左右，由一个或几个苗寨共同使用。一个或几个苗寨组成一个鼓社（苗语称为“热绕”）。“社鼓”存放在前一个逝者家属中，如果没有丧事，绝不可运用，如果背出了门，再也不可背回这户人家。请时要将逝者一件上衣拿去盖在鼓上，背到逝者灵堂内，并将其挂在灵堂右侧，请芦笙哀师和鼓师跳芦笙、长鼓舞。然后举行交牛仪式。最后举行宰牛仪式。

第二种打牛祭祀方式。这种方式比较复杂，过程比前一种多，一般做法有以下几点。

1. 仍然要举行“请社鼓”仪式。

2. 选场地。举行祭祀的头一天，由家族派人到寨子外选择一块平地（没有人家用过的），作为打牛场（苗语称为“抽岛”）。

3. 场地布置。选好场地后，进行场地布置。要在场地的东、西、南、北方向，分别播竿，竹竿上夹着一只木子。场中间插一根圆木，圆木上安装一个用竹片、稻草编织成的大伞（苗语称为“古略”）。

4. 宰牛祭祀。出丧当天上午 7 时左右，寨众将棺椁抬到场上，平放大伞（位置的北面，即平放在木马上），棺头朝东，棺尾向西，棺椁头尾分别放一个十字架（称矮人）。用 1.5 米的木桩钉在棺椁南侧，将长鼓系在木桩上。

仪式开始，长子牵着牛站在棺椁头前，在牛头上不停地挥动着尖刀，口念“别抢父（母）亲的牛……”芦笙手吹着芦笙哀曲，以棺椁为中心，逆时针跳起哀曲舞（哀曲有 10 首，每吹一曲舞 1 圈，共舞 10 圈），鼓手按曲调时而敲打鼓，时而左一击、右一击长鼓两端。族人二人，一人端酒碗，另一人端着酒杯，请逝者及家族过世了的人前来喝酒吃饭。

宰牛祭。长子将牛绳交给大姑爷，大姑爷用美酒请来交牛师，交牛师站在棺椁大头右侧口念交牛词。

宰猪祭。宰猪祭中，逝者长女要送一只满双月的小猪来宰送逝者。

宰鸡祭。凡该家族嫁出去的女性，父母已过世一个的拿一只鸡，两个都去世拿两只鸡，当场宰给自己已过世了的老人。

姑爷家要请芦笙哀曲和鼓师来跳芦笙长鼓舞。芦笙长鼓舞曲调从深沉、悲惨逐步向壮烈过渡，伴随响亮的鼓声，将人们从痛苦和悲哀中解脱出来。仪式结束前夕，场中姑爷、舅妈、姨妈、男女青年们开玩打笑一番，来表示逝者已逝，活着的人还要振作精神，勇敢地活下去，未来的希望是美好的。

### （十三）安葬

安葬地点一般由死者家属选定或请阴阳先生选定。造墓，家庭经济好的，年高老人逝世前，预先造好墓，一般是人死后才造墓。安葬由寨子众人负责，棺木葬入地墓前，先由造墓工匠头人抱着一只公鸡祭井：“子鸡、子鸡不是非凡鸡，头戴红冠子身穿五颜六色衣……”念毕，将鸡入井，待鸡跳出井，连续三次，结束后，众人将棺椁放入墓井，盖好井盖（有整块石井盖也有三块石拼成井盖），并留一个能放入小棍的口，先招魂（招魂词的意思：（呼逝者名）你到阴间穿的是铁鞋，你去得，家族、亲戚和寨众穿的是草鞋，他们去不得，你要放大家的灵魂回来），后垒土。参加安葬仪式的人回家前，主人家派人在进家的路口，用草烧燃，参加安葬仪式的人要从火上跨过，以示平安吉利。

### （十四）招魂

安葬完死者的第二天早上，死者家族用竹制成逝者半身人形架置于簸箕上，穿着衣服扮成逝者，吹奏芦笙从坟上接回家敬供一天，接至堂屋门内外各有一位歌师对说（唱）歌词后才进家。数次供餐，最后是招魂。招魂词译：“先（呼逝者名），你到阴间穿的是铁鞋，你去得，（家族中）某家老幼穿的是草鞋，你去得他们去不得，你要放他们的灵魂转回来。”要给家族和直系亲属一家一家地招魂。招魂完后，送人形架到村外三岔路口烧掉。

镇宁布依族苗族自治县革利地区打牛祭祀要“绕竹牛伞三转”，杀牛的头天已到选定地点“宰牛场”，共有29只木老鹰守护。老年人过世都要杀牛祭“办热斋”。“办热斋”牛要选好牛，不能用断角、趾脚和残废的牛。凡是经济条件跟得上的人家在死者上山时要牵牛跟在后面去交给死者（如当时经济原因不上的，后来在有条件的都要杀牛祭死者，程序一样，只是后来办的称“冷斋”）。

“吃魂归肉”：“砍牛”仪式结束后，要请帮忙的寨邻“吃魂归肉”。首先割牛肚油贴老鼓，然后用竹签穿牛连贴烧、煮牛胸肉，用手拾牛连贴肉祭亡人，再割牛夹孔、背柳、腿精三处，每一个部位割一点下来煮在一锅，由家族中的人和大女婿家来的客人就地蹲在“竹牛伞”两旁吃“魂归肉”。

平坝区乐平、普定县猫洞、坪上镇、补郎等地苗族打牛祭祀时间为三天。

第一天，接待来客并给亡人“招魂”。每家来参加打牛祭奠的亲戚，须有一波唢呐同往。来祭奠的亲戚，除亡人的出嫁女儿拉牛来祭奠外，亡人外家必须拿猪一头，其他亲朋拿猪头或鸡一只祭亡灵。

第二天或安葬了数年后才办理打牛祭奠的，在打牛的前一天必须先“招魂”。由祭祀师从坟上将“魂”招到三岔路口时，用水冬瓜树条做桌，桌上摆若干个碗（各宗族对碗的数量都有规定）作祭酒饭桌。招魂时的灵位设置，一般是人刚死就设一个灵位，如果孝家原有数人安葬后未打牛，可以一并进行打牛祭奠，有几个亡灵设几个灵位。在接亡灵的同时，要按辈分逐一祭奠，请三辈以内的祖宗及家族中先亡之人的灵魂回来参与打牛祭奠。“接魂”时吹专用的芦笙葬礼调开路，三回九转的将亡人的灵魂和祖先的灵魂接到家中供祭（其他祖宗及家族中先亡之人不另设灵位，用口头来祭请）。亡灵接到家中后，所有亲朋与前来参加打牛祭奠的客人才能进家。亡人是女性的，其孝子要牵马到寨门前接前来参加打牛祭奠的舅父骑马到家。

第三天，举行打牛和“倒孝”礼仪。早上天亮时，听到牛角吹响，祭祀的老鼓和受祭的亡灵开始移动到打牛场。此前，打牛场已设置好 1 个茅草阁楼，楼顶站着 1 只用秋木制作的木鸟，头向东方。阁楼四方用竹竿插上 4 只木鸟，鸟头仍向东方。打牛场上的灵堂设于阁楼中，亡灵面向东方。

移动老鼓前，要先祭酒并请亡魂同时跟老鼓到打牛场。移动老鼓时不能抬，必须用人横背老鼓，在鼓上盖一件长衣，再从家中往打牛场移动。移动途中，要边吹芦笙边击鼓行进。老鼓到达打牛场后，挂置于亡灵一侧，击鼓师在挂放时，鼓面必须与亡灵面向东方，吹笙击鼓祭奠时必须朝东方击鼓。

牛打杀后，将孝家所打的牛头烧去牛毛，按宗族祭礼在牛头或猪（鸡）头前方用刀在皮上划出祖宗口传的块数。划时，无论是多少块，第一条画线要在正中，两边平均分划后，有一边必须多划一块。亡人为男性的，左边多划一块；为女性的，右边多划一块。然后逐块唱诵祭祀词。三辈以内祖宗及家族中先亡之人与新逝亡人一起打牛祭奠的，本支系苗语称“多蚩”。

“包坟”。人死安葬结束，三年内不能动土。三年后，择日去进行“包坟”。有的地区是用一头猪去祭给死者，一只鸡去扫坟，有的地区是有几个姑娘就要买几个猪头去祭给死者，祭扫仪式完后，才能动土给死者添土、“包坟”。

## 二、贵阳次方言支系的丧葬习俗

贵阳次方言支系的苗族，其丧葬有开天窗、断魂哭丧、整容穿戴、上马、入殓、报丧赶客、祭奠、开路、出殡安葬、打牛、复山、做“满场”等习俗。

### （一）开天窗

亲人咽气前，按男左女右将其移至堂屋，由长子扶着，其他子女守候于跟前给亲人送终。亲人“落气”之后，放鞭炮报丧。随后，由家族中的年长者或“鬼师”，抬楼梯于堂屋后房顶揭几片瓦（或茅草石板），让亡人灵魂升天。

## （二）断魂哭丧

本支系苗族认为死者刚逝世，对世间还有种种牵挂，因而魂魄不断，所以要给亡人断魂（苗语称冬圣），使其放心前去。

断魂要念诵成章的“断魂辞”，这是对亡人的特殊告慰方式。断魂时宰杀1～2月龄的公鸡一只，去毛和内脏，用线捆绑鸡脚和鸡脖颈，使之呈“鸭浮水”状，放置于土碗中，称“引路鸡”。再用取出的鸡肝煮熟，放在盛有米饭的土碗中，表示给亡人的菜饭，又在另一碗中倒上少许水酒，摆上筷子，请专门的“鬼师”用一节小竹削成偏口，当中劈成两片，里面称阴，背面称阳，叫“风水卦”。“断魂”活动开始：孝子点燃青香，焚化纸钱，向亡人行跪拜礼。“鬼师”将“风水卦”拿在手中，用一种独特而悲伤的苗语音调念诵“断魂辞”，其大意为：“啊，某人呀，你活着是人，死后为鬼，今天是好日子，你放心往前走吧，前面大路宽阔，水源清新，疼爱你的家人为你准备了老香老纸、老鸡老酒和老饭菜，在这里念给你吃、念给你喝、念给你用，愿你吃饱喝足后，去与故去的亲人会面吧。”念罢，将“风水卦”竹片掷于地上，若呈一反一正，表示亡人已领受，就此结束；若呈全反全正，需要重新念和掷，直至掷地竹片呈一反一正为止。至此，开始放铁炮或鸣炮，妇女们则用悲切的哭声诉说着对亡人的深厚情感……“断魂哭丧”在未出丧之前每天进行两次，分别在上午寅卯时和傍晚酉戌时进行。

## （三）整容穿戴

当亲人去世后（以下称亡人），孝子和家人立即扶亡人坐在堂屋中央，用一斗谷子给其整脚，并及时给男性亡人剃头，用“皂角水”洗头（女性亡人不理发只洗头），用烧好的“艾水”中草药煮的热水为其擦洗身体。洗澡剃头结束，便给亡人穿上棉质寿衣。一般寿衣和盖棺被单由儿媳做，鞋（布鞋）由女儿做。亡人手里拿纸钱三张，口含“垫舌硬币”一枚（入殓时必须取出），头包藏青色丝帕，并在额头上打结（苗语称“靠机”），腰上系藏青色腰带，另用一丈二尺长的白棉帕系在腰部打活结，一头抵亡人下颚，一头齐亡人脚尖，是给亡人准备的“打水带”。亡人若是男性且伴侣尚在，要穿女伴侣的一件上衣在里；女性“亡人”穿裙子，包裹脚（绑腿），穿翘翘鞋，戴袖套。整容穿戴完毕，按男左女右，用门板将亡人仰卧并头朝神龛停在堂屋一边。

### (四)“上马”

上马是亡人入棺前的一项礼仪，表示亲人为亡人准备好快马，让亡人快马前行。一般于亡人逝世的第二天上午举行，时间为1～2小时。帮忙的人砍来杯口大且去皮的2根长9尺、6根长3尺的生木棒，用麻丝（线）捆绑成床架，再用厚竹片斜向交叉与床架绑成床面，按男左女右靠堂屋一边顺墙摆放。帮忙的男人们和孝家的妇女及吹鼓手、放炮手都各自做好准备，当“鬼师”为亡人念诵完“断魂辞”，男人们齐声喊“起!”，将亡人捧上床架，表示已扶亡人上马。此时，唢呐、鼓乐、炮声、哭声同起，时间为一曲唢呐结束。接着给亡人杀“随葬猪”。杀“随葬猪”要给“亡人”念“断魂辞”。念完，将家人准备的1头双月小猪宰杀，去毛剖肚时，将猪肠下垂5寸左右但不取出，将整猪靠亡人头部挂在墙上，在猪脖颈上拴一根反搓的草绳，绳头放在亡人墙一边的手中牵着，意为已将“随葬猪”交给亡人。

### (五)入殓

亡人上马一个时辰左右即进行入殓。入殓前，一是要及时通知亡人在外的子女瞻仰遗容，二是将棺木进行防水防蛀处理后摆放在堂屋正中，将亡人从“马”上移入棺内，用白纸包裹草纸进行填塞，亡人头下垫瓦片三块，以保持头部与前胸平衡。随后，要给女性亡人新围腰1块，袖套3～5对，放于其左手边，并交代给亡人在阴间劳作、赶场、走亲访友、节日和开展“跳花坡”活动时使用。男性亡人给一个布质“串袋”，作为外出装食物和其他物品之用。无论男性女性亡人，都要送给装饭的挂包一个，内分两格，一格装米饭和煮熟切碎的猪心（肝），一格装五谷种子。所有给亡人的衣物用具，一律用香火来烙洞作记号，并交代亡人牢记自己的物品记号，不让外人冒用。最后给亡人整容，同时嘱咐亡人“安心上路”，告慰亡人后将棺盖虚盖上，将儿媳们做的盖棺被单，按孝子的长幼顺序从下往上叠盖在棺材上；在棺材的亡人脚头点上长明灯（脚灯），将供桌置于棺材前，放上给亡人垫脚的那斗谷子和“断魂鸡”及其他祭碗，烧香点烛，供奉亡灵。

### (六)报丧赶客

入殓后，请开路师或阴阳先生确定家祭、外祭和安葬时间，随后请人向亲友报丧赶客。

凡亡人生前病重期间前来看望过的亲友，孝家都要派人上门告知其死亡时间和举行祭奠、接待客人的时间及出丧安葬时间。报丧者到达亡人亲戚朋友家门前时不能进屋，要先敲门告知，等其亲友拿一只鸡出门为报丧者“接脚”后才能进家。“接脚”仪式视报丧者停留长短分别接待，若报丧者急需赶路，则用活鸡1只，添上酒饭，念诵“断魂辞”，念完放鸡走人；若时间充裕，接报的亲友则把鸡宰杀，招待来者。

### （七）祭奠、“做外家”

祭奠分为家祭和外祭。外祭在安葬的前一天进行，家祭在外祭的头天举行。家祭较为简单，一般是家族成员参加。本支系苗族丧事最为热闹的要算外祭和“做外家”。外祭这天，前来祭奠的亲戚朋友一般都要置供品一桌，祭帐一幅（床单、毛毯或踏花被等），谷子一斗（约15公斤）及一定礼金和唢呐一拨前来祭奠亡人。女儿、女婿来祭时，必须带来唢呐一拨，鞭炮、香烛纸品若干，谷子两斗，供品一桌并带来猪、羊（或按价折成礼金）祭奠。所有来祭奠的亲戚，到亡人寨门开始燃放铁炮、鞭炮，锣、鼓、唢呐齐鸣直至孝家。外祭这天亡人的舅爷或姑妈家的人要来“做外家”。“外家”来祭时，孝子必须到寨门口跪迎，请舅父及随来者到堂屋上坐。“外家”的祭品还有落字祭帐一幅，祭文一篇。“外家”享有一定的“特权”，可以开棺瞻仰亡人遗容，在祭奠亡人时要询问跪在棺木旁的孝子对亡人生前是否孝顺，对其疾病的治疗和服侍是否尽到应尽的责任与义务。孝子必须如实答复。如答复与“外家”平时的了解有出入，特别是对亡人生前有虐待、歧视等行为，孝子将受到严厉的训斥或责罚。即便“外家”对孝子的孝顺很满意，他们也会借故生气，将两个或两对碗当场摔坏，意为“打发”，为孝家祈福。吃饭时，“外家”还可以直接向厨房索要超分量的酒菜。在他们要返程时，孝家要专门为他们摆第二次酒席，并做10～15公斤的糯米饭。席间孝家须向他们如实陈述死者亡故的原因及经过，而他们则会借故发气，将席面上的盘碗等摔坏，以应“打发”之意而离去。

### （八）“装饭、开路”

在出殡安葬的头夜，孝家要给亡人“装饭”，由专门的“开路师”给亡人“开路”。“装饭”就是亡人的子女、本家、亲友及寨邻为亡人走向阴间准备丰足的食物及“五谷”种子，为亡人在阴间与祖宗和去世亲人（友）见面，开始为新生活做准备。装饭时间一般在晚饭后子时左右进行。届时由“鬼师”从棺木内取出为亡人准备的“装饭挂包”，交给两个专人操作，由“鬼师”念诵“断魂辞”后，按照从亡人的子女、本家、亲戚、寨邻的顺序逐户提名（苗族户提苗名，其他民族户只提姓名）给亡人装饭。装给亡人的饭为糯米饭，菜是煮熟的猪心（肝），此外还要装五谷种子。“装饭”时，听到“鬼师”最后提到“亡人老名（苗名）”时，操作人员就用小勺和筷子将一点饭菜装入饭包内，并说“装了装了”。装饭完毕，把五谷种子倒入包内另一隔层，最后将“饭包”按男左女右的顺序放入棺内亡人手边。

“开路”是苗族为亡人进行的一项重要治丧活动，由本支系专门的开路师举行。开路前，开路师头戴斗笠，从右肩往左腰斜挎百褶裙（象征战袍），脚套长靴，在孝家堂屋门前举行“喂鸡”礼仪：门前放 1 升米，点 3 炷香，给公鸡喂米后再喂一枚小银毫（小硬币）和水，接着背诵本支系苗族世代相传的人类起源传说和迁徙的历史。之后左肩打上用去皮木棍为柄的钢刀，左手抱鸡，右手持剑（可用木剑或木棍代替），用特有的音调唱诵世代专用的“开路辞”。同时选 1 名助手击鼓配合，在开路师唱诵完一句开路辞时击鼓。开路师的音调视开路辞的内容时而严肃时而忧伤，时而高亢时而悲切，如泣如诉，现场鸦雀无声。开路辞的内容很多，大意主要是：“某某人，你某月某日来到某地某人家，你在父母的养育下，茁壮成人，成家立业，儿孙满堂。你现在百年归天，你要沿祖先迁徙的路线回到故土归祖。你要是不知道路，现在有雄鸡给你带路。你翻山越岭不要怕，过清水江（长江）、浑水河（黄河）也不要怕，你越过高山，走过城镇，通过三岔路口，遇到红脸将军、黑脸将军把守也不要怕，那是黄帝、炎帝所在之地，也是我们的祖先发源的地方。你只有到了祖先发源地，你呀，才可以见到你的祖先们……”开路师边唱诵，边用剑轻击棺木提醒亡人，孝子跪于灵前给亡人烧纸钱，整个过程持续 3～4 小时。最后，开路师以一种高亢而急促的音调和密集的鼓点送亡人上路，把鸡头扭断，连同鸡身一同掷向大门口。一旁听的亲人妇女们虽不出声，但早已泪流满面，抽泣不已。音落鼓停，便齐声呼唤着对亡人的称调放声痛哭，场面悲壮。“开路鸡”必须在屋外烹煮，其肉汤孝家的人不能吃，只有开路师和助手以及孝家以外的人才能食用。

### （九）出殡安葬、打牛

出殡前开路师念法时将棺木盖严，孝家将盖在棺木上的盖棺收起。出殡时间按开路师或风水先生所择时辰办理。出殡时，由众亲友手捧棺材由灵堂向门外移出。此时，孝家要清扫灵堂，放鞭炮并哭灵。

送葬时，由开路师或族中一位年长者手舞钢刀在前开道，孝子在前，抬棺木的随后。每当过沟，孝子要伏卧在地，让棺木从身上抬过去，意为背亡人过沟坎。该支系苗族送葬不执孝棒，不丢“买路钱”，在墓地不做“买地卖地”仪式。苗族认为自己的祖先是最早到贵州的开拓者，土地和道路都无须购买。

安葬。下葬前，按开路师或风水先生择定的时辰打好井，用苏麻秆、纸钱化灰于井底，撒上朱砂、雄黄粉防虫，而后喷酒，由开路师或风水先生提一只公鸡进行跳井仪式后下葬。下葬后“鬼师”肩扛锄头走上棺木念颂“断魂辞”，边念边用锄背轻击棺木，提醒亡人并向亡人最后道别。之后长孝子从棺材脚头纵向爬过去，边爬边喊三声爹（妈），以示最后诀别。而后“鬼师”先给棺材撒三把土，接着众孝子便抓土掩盖棺材，众人随后向棺材掩土垒坟。坟墓垒好后，孝子等家族成员跪拜在墓前祭奠后鸣炮。若亡人是男性，且孝子的经济条件许可，当天要在墓地举行“打牛祭奠”仪式。本支系苗族打牛，一般用一周岁左右的黄公牛，先打后宰。由“鬼师”或开路师给亡人念“断魂词”，把牛交代给亡人后，由一人牵着牛绕“坟墓”三圈到墓前站定，用青布蒙上牛眼，着一彪悍男性用装有3尺长木把的斧头，用力打击牛头角间部位，在牛应声倒地的同时用利刀迅速割断喉部气管和血管，待牛血尽而死，剥皮剔肉砍骨，取其胸脯肉或牛心置于亡人墓前祭奠，其余部分用来做菜招待前来祭奠的亲友和帮忙的寨邻，亡人的直系亲属不能吃打给亡人的牛肉。牛自古以来是苗族从事农业生产不可缺少的力畜，苗族自家没有牛，就会低人一等。给男性亡人打牛，意在给他提供在阴间生产生活不可缺少的力畜，同时提高他在阴间的名分和地位。

为怀念故去的亲人，孝家要在一年内为亡人做5次祭祀，时间是：安葬后第三天“复山”，第十三天接亡魂做“满场”，第三十天给亡魂做“满月”，第一百天给亡魂做“满百”，到一周年时做“满年”。“复山”与汉族基本相同，不同在于：凡在亡人去世后与其接触的人，必须要到孝家吃糯米粑，并在吃之前，用水盆装上水，夹炭火或煤火进水盆，趁水热洗手，洗除邪气。“满场”一般是家境较好的人家才做，历时3天，按头天接亡魂，第二天待客，第三天送亡魂的礼仪办理。满月、满百、满年较为简单。届时，孝家请左邻右舍及寨子里有名望者共十来人，分男女用头帕、衣裤（裙）、鞋袜，按从头到脚的顺序摆放在堂屋神龛脚，视为“亡人”。由孝子点燃香烛，焚烧纸钱，请人念诵“断魂辞”，用雄鸡和猪头祭祀“亡人”。待香烛燃尽，收拾衣物在火堆上拂过后收藏，然后摆席招待参与者。

这支苗族群体在长期的社会历史和生产生活中，自强不息，努力发展，逐步形成了自己独特的丧葬习俗文化，具有独特的地域特色，其习俗的深厚内涵有待进一步挖掘整理。

## 三、黔东方言支系的丧葬习俗

黔东方言支系苗族，凡有高龄老人之家，不论贫富，都要早早为老人备置寿木、寿衣。老人临终之前，得到消息的儿女们，无论在外、在家和从事何种职业，无论多忙的事都得停下，凡能赶到家中的都要赶来守候，以便为老人送终。

老人去世后，先将亡人抬扶到中堂“站斗”（斗为旧时量谷米所用容器，约装25斤稻谷）。再用木板或门板做成二尺五左右宽的停尸床，将亡人停放在上面，随即在门外燃放一串鞭炮，以告知邻居。紧接着给老人洗身更衣，男性留须剃头，女性梳头包帕，穿寿衣（裙），穿上布鞋袜。寿衣裤（裙）穿单不穿双，并且必须是棉布的。旧时代男、女亡人均要打绑腿，近年来已改此习。一切收拾停当后将亡人抬上停尸床安放好。停尸床在中堂须横梁而摆。亡人脚朝大门，头朝神案。脚前设一盏菜油灯，称为“脚灯”。用白纸盖面，手中各放三张纸钱。“脚灯”前再安一口砂锅，先烧三斤六两“倒头纸”，并作亲友来祭奠烧化纸钱用。

接着派人请开路师择日安葬。葬期视情况分为缓、急两种。急葬一般不择期，3天为限；缓葬择期，一般5～9天，多用农历单日。如果亡故日为年三十或月三十，可延至初一或初二、初三放炮，平时一般不过月即葬。一旦葬期择定，孝家即刻请人四面八方去“赶信”，通知远近亲友前来吊孝。其亲友得到通知后，多数都要先来孝家看望一次，然后回去准备祭品礼物等。至亲的多留下吊孝，祭品由家人准备。儿女们（包括侄女、外甥女）要在亡人入棺前及时送“垫盖”（盖尸布）来，以便一同入棺。“垫盖”按从内到外、从大到小的顺序盖在亡人身上。亡人的儿女（即正孝），头顶一块白纸，用麻绳和反搓的草绳系腰。男性正孝须穿草鞋，白天迎送吊唁亲友，夜晚烧香化纸，守灵尽孝。有的孝子戴白布孝帕，有的不戴。

老人亡故的当天（特殊情况可推至第二、第三天）晚上，要请族中之德高望重的老人为亡人入棺。入棺时，将家人用的白银首饰剪下七片，用纸钱包好放入亡人口中或胸前，作亡人归祖籍的“费用”。入殓后暂不封闭棺盖，以备安葬的前夜让亲友瞻仰遗容。收殓入棺当夜将亡人破旧的衣物铺草等拿出寨外烧掉。

本支系苗族旧时不立“望山钱”，现已多有习汉俗立“望山钱”的。“望山钱”是用白纸剪成形如古铜钱样的吊串，用白纸钱围系，每十岁一箍，有几十岁就扎几箍。看“望山钱”就可知晓亡人的寿龄。

丧事期间，孝家中堂棺木上放一张方桌，作祭祀用；上置一斗稻谷，供插香烛用。棺木旁放置数十节竹棍，用白纸剪成齿状缠绕粘于其上，作“救苦棒”，供孝子跪接吊孝亲友之用。

安葬前一天，众亲友持祭品前来悼念，俗称“下祭”。内亲及女婿视家庭情况，有下“猪羊祭”的，也有下平祭的，旧时还有牵牛来下祭的。总之，各表其意，各量其财。女儿的祭帐为六尺白布，安葬时将之烧化以献亡人。祭礼一般是一斗二升米（约 15 公斤）、10 公斤酒及为数不等的礼金。普通亲友只送礼金或祭品。女客旧时多送粮食、物品等。凡是来的祭帐，孝家都要剪下五寸退还下祭人。如是姑妈过世，外甥的祭帐要剪两尺退还。凡退还的祭布统称“退魂布”。凡亲友前来“下祭”，听到鞭炮响，男孝必须及时到寨门或路口跪迎。

到孝家祭祀亡人时，所有来客送的祭品一律放在灵堂供桌上，由开路师随后统一祭供。来客下跪烧香化纸祭奠亡人，男孝跪于棺木左侧，女孝跪哭于右侧。来客女宾亦哀哭不断，哭诉的内容多是倾诉对亡者的怀念和思念及生前的种种恩情等。如请有唢呐随同下祭的，孝家管事须安排地方给他们吹奏，并有专人随时递送酒水以供吹唢呐者及客人饮用，晚上备办夜宵。

宴客酒席在安葬前一天举办，旧时杀牛办酒待客，近来全部是宰猪招待。若亡故的是女性老人，对外家的来客要特别招待，一般安排坐上席，并请有威望的寨老或至亲相互安慰，劝酒应酬。如亡故的女性老人生前受过歧视或虐待的，外家会在此时提出种种要求和条件，以干预妨碍孝家办事，俗称“做死外家”。如出现这种情况，孝家就得请寨老或有威望的人出面劝解。

安葬前一天晚上 10 点以后，开始进行“开路”仪式。如果葬期“犯忌”，开路师首先要为亡人做解除“犯忌”的活动，称之为“解结”。所用物品是 2 厘米长的巴茅草杆 12 节，5 厘米长的筷子 12 根，同巴茅草一起扎成一捆，叫“12 铜锤”。再用树皮制成约长 10 厘米宽 5 厘米的小“棺材”，内装一小木人，用虾儿草（称“天罗地网”）盖上。用几根竹签压住用白棉纸剪成的小人，插在盛满稻谷升斗里。再用 3 厘米粗 5 寸（16.67 厘米）长的泡木树破开做一副“卦”。物品准备齐全后，开路师在门口摆上一张方桌，桌上放置一个装满稻谷的升子，点燃香烛插入，再放些供品。开路师即开始做“解结”的仪式。唱念一段词后，掷一次“卦”，说“右手要翻，左手要俯”。如出现的卦象与说的相同，就视为“顺卦”，出现顺卦就继续进行。当最后念完解结词，出现的都是顺卦，就认为已解除“犯忌”，一切平安，可以进行下一步的开路仪式了。

开路时，要先将骑在棺木上的供桌移到左侧，摆放酒杯及供品。开路师身着苗装，头包六尺长白布帕，由右向左斜披一束纱线，左手拿一束巴茅草和一把弯刀，反扛于左肩上，立于棺木左侧，用一只开叫公鸡作“开路鸡”，为亡人引路。开路师呼唤亡人的名字，告诫其不要留念凡尘，不要把凡人的生魂带去。要顺着祖先西来的路线东返故土归祖，早日升天，投胎转世。每叫一个地名，开路师便用肩上的弯刀敲一下棺木，催亡魂赶路不要停留，一直回到祖先故地扬州扬县，与祖先同归天庭，到“云彩着不到边”的上面去。路过十二花场也不要贪玩，快快赶路早登极乐。然后退生魂，又称“出魂”。“出魂”是开路师给孝家及所有至亲（直系血亲和旁系血亲），将悲伤思念而有可能附随亡魂而去的人及所有生灵、树木的魂魄退回来。开路师对每一户主名（苗名）人家，都要念一段出魂词，卜一次卦。如不是顺卦，就奠一次酒，舀一小勺米饭祭供亡灵。直到出现顺卦，认为魂魄已退回来了，才舀一小勺糯米饭给该户主或家人食用（米饭预先蒸好，供出魂和做亡人的“衣禄饭”用）。出魂结束后，整个安葬前的仪式均告结束，时间共须 3～4 小时，然后等待发丧时刻。

发丧通常在清晨太阳未出来前进行。发丧时，先移开供桌及物品，开路师将一个“符章”焚化于水碗，并打烂在棺木盖上，念“发丧词”，大喊一声“起!”众人呼应“起!”门外同时响起鞭炮，众人随即用手将棺木抬出灵堂，到院中平放于事先准备好的两条板凳上，然后用绳索把“龙杆”（约 4 米长，直径 20 厘米左右的一根粗木）与棺木固定。在棺盖上拴一只“站龙报晓鸡”，孝女此时便及时由内往外扫地，收拾房屋。随后，请吃“发丧饭”。饭后抬棺上山。开始抬棺时，孝男手杵“哭丧棒”低头跪于棺前丈许，孝女悲哭于棺后。送葬时孝男在前引路（苗族不丢“买路钱”），引魂幡随其后，之后是抬棺木的、孝女、吹唢呐的、抬香烛的、扛花圈、拿挽联的后和其他送葬的依序跟进。途中如因地形障碍，孝男需在灵柩前一定距离下跪。遇桥梁、涵洞、水沟等路段，孝男须卧倒于其上，让亲友抬棺从身上跨过，称为“背亡人过桥、过水”。从抬出门至“下空”（入井）前，灵柩都不能着地，途中休息时都用两条板凳支撑。

葬地是在人亡后预先请人测定的。一般按亡人的生、死时辰及当年属相、方位等因素综合考虑来确定葬地方位、向山。在发丧前晚零点以后，派人先去“打井”（挖葬坑）。“打井”前须先焚香烛化纸，再行动土。有的一直到挖好井坑，有的只是象征性地动动土就回来，待天亮再去继续开挖。

灵柩抬到葬地后，如下葬时辰未到，可将其停放于两条板凳上，此时孝男孝女可将孝帕包起来。葬坑挖好后，先在坑中烧一捆苏麻秆和大量的纸钱，撒上雄黄、朱砂，喷洒白酒。时辰到，开路师念动祈词、咒语，祈告山神土地，接收亡人安息。投放“跳井鸡”，念“跳井鸡词”，随后放棺木入坑，移棺正位，对准方向，放鞭炮，并将亡人“衣禄饭”罐按男左女右埋于棺侧肩部小坑中。孝女们最后再哭一次，唢呐再次吹响。如果孝男孝女因八字与下葬时辰相冲的，此时要回避。如果下葬日子“犯忌”，就用两片竹篾垫于棺底，两头留出露在坟堆的长度，以表示未落土，待日后适当时间再来抽取。随即，开路师在红伞的遮罩下，立于坑后，仍左肩扛茅草弯刀，给参与埋葬亡人的远亲近邻及山川、河流、树木、虫鸟等万物出生魂，曰：“虫虫鸟鸟，生人万物生魂出，亡人死魂入棺木……”此时，正孝男在葬坑口前背对棺木跪着，反手拉上两边后衣角成兜状。开路师口念祝词，抓三把泥土依次撒出，部分掉入孝男衣兜内，称为“背土”，完后不转脸看，直接将泥土抖入坑中。随后，孝男们按从大到小和从左侧的顺序，孝婿们按从右侧的顺序，依次从棺木脚部跪爬至棺盖中央，叫三声“爹（娘），儿背土埋您了”。随后，开路师喊“添土埋棺”，并亲挖三锄泥土抛入坑内。紧接着正孝男分别在左右侧挖三锄土投入坑中，然后按礼节向亲友下跪，叩请帮助填土砌坟安葬老人。

本支系苗族的坟墓历史上极少立碑，现在除有特别禁忌外，多数习汉俗立碑。安葬完毕凡从坟山回来的人，必须到孝家门前的水盆里象征性地洗手并进屋后方能到别家串门。盆中的水是用烧红的煤块丢入内浸泡而成，俗称“打处碳”，用于“除邪驱鬼”，保众人平安。接着孝家宴请帮忙的亲友、寨邻，并告知“复山”时间（通常是第三天，但也有安葬当日或者第二天“复山”的）。

“复山”当天，孝家在中堂设一供桌，杀1只鸡祭供，由开路师接新亡魂到家与祖宗坐神龛，接受后人的香火，并祈新亡魂与祖宗们保佑孝家后人平安，人丁昌盛，六畜兴旺，财源滚滚。“复山”时，孝家和亲友们带上鸡、鸭、鹅来坟山宰杀祭供，祭供后带回孝家招待亲友。女客带上米饭团在席间分发给亲友，孝家也自备一些糯米饭团，但须掺少许谷子，以寓谷米很多。至此，葬礼结束。

## 四、滇东北次方言支系的丧葬习俗

滇东北次方言苗族在古时有“横葬”之习惯，其源于古时有一苗族首领名叫“格资元老”，他生前对人们说，他死以后要依山横葬，从那以后，这支苗族就实行横葬。随着时间的推移，时代的进步，受其他民族的影响，后来由横葬逐步改为顺葬。

### （一）装尸

死者断气后，由亲属洗身，换好麻布制成的新衣服，将死者生前穿过的衣服纽扣及带有金属的东西剪掉，装入棺材盖好，并将死者生前穿过的旧衣裙全部焚烧。

### （二）送葬

滇东北次方言苗族无论是信教的或不信教的，都不请先生看日子，只要家里有棺材及死者家属及时赶到，死后第二天就可以下葬，最多不得超过 3 天。出殡时，死者的至亲家属一人手持弩箭走在前面开路，抬灵柩的走在中间，其余帮忙的亲戚紧跟于后，路上不放鞭炮，不吹芦笙。行至安葬处，用两条白麻布系腰带放于地面，将棺木置于腰带上面。其余的亲戚朋友围坐休息，由死者的亲属挖好坑后，将棺木置于坑内，揭开棺材，死者亲属将备好的白麻布及白棉布盖于死者面部，将棺材盖好，亲属及所有帮忙的人每人抓 3 把土撒于棺木上，大家七手八脚把坟垒好，便返回家。死者家将几个盛满水的盆置于门外，凡参加帮忙的人行至门口洗手后才能进屋，以表吉利。

### （三）送饭

安葬死者的当天晚上，由死者的至亲男性家属给死者送饭。第一次送到坟前时，用七张木叶垫底，把饭摆在上面，口中念念有词，便返回家。第二次送到坟前往后退九步，将饭放在坟前。第三次给死者送饭时，面对坟墓说：“你离世至今，我已给你送 3 次饭了，到开路时才为你准备吃的。”此后，将一簸箕挂于中堂，每天吃饭时，先舀一点饭放在簸箕上祭祀死者，直到为死者开路为止。

### （四）为死者开路

滇东北次方言苗族无论是何种姓氏，为死者开路没有固定的时间，不请先生看日子，但开路时间必须是月底，月初不能用。办斋时不杀牛宰羊，只杀一头母猪祭祀死者，其意为：死者在阳间善于饲养母猪，死了到阴间去必须杀一头母猪祭祀，表明送一头母猪给他（她）带到阴间饲养。办事的母猪肉，将一半切好煮熟，把肉、肝、肺都要分开放在锅里置于堂屋中央，此时由祭师主持仪式，口中念念有词，将一半的猪肉用于晚餐，一半为第二天早餐。第二天早上，便将死者的女儿送来的熟肉切成若干块放于竹块上，由四人抬到死者家属门口，前来吊唁的亲朋争先恐后抢猪肉吃，抢得多吃不完的要适当分给未抢得的人，此时由祭师指引死者沿着祖先迁徙的路线回归故土。

## 五、西部方言麻山次方言支系的丧葬习俗

西部方言麻山次方言苗族丧葬习俗，反映了较深的祖先崇拜观念。

丧亡分夭殇、凶死、产死、善终、寿终等类，办理这几类不同的丧事，各有不同的对待。

夭殇，即未成年而死的，均不办吊丧仪式。7 岁以上的，临时用木板制成一个小棺材，入棺后当天埋葬。7 岁以下夭折的，用稻草包裹埋葬。有的地方对死婴不葬，裹后甩在岩缝之中。

在四大寨中，用一团糯米饭和一小木钩陪葬。糯米团是给婴儿吃的，木钩是婴儿的玩具。纳容、江纳的苗族用菜籽炒后在安埋婴儿时撒，说：菜籽生后你（婴儿）再来，菜籽不生你就不要来。在二关，菜籽不炒，撒菜籽时说：菜籽生长后开花，你变成花，别人在花开季节牵线搭桥（象征性的桥），你就去。夭殇一般不从门口抬出。

产死，即生孩子未满月死的，“开路”时只开到浑水河岸边，叫其在浑水河中捞鱼虾还“轰王不歹”（古代万物指挥者）的债，债还清后才到祖先那里去。为了还债，要给死者缠红布腰带及红布裹脚帕。意为：缠红者可以进入深水之中捞鱼虾，不缠红者只能在浅处，不容易捞得鱼虾。葬坟时，要在坟边放一只鸭子，意为鸭子可以下水帮助死者捞鱼虾。还用一个炕筛盖住死者的坟头，意为死者到阴间受到歧视时，常对家人怀念而作祟，盖上筛，死者数不清其眼孔，就无法来纠缠后嗣。

凶死，即在外面落水跌岩等死的，只能在外面停尸吊丧。“开路”时，只开到半路，待找到一个人替身后，才能到祖先那里去。

西部方言麻山次方言的苗族，守灵要吹奏唢呐，夜间猜谜语，演粑棒舞等，

直至天亮。

居住在四大寨喜凯的苗族，不能跨月办丧。若是一个月的最后一天死亡的，当天立即安葬。

西部方言麻山次方言的苗族，吊丧那天要砍马。在宗地、打郎、妹场、坝寨及茅坪一带，报客即通知客人来吊丧时，要由“摩公”牵马到各处亲戚通知客头，程序较为复杂，因此，现只限于高龄的老人才举行砍马仪式。女性由舅家砍，男性由女婿砍，马肉则由砍马那帮客分享，孝家及与死者同姓的都忌吃那马肉。

在四大寨的猛冲、猛林、晒瓦、卡塞、喜档及缴卜等地，每死一人砍一匹马，女性由舅家砍，男性由其姐或妹家砍。吊丧那天，各处亲戚吹奏唢呐纷至沓来。每处亲戚带糯米饭及草鞋、鸡来祭奠亡人。其他地方女婿要抬猪来祭供。四大寨苗族不带猪，而是带酒。孝家门口用布伞遮着一张祭桌，祭桌上摆的酒碗很讲究：有牛杀有马砍的要摆 7 个酒碗，只有牛而无马的摆 5 个酒碗，无牛无马则只摆 3 个酒碗。祭桌是祭祀已死去的“摩公”及寨老，祭的目的是要阴间的“摩公”及寨老保佑吊丧的当天不出事故。祭桌旁边摆有一桌长席，专供“摩公”及寨老座席饮酒。各处来吊丧的亲戚都要舀豆腐来宴请，这一桌，砍马帮要用糯米饭等来宴请，女婿还得依次地跪着向他们敬酒、装烟及分递糖果之类。下午砍马时，孝家供祭马后，也由这一桌人绕马转三圈。砍马结束时，除了“摩公”准备“开路”外，砍马帮还要请寨老去喝“和气酒”。“和气酒”由砍马人自己带酒来敬，每人三巡，还用炸过的鱼或虾依次敬到每人手中。因过去苗族居住在鱼米之乡，除了吃米饭外，就是要吃鱼虾。现在由于住环境改变，无鱼虾则用豆腐代替。

西部方言麻山次方言的苗族祭祀亡人必须有鱼。

给亡人“开路”时，一般都要念 5～9 个小时，内容有苗族古歌、迁徙歌、亚努的故事及亡人回到祖先的原籍等。

“开路”要给亡人准备午饭、五谷种子等，为主的摩公要头戴斗笠、脚穿靴子、肩扛大刀、口含硬币、手捧竹杖、大声念咒。

“开路”结束，摩公不参加出殡仪式，先将尸体抬到门外入验。殓毕，一孝子头戴斗笠，手持弓箭在前开路，边走边射箭或过沟过桥及三岔路口时射箭。另一孝子挑着送给死者的午饭袋、酒坛、饭箩、鸡、草鞋、烟袋、五谷种子等随其后，再后是灵柩，灵柩后是妇女哭丧，若干个唢呐乐队送殡。

四大寨一带吊丧头一天就把墓穴挖好，穴内四面都用石头砌，墓穴顶部砌一个碗柜，安葬时放两个碗在碗柜中。棺材放入墓穴后，开棺整尸。盖棺后，铺上石板，盖上茅草。孝子孝婿要从坟墓尾部跪行至坟墓前头三次，每次都由众人撮土从孝子孝婿背上倒下，然后才进行垒坟。

安葬后，孝家杀牛宴请吊唁者，通过“倒簸箕”及解斋仪式后，孝子即可食荤。

苗族办丧事离不开草鞋，所用的东西用单数不用双数，亡人回祖宗处的路要走中间一条。

## 第四节　安顺苗族人生仪式田野调查访谈提纲

### 一、村落基本情况调查提纲

#### 1. 村落概况

村落区位、人口、户数（劳动力状况）、性别结构、民族结构、文化结构、姓氏结构、生产经营结构等。

#### 2. 社会结构

各群体收入、教育、生活方式、价值观念的差异，各群体之间的互动关系，外出打工者的基本情况（人数、文化程度、性别比例、主要工作地）。

#### 3. 民风民俗

有哪些民风民俗，村民的价值观、消费观、民主参与意识和诚信观。

### 二、苗族人生仪式调查提纲

#### 1. 人生仪式

主要包括生育、成人、婚俗、丧葬仪式过程。

#### 2. 人员情况

某一仪式负责人及其身份（性别、年龄、职业、信仰、社会角色等），参加人员的人数及其身份（性别、年龄、职业、信仰、社会角色等）。

#### 3. 仪式过程

根据现场考察或者访谈者描绘，客观梳理仪式过程，分析仪式的功能特征及意义。

**4. 仪式的禁忌**

梳理仪式活动中的禁忌，分析禁忌的原因。

## 三、人生礼仪不同阶段的调查提纲

根据课题研究需要主要针对苗族生育、成人、婚恋、丧葬四个重要的人生仪式展开。

**1. 生育仪式**

包括怀孕祝贺、怀孕禁忌、月子禁忌、出生仪式、起名要求、办满月、请周岁等。怀孕期间，吃的方面有什么要求或者禁忌？如何安胎？有什么祈祷词？分娩后，坐月子中，有哪些禁忌？满月酒中的主角是谁？都有什么祝福语？等等。

**2. 成人仪式**

在成人后，有没有具体的年龄、服饰、发型等标志？

**3. 婚恋仪式**

包括恋爱社交场所、时间、地点等。结婚的具体程序：新娘进门、送亲婚礼、回门等不同时间段的服饰、礼物、回话有什么要求？结婚前后、结婚当天有什么禁忌？

**4. 丧葬礼仪**

包括丧葬的方式、丧葬的程序、丧葬的禁忌等。

备注：基本要求

(1) 运用民族志体裁撰写，描述仪式过程和具体内容；

(2) 对每一仪式活动需做解释，但解释必须有所依据，或为报道人所述，或为文献记载，或为他人论说，或为作者阐述，无论何种来源均需注明，以求真实、客观、可信；

(3) 为了增强现场感、真实性和可读性，应附一定的仪式程序照片。

# 第三章　安顺蒙正苗族的人生仪式

安顺是一个多民族交错杂居的区域，主要有汉族、布依族、苗族、黎族、仡佬族、回族等，各民族经过长期的融合，生活习俗有诸多共同之处，但是在日常的民俗仪式中仍然保留着其独特的生活习俗，并且在这些习俗的背后，蕴含着各民族的价值追求。安顺苗族人生仪式与安顺各民族有着共同特征，更为重要的是具有自己独特的文化内涵与文化价值，在苗族的人生仪式中蕴含着苗族人心灵的密码，承载着苗族传统文化特有的精神。

人生礼仪指的是个人的生命历程中，为进入各个不同发展阶段而举行的仪式，其中最重要的四个阶段的仪式就是生育礼、成年礼、婚礼、葬礼。可以说，人生礼仪是一种世俗仪式，一般又称为“生命礼仪”“通过礼仪”“过渡礼仪”等，它的意义就在于帮助个人通过生命过程中每一个重要阶段，使之可以顺利从一个生命阶段过渡到另一个生命阶段，或者从一种社会身份转变为另一种社会身份。可以说，人生礼仪是不同的人类群体中普遍存在的仪式类型。

范热内普的“过渡礼仪”中，肯定了人生礼仪对完成人生各阶段、确立个体身份、地位等方面的重要意义，他认为只有通过“过渡礼仪”，个体生命进程中的各阶段（不同身份、地位、阶段等）才能得以相互衔接并确立各自的权利责任。每一个社会都是由若干特殊性群体组成和维系，在任何的社会群体中都有着若干个体，每一个完整的个体都要依次经过出生、成年、婚恋、丧葬等不同的仪式走完人生过程。

根据研究的目标，这部分主要考察安顺区域不同苗族群体的生育、成人、婚恋、丧葬四种主要的人生仪式过程，客观呈现安顺苗族人生仪式的程序；本章主要以范热内普为代表的“过渡礼仪”理论为观察视角，重点分析安顺苗族约定俗成的人生仪式文化，探讨其表层的符号与内在结构的象征意义；本章主要挖掘这些惯有的持续几千年的民俗仪式功能，窥探安顺苗族日常生活中的过渡礼仪对社会秩序建构的作用。

## 第一节　安顺蒙正苗族生育仪式

按照范热内普的理论，人生仪式包括生育仪式（怀孕与分娩、诞生与童年）、成人仪式（生理成熟与社会成熟）、婚恋仪式（订婚与结婚）、丧葬仪式（此世与彼世）四种重要的形式，它们是个体生命“过渡仪式”的重要组成部分，其意义在于人类生命形态的经验被赋予了社会的意义。因此，如果说诞生是人生的第一乐章，那么诞生仪式实际上就是对人生的彩排，它是以个人生命作为起点，以社会属性赋予作为终点的生命关怀。

安顺苗族对新生儿的关爱和重视，与所有的民族一样。不过，由于长期的生活习惯和生活环境不一样，不同民族对婴儿关爱的表达也各具特色，安顺苗族的生育仪式有着一定的共同特征和独特性。

### 一、安顺苗族生育仪式概说

怀孕和分娩、诞生与童年往往被看作一个整体——生育仪式。生育仪式是人生仪式的开端，是个体生命通过过渡仪式让社会承认和认可的重要方式。范热内普强调：“为新生儿所举行之仪式包括一系列分隔礼仪、边缘礼仪以及聚合礼仪。”[①]通过一系列复杂的仪式活动，才实现了“将新生儿与亡者世界分离，同时与生者或特定群体聚合”[②]。所以，安顺苗族新生儿融入社会的过程，就是在举行各种复杂的仪式中得以彰显的，可以通过怀孕分娩期间的禁忌来体现。

#### （一）怀孕

苗族妇女怀孕期间，在日常的饮食和出行方面都有所禁忌，当身体感觉不适的时候还需举行相关的“保胎”仪式。

第一，在日常生活中的饮食和出行。一般而言，苗族妇女怀孕期间不能挑重

① ［法］范热内普．过渡礼仪［M］．张举文，译．北京：商务印书馆，2010：41．

② ［法］范热内普．过渡礼仪［M］．张举文，译．北京：商务印书馆，2010：43．

担，不能到危险的地方，夫妻不可同房。在饮食方面，要注意营养全面，但是有些饮食禁忌是要注意的，包括：孕妇忌吃母猪肉，担心孩子以后患上母猪疯病；孕妇忌吃寡蛋，担心孩子生出来会有翅膀；孕妇不能吃荸荠，因为这是打胎药的一种配方；孕妇不要吃冷的，对身体不好；等等。

第二，苗族妇女怀孕之后感到身体不适的话，家里的长辈就会为孕妇做“保胎”“安胎”仪式。一般情况下，他们会认为孕妇身体不适是由于鬼神缠身而导致，于是就会请“摩公”举行“hluob douh yut”的仪式来驱逐鬼神。在做“安胎”仪式的过程中，摩公会通过看米、看鸡蛋、掐茅草等方式，看孕妇冲撞了什么鬼神，就备些物品进行“送”或“解”的仪式。当然，也有一些地区采取不同的方式达到相同的目的，例如紫云苗族的摩公往往采取用家禽“送”鬼神，家禽可以是鸡鸭鹅等，一般用家禽的肉块或家禽的毛即可，但是如果是“鸡”的话，就必须是活的鸡。

另外，苗族妇女如果婚后一直没有怀孕，需通过祈求祖先和神灵保佑。在安顺苗族的祈求怀孕的仪式中，有的会祭供一种苗语称为“天蛇天狗”的神灵；有的举行“拱桥”仪式，主要喊魂，需要用鸡、米、鸡蛋、粽粑到三岔路口去喊魂，从三岔路口牵一根线到卧室来，念供词“来了娃啊，来家和爹妈，弟兄团圆了”等；有的到祖坟上向祖宗求子；有的到庙里去向神灵求子。

### （二）分娩

在苗族妇女分娩后，苗族人要通过一系列的仪式表示对孕妇的重视和对孩子的接纳，大致环节包括：孩子出生后的“报喜”、烦琐的月子禁忌、办满月酒、保佑孩子健康成长的认“干亲”等。

第一，苗族风俗中，在孩子出生之后，男方首先要到外婆家报喜。在报喜的时候，如果生男孩就带一只公鸡，生女孩就带一只母鸡；另外，还要带甜酒、鸡蛋作为外婆家回礼的“引子”。接着，外婆要来男方家看女儿和外孙，这个时候外婆会带上一些营养品（母鸡/鸡蛋/大米）为女儿补身体，带上小孩衣服、尿布给外孙用，一般会在男方家陪女儿度过满月。然后，到孩子满月时，外婆家要邀请亲戚来恭贺，苗族称为满月酒（苗语为“sangm sans”）。

第二，苗族妇女分娩之后，坐月子时有许多忌讳。苗族妇女坐月子的前三天，外来男人不能进家门，为了告知外人家中有人坐月子，主人通常会用小棒夹一块小布片在大门上，生的男孩就插红布片，生的女孩就用蓝布或青布。如果三天之后，有亲戚朋友要来看孩子的话，要先去一趟厕所，把身上的“牛鬼蛇神”去掉，不能吓到孩子。坐月子的苗族妇女，不能出门，不能参加红白喜事，不能去井边，不能去串门；如果去了别人的家门，就要帮助人家打扫家里或者放鞭炮来解决这个尴尬。另外，苗族妇女分娩后是可以洗头和洗澡的，但是必须在小孩诞生 15 天之后用热水洗（不能用冷水洗）。

第三，分娩后的重要仪式——办满月酒，这是在向社会宣布孩子的出生，也是取得社会认可的一种仪式。这种仪式主要由男方家庭主办，外婆家亲戚朋友都来祝贺，隆重地庆祝婴儿的诞生。要根据十二生肖选一个好日子（不一定是恰好满月的那一天，可以提前或延后）来办满月酒，主角是孩子，主要宴请的是外婆家及外婆家的亲戚。满月酒那天，外婆家要给外孙送背扇（即背带），亲戚朋友要给孩子送红包或者衣服等礼物。孩子的“满月仪式”（苗语为 lah）一般由舅舅家主持，会有专人说一些吉祥话，例如“长得壮，考得好，上大学，有出息”等。另外，苗族对于婴儿的出生与汉族不同，苗族婴儿出生要外公来起名字，名字中必须有父亲名字中的一个字出现，而且起名字的时候要举办相应的仪式。虽然民族不同，但是他们对婴儿出生的重视程度是一致的。

第四，如果新生婴儿经常哭泣，他们一般会认为是鬼神来逗孩子了，或者认为孩子生辰八字与父母相克，所以通常是用“送祟”和认“干亲”的方式来化解。“送祟”指的是送鬼神，婴儿刚刚出生，鬼神也稀奇孩子，特别是已经去世的祖先可能来逗孩子玩耍。这个时候，婴儿的爷爷或奶奶嘴里就会念：天灵灵，地灵灵，我家有个夜哭郎，过路人念一句，夜夜睡到大天亮（念三遍），然后往地上吐口水，再烧点纸，就是把“祟”送走了。认“干亲”通常是为了再找一个人保护孩子成长。通常会先找人来算一下，如果孩子的年庚（生辰八字）与父母相克，就会给孩子认干爹或干妈来保佑孩子顺利成长。在认“干亲”时，婴儿家要准备好一只猪大腿、一只大公鸡和若干礼品，带着孩子去干亲家吃一餐饭，干亲家则需要备好一个碗、一双筷子、一套衣服、红包等送给孩子。

## 二、安顺蒙正苗族生育仪式

安顺蒙正苗族在妇女怀孕和分娩时的生育仪式中，与安顺辖区的其他苗族具有较多的一致性，在此不再赘述。其主要不同在于孩子出生后举行的“鸭锯”或

“鸡锯”① 仪式。

安顺的蒙正苗族虽然经历了母系社会向父系的过渡阶段，但是至今仍然保留着母系社会遗风——“鸭锯”“鸡锯”仪式。安顺蒙正苗族的“鸭锯”“鸡锯”仪式，主要由母系血缘团体来主持完成，这是一种集体仪式，不是每一个孩子分别举行“鸭锯”“鸡锯”仪式，而是在固定的时间段举行的集体活动（每年八月初谷黄季节举行“鸭锯”，每年腊月下旬举行“鸡锯”）。通过为孩子举行“鸭锯”“鸡锯”仪式，表示割断了孩子与母亲的关系，其“魂魄”归属了父亲。只是在这种割断和归属的过程中，蒙正苗族不同区域所采取的仪式不同，有的是用“鸭锯”，有的是用“鸡锯”。

每年八月举行“鸭锯”仪式，具体过程：

第一，择定吉日举行仪式。由寨子中的长者选定举行仪式的吉日。

第二，准备好公鸭或母鸭。其中，如果是男孩则选择公鸭，用竹片做一直径约 30 厘米的圆圈，做一支小芦笙，准备一把柴刀；若是女孩则选择母鸭，做一支口弦，准备一把柴刀。

第三，请母系血缘团体中有威望的妇女主持，也称主锯人。“鸭锯”仪式一般在堂屋举行，所有参加的亲戚都围坐在堂屋里，抱着男孩在一边面对主锯人。主锯人左手抱鸭子，右手提圆圈、小芦笙及柴刀，口中念道：“今天是吉日良辰，田坝稻谷黄晶晶，今年有好收成，大家要过上好生活了。有‘天神’在此，孩子虽然是母亲生的，今天通过‘鸭锯’，孩子的‘魂魄’归父亲了。从今以后，母系血缘团体人来只能作亲戚走。孩子要与父姓家族父子、弟兄、姊妹一起生活，要团结和睦，安康幸福。”② 念完之后，主锯人把柴刀由所做的竹圆圈中丢到地上，直到柴刀口对着屋内为止。主锯人完成“柴刀口对屋内”的动作后，则交给来帮忙的人去砍下鸭头，用一根竹竿（竹上端划破成四道口），将鸭翅膀上的 6 根健翮夹在竹缝里（上下各 3 根）形成十字，在健翮形式十字上端用绳捆紧，把鸭头穿在竹尖上，鸭嘴朝上，再把竹圆圈和小芦笙捆在竹中间拿去插在房顶角上，让寨子的人都看见，知道某小孩魂魄归属父姓方了，同时也告示“天神”。鸭肉煮熟后，主锯人拈点鸭肉、血、肝，舀一些饭到屋外“回熟”，祭“天神”。

---

① 注：蒙正苗族生孩子举行“鸭锯”“鸡锯”的母系社会遗风，在 20 世纪 70 年代以前各母系血缘团体均举行。进入 20 世纪 80 年代后逐渐淡化，现在生孩子举行“鸭锯”“鸡锯”的很少了，四十岁以下的人大部分都不知道了。

② 所引主锯人的念词是杨文金先生所整理。

祭毕，参加的人共餐，“鸭锯”仪式结束。

每年腊月举行“鸡锯”仪式过程同“鸭锯”相似，同样经过“选择吉日”“准备好公鸡/母鸡”“请有威望的妇女来主持”等仪式过程。如果是男孩则用公鸡，若是女孩则用母鸡。来参加仪式的人都围坐在堂屋里，抱着女孩在一边面对主锯人。主锯人站着，左手抱着母鸡，右手提着口弦、尖刀，口中同样念道：“今天是吉日良辰，到了年了月了，全家将要欢乐过年。有‘天神’在此，孩子虽然是母亲生的，今天通过‘鸡锯’，孩子的‘魂魄’归父姓了。从今以后，母系血缘团体人来只能作亲戚走动。孩子要与父姓家族父子、弟兄、姊妹一起生活，要团结和睦，安康幸福。”① 念完之后，主锯人用尖刀丢下地，直到尖刀口往屋内止。主锯人做毕，母鸡交给帮忙的人杀来煮熟，参加的人共餐，“鸡锯”仪式结束。

安顺蒙正苗族独有的“鸭锯”“鸡锯”仪式区别于周围其他苗族村寨的生育礼仪，这可以说是儿童离开母体，走进社会的一种方式。第一，通过“鸭锯”“鸡锯”仪式，保留了母系氏族的特征。例如，主锯人是年长的、有威望的妇女，明显持有母系氏族特征。第二，呈现了母系氏族社会向父系氏族社会的转变和过渡。例如，主持词中强调通过“鸭锯”“鸡锯”仪式，孩子的“魂魄”归父姓。

可见，在安顺苗族妇女的怀孕、分娩禁忌中，在新生儿的满月酒仪式中，体现了个体生命人生历程中最早阶段的角色转型过渡，亦让社会族群看到通过仪式对人社会化的重要影响和生命的意义。当然，蒙正苗族的“鸭锯”“鸡锯”仪式，在一定程度上具有生育仪式的过渡性，是幼儿从母系过渡到父系的过程，也是孩子与母亲隔离之后进入社会的过程。

## 第二节　安顺蒙正苗族成人仪式

成年仪式活动的各种形式就是实现人的社会化所必须履行的手续。一般来说，人的社会化过程大体可分割为三个阶段，第一个阶段是婴儿期、儿童期和少年期，在这个阶段人们通过学习会形成人格的生理习惯和社会习惯；第二阶段是青春期和青年期，这个阶段是各种社会角色的准备期和训练期；第三个阶段是成

---

① 所引主锯人的念词是杨文金先生所整理。

年后的学习，这个阶段是融入社会时有待补充社会礼仪的时期。这三个阶段分别是成年仪式的三个阶段：分隔——边缘——聚合。这个部分主要探讨成年仪式的第二个阶段，即一个苗族个体的童年到结婚之前的这一段时期。

## 一、安顺苗族成人仪式概说

范热内普在阐述《过渡礼仪》中的成人礼仪时，认为成人礼仪包括“生理成熟期”与“社会成熟期”两个阶段，而且这两个阶段只是偶尔重合。在这个部分主要侧重“社会成熟期”来探讨，就像范氏所说“不仅包括年龄群体和秘密社会之加入仪式，也包括伴随神父或巫师神职受任、登基加冕、和尚与尼姑制度剃度或神娼献身等仪式”[①]。

结合范氏理论，以安顺苗族的成年礼仪为研究对象可以看到，安顺苗族的成年礼作为一种过渡礼仪，通过发型、服饰、礼仪规范的变化，完成了个体从孩童向成人的过渡，并最终导向婚恋这一更为重要的人生阶段。特别是男性的成年仪式更为典型地表现了过渡礼仪亚分类中的“边缘礼仪”特征，即呈现出一个阈限：仪式的开始与完成经历了一定的时间跨度，个体在其中拥有一定的特殊性，即范氏所提出的“边缘性”，且仪式的完整结构才能最终确立男性的成人身份。

安顺苗族成人仪式中，没有范氏所说的身体割礼，却在年龄、头饰、服饰上有着成人过渡的表现。根据《安顺苗族》的统计[②]，以语言为标准，将安顺苗族分为川黔滇方言 16 类和黔东方言 2 类，其中举例如下：

1. 川黔滇方言之一：女性 12 岁开始盘发，用头发和毛线将发髻盘于头顶，并插入一个八寸长半月形红木梳；2. 川黔滇方言之二：少女及未婚时期女性不戴头饰，留发辫盘于头顶，已婚妇女要盘发于右侧；3. 川黔滇方言之八：该苗族支系将女性划分为三个阶段：少女时期佩戴苗语名为“帽羌纳”的头帽，青色布料制成，帽顶有圆孔，帽尾呈圆弧形，有绣花装饰；成年未婚女性的头帕（头帽）有便装“戴幅”和盛装“勾幅”两种，前者帽顶有 3～5 寸椎体，后者在颈后方向有 6 寸左右的绣边白布带相连的耍须；而已婚女性的头帕则成为“部幅”，由两块青色或藏青色“风筝”形头帕包裹锥形竹编框架而成；4. 川黔滇方言之十五：未成年男孩不戴套头，成年男性包青色丝帕套头；女孩留长发至十三四岁

---

① ［法］范热内普. 过渡礼仪［M］. 张举文，译. 北京：商务印书馆，2010：52.

② 安顺市苗学会. 安顺苗族［M］. 贵阳：贵州民族出版社，2011：53-64.

后剪下来，将部分头发搓成细头索后全部与真发一起绾成发髻。[①]

伊力奇在《“成人礼”的来源、类型和意义》一文中总结到，成人礼仪大致可分为五种类型：开导型、考验型、标志型、装饰型和象征型。开导型多见于女子，指由已成年的长辈将关于婚姻生活的知识教导给少女；考验型多见于男子，“通过某种形式的考验和磨难，让达到一定年龄的男子成为氏族一部落成员中真正的主人和英勇无畏的战士。”[②] 标志型是最为古老的类型，主要形式有：染齿、黥面和纹身。装饰型脱胎于标志型，“由于某种形式的标志在青年男女中产生一种美感，而逐渐成为成年男女必要的一种装饰。”[③] 象征型较晚出现，如以只具有象征意义的活动代替过去复杂的仪式，或是一些标志性的内容被更为简便的形式代替。

从安顺苗族的总体来看，应以装饰型成人礼为主。盘发、更换发型发饰、戴帽等等，既是自古流传下来的成人标志，同时也成为同一族群规范社会秩序的取向。范氏理论中成人礼可能不只是一个特定的短暂的仪式，也有可能是一个相对漫长的、向成人的过渡时期，苗族女性在此期间会穿上家中最华丽的衣物参加游方等恋爱活动，更要为自己缝制嫁衣，衣物的存在逐渐从成人的象征转变成为苗族同胞日常民俗生活的重要内容之一。

此外，还应看到其实现存的装饰型也是从标志型发展而来。中国古代典籍中记载，边民大都有纹身黥面之俗，如《史记吴太伯世家》就有这样的描写：“太伯，仲雍二人，乃奔荆蛮，纹身断发，示不可用。”《礼记·王制篇》说：“东方四夷，被发文身，有不火食者矣。”《庄子·逍遥游》：“越人断发文身”等等。在西南少数民族中，苗族、黎族、壮族、傣族等直至 20 世纪中叶还保留着纹身的习俗。纹身的起源和功能有各种说法，成人说是其中之一，部族成员借助纹身来昭示自己的成人身份和婚恋资格。苗族虽已不再保留此习俗，但原本纹在身体上的图腾在漫长的历史中逐渐转变成为衣物的特定造型或是装饰图案，也符合标志型的变化发展。

可以看到，安顺苗族成人仪式相对于生育、婚姻、丧葬仪式来说，其内容大大简化。随着现代化社会的发展，离开家乡进入城镇生活的苗族青年们，日常生活中已几乎不再穿着传统的苗族服饰，只有在参与跳花等传统活动时，才穿戴上

---

① 安顺市苗学会. 安顺苗族［M］. 贵阳：贵州民族出版社，2011：15.

② 伊力奇. “成人礼”的来源、类型和意义［J］. 中央民族学院学报，1986（3）：42.

③ 伊力奇. “成人礼”的来源、类型和意义［J］. 中央民族学院学报，1986（3）：43.

能够显示他们未婚青年男女身份的服饰，成人礼或许也在进一步发展，从装饰型逐渐演变为象征型。

## 二、安顺蒙正苗族成人仪式

安顺蒙正苗族信仰祖先“竹王”，其民族信仰、穿着打扮、生活习俗上颇有特点。但如果不考虑仪式名称、时间等细节的话，其婚丧嫁娶等重大人生习俗上与其他苗族亦有共性。蒙正苗族的成人礼以 12 岁为界限。从丧葬习俗也可以看出这一年龄划分的差别。在蒙正苗族的习俗中，丧葬习俗可以分为 12 岁以下和 12 岁以上两种，其仪式和意义截然不同，12 岁以下离世的儿童并不被认可为族群的一分子（未得到先祖竹王的认可）。而顺利成长到 12 岁的男女儿童，先后通过发型的改变、改名、立竹王等仪式来确认其成人。

### （一）发型的改变

蒙正苗族的成人仪式也采用了改变发型发饰的方法，虽然不像中原汉族或是其他少数民族有操办宴席或是举行特定的祭祀仪式等较为隆重的仪式，但是在蒙正苗族人们的意识中，发型发饰的改变对于认定一个人的社会身份和婚恋活动资格有着重要的意义。蒙正苗族 12 岁左右，男性要戴帽、女性开始盘发，这标志着他们从儿童到青年的转换。正如古代中原汉族的男性冠礼和女性的笄礼一样，服饰的改变也象征其身份的变化。

蒙正苗族成年女性的发型十分特别，将 8 寸长的“月牙型”木梳截为两节，用线绑扎在长 1 尺 5 寸、宽 1 寸的 2 块竹片两端，将头发绕于其上，使发髻斜挂于头部右侧，表示对竹王先祖的崇拜。蒙正苗族男性发型上的改变是用一丈二尺青色布做成头帕，将头发藏于其中，头帕有序交叉依次叠成三角形，最后形成一个端正的六角帽。

对发型的改变是常见的成人仪式。范热内普也通过列举摩洛哥拉乎纳人女性在不同时期发型变化的例子，提出“发式不仅用来标志人生阶段，而且也显示所处不同女性群体的身份。此类事例不胜枚举，而我所希望指出的是，对头发的处理常常属于过渡礼仪的类型。”①

可见，苗族普遍通过发型的改变来区分成年与未成年以及婚否状况。作为过

① ［法］范热内普. 过渡礼仪［M］. 张举文，译. 北京：商务印书馆，2010：122.

渡礼仪的一种表现形式，发型对于苗族人来说具有重要的心理和现实意义。即使是在现代社会，法律意义上的成年必须要到18岁，传统的成人礼在法律或生活层面上不具备现实意义（例如学习驾照只能依据法律规定而非传统礼仪规定），但苗族人民依旧遵循着传统的成年仪式，通过改变发型或是服饰等来确立一个人的身份和在族群中的地位及行为标准。

### （二）改名及立竹王

“改名及立竹王”主要是指的男性。蒙正苗族男性同样在12岁左右便要改变发型，佩戴六角帽，这是一种较为明显但并不隆重的成年礼仪，传统上经过这一礼仪后的男性便可与参加“晒月亮”“跳花”等恋爱社交活动，可以自由选择心仪的对象，经过交往后可以通过媒人向女方家族提亲等。但是通过考察蒙正男性人生的重大礼仪我们可以发现，男性的成人礼尚未结束，在结婚后还需要举行两项重要的人生礼仪，即在婚礼第二天举行的“改名”和婚后视财力等具体情况举行的“立竹王”仪式，这两项仪式同样具有成人礼的特征。

改名：婚后第二天，家族中要给新郎取个成人名，舍弃自幼使用的乳名，名字由家族中事先商定（不能与祖辈重复），只让姑爹知道。在堂屋中摆一桌酒席，中间桌上用一根竹签穿上猪尾巴，由主持人用手一拨，猪尾巴转对谁，谁就要给新郎猜个名，猜不着就罚喝一碗酒。待猪尾巴转对姑爹时，姑爹就给新郎猜个名，此时姑爹给新郎猜的这个名得到家族中的认可，就先敬姑爹三碗酒，请姑爹到大门外当众宣布。姑爹身披着蓑衣站在大门外当众宣布大家从今以后只能用新名字称呼新郎。

“立竹王”：是一系列复杂而隆重的仪式，在这一阶段包括“安竹王位”“束竹王偶像”两大程序，要祭祀母猪，邀请祭司来家中操办仪式、用刺竹来制作“竹王像”、掩口舌、举行庆祝活动等等，才能得到祖先认可，在世时能得到护佑，死后亡人身上需佩有“竹王像”上的竹片作为凭证，灵魂才能回归先祖之处。

在蒙正苗族人的观念中，发型的改变标志了蒙正苗族女性成年仪式的基本完成，而蒙正男性的成年，除了发型的改变之外，更重要的是在“改名及立竹王”的仪式之后，才算是得到了先祖的认可，可以独立成人，成为一家之主。

总之，随着经济社会的发展，苗族青年们也逐渐从乡村走向城市，日常生活中已几乎不再穿着传统的苗族服饰，只有在参与跳花等传统活动时，才穿戴上能够显示他们未婚青年男女身份的服饰，这些头饰或者服饰成为一种象征。安顺苗族成人仪式的内容大大简化，这其中一个深层次的原因可能是成人更重要的意义在于过渡至婚恋。

## 第三节　安顺蒙正苗族婚恋仪式

人类学家认为，研究人类的婚姻功能要从研究生育开始，生育在人类生活中必须以婚姻礼俗作为正式、合法的标志。换言之，生育要通过文化的方式方能最后实现，而不是单纯地以自然生理的方式就能够完成的，只有完成了被社会认可的“通过仪式”，婚姻才能被社会所接受。

婚恋活动可以分为恋爱社交活动和婚姻仪式两个阶段，苗族通常的婚恋形式以自由恋爱为主，从恋爱到结婚的各个环节中，女方家族通常也占有较强的主导权。因为苗族节日众多，传统的苗族同胞一般通过群体性的社交活动与异性相识，然后交往一段时间再确立恋爱关系，从确立恋爱关系到结婚的时间通常也不会很久。清朝文人史梦兰所著《尔尔书屋诗草》之卷七中《黔竹枝十二首》中“苗俗每岁孟春，合男女於埜谓之跳月。月预择平壤为月场，及期男女皆更服饰粧。男编竹为芦笙，吹之而前；女振铃继於后，以为节竝肩舞蹈，迴翔婉转终日不倦。暮则擕所私归，比晓乃散。聘资以女妍媸为盈缩，必生子然后归夫家。”[①]这段话也在一定程度上反映了苗族青年男女从恋爱到结婚的过程。

虽然随着时代的发展，越来越多的苗族青年已经走出大山，走出家乡，到外地求学谋生，社会交往范围远大于自己的父祖辈，同时电脑、手机等新媒体的普及也改变着年轻人的恋爱方式，所以当今时代的蒙正苗族年轻人很多也不再完全严格地遵照这一流程，特别是恋爱的过程；但是传统的蒙正苗族依然也保留着自己一套完整的婚恋礼仪文化，尤其是在婚姻仪式上体现得更为明显。

### 一、安顺苗族婚恋仪式概说

苗族的节日仪式活动较多，其中以男女社交为缘起的节日就占据了重要的部分，如游方、跳花、赶秋节、姊妹节等等，而综合性的大型活动，如苗历新年、

① 史梦兰. 史梦兰集［M］. 天津：天津古籍出版社，2015：95.

牯藏节等也包含了以男女青年交友恋爱为目的的社交环节。"苗人仲春刻木为马，祭以牛酒，未婚男女吹芦笙以和歌。"男女青年的恋爱交往，不仅是人性之本，也利于族群的发展，在未受到繁文缛节归化的苗族风俗中，虽也有父母之命媒妁之言约定成婚，但自由恋爱是自古以来的风尚。

安顺苗族呈现"大杂居，小聚居"的特点，不同的苗族之间也是少来往，例如"大花苗""青苗""红苗""黑苗"生活区域相对集中。但是，苗族的婚恋习俗方面是基本一致的，如一夫一妻制、同宗不婚、舅权制约、自由恋爱、包办婚姻等。在婚俗仪式方面，各地同中有异，异中有同。吴泽霖在《贵州苗夷社会研究》中说："从民俗学和社会学的观点，苗夷族结婚的礼节是最值得研究，一部分代表古代留下来的遗俗，一部分是适应特殊环境的产物，更有一部分是苗汉同化后的成绩。"[①] 不同的族群所维持社会秩序的仪式既有共同的一面，又有差异的一面。特别是各民族持有的人生仪式，一直都是在自己独特的地理环境、经济和生活方式、政治制度和文化传统，乃至自古传承的图腾崇拜、神话传说、宗教信仰、哲学观和伦理道德观也就是核心价值观下产生的。在此，主要从安顺苗族婚俗仪式中寻找人类婚恋文化的共通性，研究共通性中的差异性呈现和表达。

据《安顺苗族》介绍："安顺苗族属于汉藏语系苗瑶语族苗语支，分三大方言，即黔东方言、湘西方言、川黔滇方言。在安顺境内操川黔滇方言的苗族约占全市总人数的85%，操黔东方言的苗族约占全市苗族总人数的14.4%，操湘西方言的苗族约占全市苗族总人数的0.6%。各方言中分数个次方言，例如川黔滇方言中就分滇东北次方言、罗泊河次方言、重庆江次方言、川黔滇次方言、贵阳次方言、惠水次方言、麻山次方言。在每个次方言中又有数个地方土语。"[②]

安顺苗族支系多，婚恋习俗有共同性也有差异性，下面将安顺部分苗族支系婚恋习俗简单梳理如下，具体内容见：

附录 2-1：安顺苗族婚恋习俗（川黔滇次方言苗族支系）

附录 2-2：安顺苗族婚恋习俗（平坝区平凯土语林卡、凯掌苗族支系）

附录 2-3：安顺苗族婚恋习俗（黔东方言苗族支系）

附录 2-4：安顺苗族婚恋习俗（贵阳次方言苗族支系）

附录 2-5：安顺苗族婚恋习俗（滇东北次方言苗族支系）

通过梳理可以看出，各个支系的安顺苗族婚俗在具体的恋爱社交活动、订婚

① 吴泽霖. 贵州苗夷社会研究［C］. 贵阳：文通书局，1942：282.

② 安顺市苗学会. 安顺苗族［M］. 贵阳：贵州民族出版社，2011：3.

程序、结婚仪式等环节有着不同的实施方式，但是不同的程序和仪式中蕴含的意义却有着很强的共同性。具体共同性概括如下：

第一，在安顺苗族的不同支系中，他们的婚姻缔结形式大致有三种：自由恋爱、自由选择、父母包办。自由恋爱是未婚男女青年，通过“春游”“赶场”“摇马郎”或“相月亮”认识，产生爱情，征得父母的支持，缔结婚姻。自由选择是经由媒人介绍，通过“走相亲”的方式，双方父母可以参与选择，双方同意才可。包办婚姻，大都是“娃娃亲”，在男女还处在不懂事理阶段，双方父母为了亲上加亲的良好愿望，而为孩子订的终身。

第二，在民俗活动中，要提供男女相识相恋的机会。川黔滇次方言支系通过传统的“春游”“玩老表”“相月亮”或称“踩月亮”、赶场、跳花、过节等社交活动来实现；平坝的平凯土语林卡、凯掌支系通过每年的春节“跳花”（苗语的近似音为“鼓斋”）、四月八、六月六、七月半等“玩场”来实现；黔东方言支系通过日常的喜庆活动、走亲访友、赶场及芦笙场、正月游方等场合实现，也可以通过父母或长辈介绍认识来实现；滇东北方言支系通过“踩月亮”“节日活动”等方式来实现，等等。

第三，在提亲订婚程序方面，在男女双方同意的情况下，充分彰显对女方的尊重。他们信守“天上无雷不下雨，人间无媒不成亲”的礼俗。如果在交往的过程中双方钟情对方，一般由男方请媒人选择吉日、带着礼物到女方家提亲，征得女方家父母同意。例如黔东方言支系提亲要经过三回九转，提亲要经过三次。订婚仪式一般在女方家隆重进行，经常会有供祖宗、对唱情歌、喝酒助兴等环节，例如川黔滇次方言支系中的订婚仪式有“洗脚”晚会，黔东方言支系中的订婚酒席中有喝“拦门酒”习俗。还有一个关键的环节——“交彩礼”（收彩礼），在女方家进行叫作“收彩礼”，在男方家进行叫“交彩礼”。其实，这个环节是男女双方的父母商谈结婚时给儿女准备衣服、首饰、酒、肉礼等所需要的仪式，一般男方准备新房和家具，女方准备出嫁时的穿戴及簪环、首饰等。

第四，结婚仪式最为隆重。在不同的苗族支系中，大致包括接亲前的准备、拦门酒、婚宴礼仪、婚礼对唱情歌、要新娘、接亲人员返回、新娘家请客、回娘家等，例如居住在平坝、清镇、贵阳、长顺一代的苗族，婚宴礼仪就包括了“跑马酒”“报彩礼”“扯鸡卦”“穿新郎装”、上“兆乌生”“装烟”等环节。

## 二、安顺蒙正苗族婚恋仪式

### （一）恋爱社交活动

蒙正苗族的恋爱社交活动主要有两种，一是“晒月亮”，一是“跳花”。前者是小范围、小群体、举行时间较为随机的小型活动，而后者是整个村寨、族群都会参与的大型集体活动，活动内容不仅仅限于年轻人的恋爱行为。

**1. 晒月亮**

“晒月亮”，又称“踩月亮”，是蒙正苗族男女青年谈情说爱，具有传统习惯的公开社交活动。在农闲季节天气晴朗时，吃罢晚饭后，小伙子们穿上新衣服（20 世纪 80 年代前；80 年代之后年轻人外出打工，青年人“晒月亮”谈情说爱的这种社交活动习俗淡化），三五成群，去往那些有未婚女子的村寨。每个村都有一处或数处“踩月亮”的地点，称为“月亮场”，男孩用吹笛和四弦二胡调召唤女孩。听到音乐后，女孩子们亦三五成群地一起到“月亮场”，她们先用电筒照看来者，互相道明来历，各自物色自己的意中人。

**图 1　革利乡晒月亮场景（杨文金 摄）**

小伙子中推选一个能说会讲的作介绍人，姑娘中也推选出一个值得信赖的作为介绍人。“晒月亮”的初次相会，实际上只是男女双方的两个介绍人在中间起到沟通交流的作用。经介绍，男女青年双方愿意，由男方出一件信物给女青年作为“凭据”，也即是定情信物，如女孩接受了“凭据”，即表示愿意结为恋爱朋友。之后男女双方会继续见面深入了解，可以通过对歌或私下交谈的方式互吐心意，经过多次这样的活动后，便算是基本确定了恋爱对象，并将对方领到家中介绍给家人。如果因为性格不合等原因不想继续恋爱关系，女孩就把“凭据”退给男孩即表示男女恋爱关系终止。

图 2 革利乡晒月亮中双方代表
（杨文金 摄）

图 3 革利乡晒月亮中交换凭据
（杨文金 摄）

**2. 跳花**

苗族俗语说“苗族不跳花，谷子不扬花。”跳花活动作为苗族群众的传统节日，是苗族男女青年进行社交活动的场所。花坡的形成方式也是多样的，例如，有的是为纪念蒙难首领而形成；有的是为纪念开拓创业、兴建家园而举行的；有的是为纪念苗族青年男女美丽曲折的爱情悲剧；有的是为了本民族子孙繁荣而祈求祖先神灵的荫护。无论是哪种原因形成的跳花，发展至今已不再是原有单一的目的和内容。总的说来，大都演变为多形式的喜庆集会、感情交流、聚会娱乐，同时也是苗族青年男女相互结识和找对象的机会和场所。节日期间，青年男女对歌、跳芦笙舞，寻求对象；老农们则来到花场地交流生产经验、传授生产技术。

图 4 革利乡花坡（杨文金 摄）

（1）跳花场所

跳花有固定的场所，称为“花坡”。通常是在这一地区较高的山顶，海拔在 1 500 米左右，山顶比较平坦、宽敞，能容纳上万人。蒙正苗族生活的地区，自古以来使用的花坡共有 11 处，其中，镇宁县境江龙镇崇宇山牛滚塘，本寨乡大鱼凹比簸，革利乡革利大坡，小岩脚平上城坡，革邦大坡，茅草荒田坝；西秀区岩腊乡马陇大坡，纳廷大坡；紫云县猫云镇巴郎大坡，革幺大坡，革碰大坡。其中 1949 年前革碰花坡和革幺花坡已逐渐废弃，革幺花坡是晚上跳，名曰："跳月"。其他 8 个花坡每年都举办两次跳花活动。（如下图所示：岩腊乡马陇花坡）

**图 5　岩腊乡马陇花坡（杨文金 摄）**

（2）跳花时间

跳花在每年（正月/七月）两个农闲季节，1990 年以前是每年的正月初四跳西秀区岩腊乡的"四家寨"，初六是"马陇坡"，初八是镇宁县革利乡的"革邦坡"，初九是"荒田坝"，初十是江龙镇的"大崇宇山坡"，十二是革利乡小岩脚"平上坡"，十三是"革利坡"；十四是本寨乡"比簸坡"。每年从正月初四从西秀区岩腊乡的"四家寨"开始至正月十四跳到镇宁县本寨乡的"比簸坡"结束后，各自回家过十五（小年）。因为正月十五后年节结束，即将开始春播，以跳花为代表的大型社交活动就告一段落，男女青年要开始繁忙的农活了。等栽秧、薅地结束，到七月初四又开始本年度的第二次跳花，一直持续到七月十四结束，这时庄稼开始成熟，青年们需要准备忙碌的秋收。

（3）跳花活动内容

"花坡"最为重要的标志就是场地中央栽种的花树，跳花活动都围绕着这棵花树展开。花树一般由当年负责主办的人家准备，通常会选择家中尚未生育子女的家庭来主办，活动结束后该户人家可将花树带回，象征着“早生贵子”“多子多孙”的意蕴。较为独特的是，蒙正苗族所栽的是竹枝，这当然与其竹王崇拜息息相关。在关系到男女恋爱、族群繁衍的活动中，祖先的庇佑自然是不可少的。

图6 革利乡花坡（杨文金 摄）

每逢跳花节日，男女青年都要穿上节日盛装前来聚会，未婚的女孩子则由母亲或嫂嫂带去花坡，除了穿在身上的漂亮衣裙外，还要把所有的好衣裙由兄弟或大哥背去，把带去的衣裙在现场穿着打扮起来。姑娘穿上这么多好衣裙，一是显示家庭富裕；二是显示姑娘雕花刺绣的本事。到花场上跳花的妇女、姑娘们暗自比较做衣裙的手艺和家庭的富裕。其次是让男青年在花场上挑选寻找女友。姑娘衣裙的多少，衣裙制作的好坏是男青年挑选女友的一个重要条件。活动开始后，在跳花场上，开始时首先由芦笙队吹奏芦笙由左边进，跳“踩花舞”，围绕花树跳三转之后，才能举行其他跳花活动。结束时要跳“退场舞”，由右边进场围绕竹花跳三转。“退场舞”结束后跳花宣告结束。除此外，还有射弩、斗鸡、弹奏乐器等传统文娱活动。男女青年们在热烈的氛围中，以对歌、吹芦笙、跳舞的方式互相接近，择其投缘者交换信物，确定恋爱关系。

正如前一章节所阐述，对于苗族来说，由于历史、社会文化等各方面的原因，在传统习俗中成婚较早，其成年与婚恋活动紧密相连，成年标志着可以有资格、合理化地参与恋爱、结婚等人生下一阶段的仪式。相对于汉族传统文化中的“父母之命，媒妁之言”，苗族的恋爱活动显得更为丰富和自由。

## （二）结婚仪式

对于任何族群，或是在任何文化中，婚姻的重要性都不言而喻。从社会角度来看，婚姻象征着两个家庭的组合，既是物质财富和经济生产方式的再分配，是对原有家庭结构的改变，同时也承担着繁衍后代的使命。因此婚姻仪式的神圣性和复杂性不亚于生死仪式，相比于生死，也是仪式主体唯一有自我意识、在个体现世生命历程中最为重要的环节。结合范热内普的“过渡礼仪”理论，可以对蒙正苗族的婚姻仪式做出较清晰的梳理。

### 1. 订婚礼仪程序

蒙正苗族的订婚仪式共有五个重要的环节，分别是“清针线”“拴锁鸡”“定亲酒”“接肉礼”“交彩礼”。

“清针线”：所谓“清针线”，就是“清理”母系氏族的族谱。当男女青年通过自由恋爱确立关系、决定结婚前，男女双方的母亲均需要通过“清针线”，即沿着“母女连名”的族谱，清理“准媳妇”或“准女婿”的母亲。由于蒙正苗族实行母女连名，比如母亲名字为“AB”，则女儿就取名为“BC”；女性结婚后随夫名，假设丈夫名字叫“D”，则女儿改名为“抱 D”（“抱”是对已婚妇女的尊称），当这个女儿再生育后，其女儿又取名为“DE”，其中“D”为母亲婚后的名字，“E”为新取的字。这一母女连名制度，对于熟悉各个家族历史的族中妇女来说，能够很容易捋清男女青年的母亲属于哪一个家族，母亲会邀请族中几个有辈分的妇女在一起，重点是排查这个家族有没有什么不利于结婚的历史，按照民间的说法，即是“干不干净”，或有没有“蛊”。传说中，“蛊”是一种人工饲养的毒虫，放蛊是我国古代遗传下来的神秘巫术。这在“蒙正”苗族中的联姻中颇为忌讳。如果盘查下来对方“针线干净”，那婚姻的一系列仪式就能继续进行，反之，则托词拒绝。在这一过程中，女性对于子女的婚姻大事有着绝对的权力。

“拴锁鸡”：“清针线”后，男方家请两个能说会道的长辈称为耆老，作为媒人，择日晚上到女方家提亲。进门后女方家根据家中商量的意见，会有不同的待客方式。如男方媒人进门后，女方不拿凳子请就座，不给水喝，则表示不同意。男方代表便领会不能久坐返身走回。如媒人进门后女方比较热情接待，说明女方家初步欢迎这门婚事，媒人坐下后就向女方家长辈说明来意并提亲。女方父母即便同意也不能即时回复，需要等媒人反复劝说才能表态答应。女方父母答应后也要去请两个耆老到自己家来作陪，并杀鸡宴客。鸡为自家所养，请媒人吃鸡，意为把媒人的手脚捆住，类似于汉族俗语中所说的“吃人嘴软，拿人手短”，因为婚姻大事需慎重，不能开玩笑，以示信守承诺。这只鸡便称为“拴锁鸡”。吃了“拴锁鸡”后，耆老（媒人）共商定亲酒的办理，称为“平伙”，即定亲酒由男女双方合办，钱由男方家出，其他的由女方家负责。

“定亲酒”：“平伙”钱交给女方寨老后，就由寨老来给安排“定亲酒”的办理，杀肥猪 1 头，鸡 2 只（公母各一），要请寨邻都来吃“定亲酒”，目的是让大家知道某人已订婚。在堂屋中间安长席，酒肉摆满桌，鸡八块两盘（公母各一），宾客围长席而坐。先由媒人拿出钱来摆在桌子上叫“垫桌钱”，多少不等。参加的每个人要喝三碗酒，接着就开始敬鸡头，敬鸡头要三转，最后一转是有目标地让公鸡头转到媒人手中；母鸡头转到女方家叔伯的手中时，主持人就宣布酒宴正式开始。斟酒要三回九转，参加的每个人要喝三碗酒，之后随意。

图 7　岩腊乡接肉礼（杨文金 摄）

“接肉礼”：宴席结束后，当男方媒人要离开时，女方家的厨师就挑着“一方一肘”两块肉跟随其后，送出门在稍宽路上要举行接肉礼仪。仪式中两人面对面，媒人手里拿一个红包，厨师要把“一方一肘”送给媒人。所谓“一方一肘”，指的是新鲜的猪肉，“方”是身体部位切成长条的肉，“肘”是完整的一只猪腿部位。此时媒人向厨师行个“躬手礼”，但是不接肉，反背退一步；厨师紧跟媒人又反过背来行个“躬手礼”，媒人不接反背退一步，第三次媒人把手中的红包递给厨师，才用肩把厨师肩上的“一方一肘”接过去挑走，媒人把女方家送的“一方一肘”和包的饭带回男方家祭祖。

“交彩礼”：在结婚前，给女方买衣物、筹备婚礼等用的钱叫“彩礼钱”，古代蒙正苗族结婚交的彩礼不是用钱，而是牛，现在虽改为现金，但至今苗语仍叫“略透”（即以牛作凭礼之意）。“彩礼钱”（苗语叫“针线钱”）的多少各个时期不一样。据传，古代以牛作聘礼为 3 至 9 头牛。交“彩礼钱”是由男方家择定结婚的日期后，第二次请媒人送“彩礼钱”到女方家来。女方家先杀一只鸡，一是看卦，二是招待媒人。女方父母收了“彩礼钱”后，用于安排购买结婚所需的衣物用品等。媒人交彩礼钱的同时告知女方家已择定好的结婚日期，之后双方各自通知自己的亲戚，双方为男女青年的婚事各做准备。

**2. 结婚仪式流程**

苗族结婚礼仪由男女双方分别举行，且仪式环节较多，加之苗族能歌善舞，婚礼场面通常非常热闹。这其中也折射出了苗族人生礼仪中的特点及共通的心理意识。蒙正苗族完整的结婚礼仪历时数天，男女双方在前后两日各自举行仪式，然而新娘在第二日需返回娘家，等婚后第三天新郎来接，小住三天后再次回门，之后才算完成了整个仪式。可以分为四个阶段：第一阶段是第一天新娘出门前，其中包含了“转鸡头”“离娘饭”两个重要的仪式；第二阶段在从新娘家至新郎家的送亲路途上，其中重要的代表性仪式是“打竹伞”；第三阶段从新娘及其家人到达男方家开始，到第二日新娘准备返回娘家为止，包括“扫鸡”“认亲戚”“拴锁钱”“接肉礼（女方客离开）”等几个环节，其中还有为了庆祝婚礼而进行的对歌等活动；第四阶段则是新娘回门。

（1）第一阶段：新娘出门

“公鸡头敬母舅”：到了择定结婚的日期，双方父母都要为青年的婚事办酒，即举行正式的婚姻礼仪。女方办酒为吉日的前一天，母舅要抱一只公鸡来为送亲队伍举行的酒宴配盘，在堂屋中间安长席，酒肉摆满桌，鸡八块两盘（公母各一），宾客围长席而坐，首先敬鸡头三转，最后一转有目标地将公鸡头转到母舅手中，母鸡头转到女方家叔伯的手时，主持人此时宣布酒宴正式开始。酒席散后，亲戚们开始收拾打扮，准备送新娘出门。

“吃离娘饭”：新娘临出门时，要专门为新娘摆上一桌较小规模的酒席，由新娘陪送的姐妹（伴娘）陪吃。新娘怀着对父母的不舍，再吃一餐娘家的饭菜。因为新娘此时的心情一般都比较复杂，所以这一桌离娘饭只是作为仪式性的存在，并不需要真的吃完。

**图 8　岩腊乡离娘饭（杨文金 摄）**

（2）第二阶段：送亲

“新娘打竹伞”：吃过离娘饭后新娘就要出门。由新娘的“头客”（新娘的堂哥）左肩担一升米、鸡二只（公母各一只），路上不能换肩，走在送亲队伍的最前方。新娘由姐妹们（数位伴娘）陪伴，其中一位给新娘“打竹伞”（随着时代风俗的变化，也有打红伞的情况），走在“头客”后面。送亲的一般都是几十人，多则百余人。送亲队伍中还要找一位“命好”的长辈妇女陪送新娘，这位长辈要夫妻双全，有儿有女，称为“送亲太”。她将新娘送进新郎家屋后，以后新娘也就一切吉祥如意，像“送亲太”一样“命好”，儿孙满堂有福气。新娘的嫁妆除了衣物、家具之外，有的人家还会陪嫁母牛、母猪等，称为“姑娘牛”“姑娘猪”，由送亲客一并带走，表示让女儿去成家立业。

（3）第三阶段：男方婚礼

送亲队伍到达新郎一方村寨前时，要停下来整理服饰再进寨以示郑重。新郎家的迎亲队伍也来到寨边迎接。双方队伍由几个长辈走在前面，双方均用双手捧着烟杆，互致三次“躬手礼”并致欢迎词后，送亲队伍再前往新郎家。接下来就要举行男方家的一系列婚礼仪式。这些仪式以聚合礼仪为主要表现。

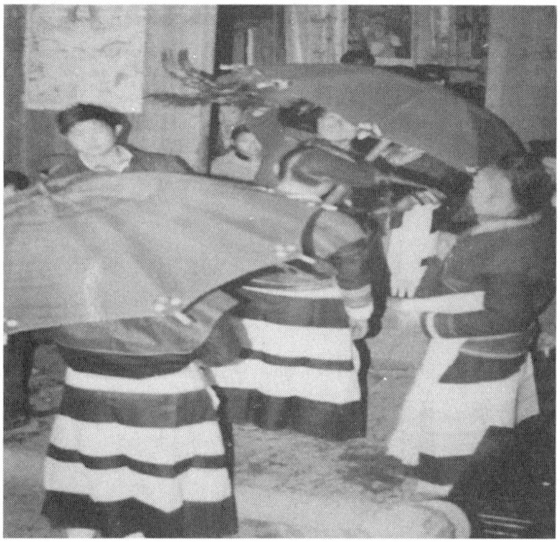

图 9　岩腊乡接肉礼（杨文金 摄）

“扫鸡”：在送亲队伍中，新娘走在送亲陪同姐妹中的第三个。当新娘走到大门时，一位寨老左手拉住新娘，右手提着一只公鸡在新娘头上舞三转，口中念念有词，以示吉利，然后再让新娘进门。

“认亲戚”：半夜，新郎家为送亲客举行酒宴，娘家“头客”背来的两只鸡也用于宴席。在堂屋中间安长席，酒肉摆满桌，鸡八块两盘（公母各一），宾客围长席而坐，应参加酒宴的客人到齐后，由新郎家主持人敬鸡头三转，最后一转也是有目标地将公鸡头用筷子夹好转到女方家母舅手中，母鸡头转到男方家叔伯手中。此时主持人宣布说：“娘亲舅大、爷亲叔大，鸡头由他两个吃。”酒宴正式开始，凡是参加的人都要先喝三碗酒，斟酒要三回九转，碗里的酒不能全部喝完，酒宴结束时每个碗里都要装满酒的，表示主人家吃用不尽。

“拴锁钱”：第二天早上，新郎家提亲时的媒人要主动找到新娘的堂兄“头客”协商“母舅钱”“姊妹钱”“亲戚钱”。母舅收到钱后，到新娘生小孩办“月米酒”时要赠送衣柜、棉被等物品；凡是参加送新娘来的姐妹和亲戚则象征性地给每人一份，每份一元。这笔钱由“头客”带回转交给新娘父母，再由新娘父母分送给亲戚，收了亲戚钱后就表示新娘生小孩后大家要来参加吃“月米酒”。

“新娘及送亲客返家”：第二天早饭后，新娘并不就此在男方家居住，而需要第一个走出门回娘家，送亲客随后。出门不久在稍宽路面举行接肉礼仪，方法与在女方家举行的相同，只是手持红包者变为新娘的“头客”，经三次推让并交付红包后，从男方家厨师肩上接过“一方一肘”两块肉后带回女方家。

“取名”：婚后第二天为新郎举行的“取名”仪式见前文，虽然属于婚礼仪式的一环，但从其意义上来看，属于蒙正苗族男性成年礼仪的重要环节。

**图 10　崇宇山某家取名　（杨文金 摄）**

（4）第四阶段：回门

新娘只在婚礼当晚完成仪式后第二天便返回了娘家，因此在婚后第三天，新郎要找一青年做伴去接回新娘。而新娘这次到了新郎家后也只能住三天，之后新郎家要准备约二斗米的糯米粑和一块肉，送新娘到娘家去正式“回门”。回门当日，新娘的兄弟需要到途中来迎接，新娘的父母则在家等候。新郎一进门要先给岳父岳母行叩头跪拜礼。这时，新娘的嫂子和姐妹们会围在新郎身边，等新郎跪下叩第三次时，就抢上前去压新郎的头，新郎要是起身动作较慢或者反应不灵敏，头会被碰到地面。观礼众人也会因此而取乐。“回门”以后，新郎新娘的婚事方告结束。

## 第四节 安顺蒙正苗族丧葬仪式

丧葬作为人类文化的符号表达，是人生最后一项“通过仪式”或“脱离仪式”。丧葬是由生者为死者将人从现世的各种状态脱离，获得离世——另一种现世身份角色的通过过程，在历史的发展中这一对死亡的处置程序，被赋予了很多人类独有的认识和观念，逐渐形成了一套丧葬者和敬鬼魂的民俗文化。

人类社会之所以呈现错综复杂的面貌，是由背后人与人之间复杂的关系决定的。即使是在早期原始社会，这样的框架已然存在。随着人类文明的进步，对于死亡的理解会出现变化，但是一个核心的问题：如何处理生者与死者之间的关系却亘古不变。尤其当人们认为死亡并不意味着生命的终结时，这一点会显得尤为重要。因此，对于如何安顿逝者就成为生者最为关注的问题，因为这不仅有情感上的因素还有出于现实的考量。人类社会这种共同的文化心理让丧葬礼仪成为一种普遍的文化现象，与其他习俗或仪式比较起来，其传统保持得最为持久，仪式内容上相对更为稳定，变化最为缓慢，一切都是因为生死这个问题涉及了人性中最为深刻的一面。

死亡是人类最具哲学意义的命题，而丧葬则汇集了人类物质和精神的全部资源，细致而深刻地反映了这些哲学意义。丧葬文化是在自我意识觉醒的过程中逐渐建立、完善起来的，丧葬表面上是针对亡者的，实际的指向却是生者。于是，丧葬不仅是死人的事，更多的则是活人的事。与其他民族一样，安顺苗族的丧葬对于死亡都有着自己深刻的理解和解释，通过对丧葬实施的行为、内容、方式、时间、禁忌等来实现对于死亡本质的认识和体察。丧葬所包含的文化内涵十分丰富，包括丧葬观念、丧葬习惯、丧葬形式、丧葬类别及与此有关的哲学观、生死观、历史观等。

范热内普将人生阶段的礼仪归纳为两类，一是有关个体生命的转折仪式，包括出生、成年、结婚、死亡；二是历年再现仪式，包括节庆等，并将二者统称为过渡仪式。按照过渡仪式的理论，死亡可以被视为一个转化的过程，这个过程从开始到结束都伴随着一系列的仪式。蒙正苗族的丧葬礼仪是其竹王崇拜的延续，“竹王崇拜”贯穿于蒙正苗族的重要人生阶段，在丧葬礼仪中这一点得到了更多的强化。

## 一、安顺苗族丧葬仪式概说

安顺苗族支系多，丧葬习俗有共同性也有差异性，通过梳理可以看出，安顺各个支系的苗族丧葬习俗在具体的丧葬形式、丧葬程序、下葬仪式等环节有着不同的实施过程，但是不同的程序和仪式中蕴含的意义却有着共同性，也有着细节的不一致，具体概括如下：

第一，丧葬形式。根据考古材料和出土墓地证实，在安顺苗族的不同支系中，他们的丧葬有三种：悬棺葬、洞棺葬和土葬。挂灵柩于悬崖陡壁，谓之悬棺葬；灵柩置于家族、氏族公葬洞内，平坝区“棺材洞”是唐宋以来保存较好的“洞棺葬”古迹；将灵柩放入土中安葬谓之土葬，土葬中有木棺、石棺和不用棺三种，葬法有横葬、顺葬之别。

第二，丧葬祭祀程序有着共同性，也存在着多元性和独特性。通过考察现代安顺苗族人的丧葬过程，共同性大致可以归纳为四个阶段：送终、入殓、停丧；报丧、守灵、开路；发引、打牛、安葬；招灵、包坟。但是，安顺苗族不同方言支系的丧葬程序，也具有细节的区别。下面以安顺市不同地区的苗族群体丧葬程序进行梳理。例如，川黔滇次方言苗族的丧葬程序，据统计，安顺市川黔滇次方言占全市苗族人口50%以上，其丧葬习俗有共同之处，也存在家族和地方差异。例如，年轻早死的，举办丧事较为简单，如果是寿终正寝的老年人，则举办隆重的葬礼。其具体丧葬程序如下：送终——遗体美容——遗体入棺——“破竹卦胆”——“落气鸡”——定安葬吉日——妇女哭孝——守灵——指路——吊唁——出丧——打牛祭祀——安葬——招魂——三年后“包坟”。再如，贵阳次方言苗族支系丧葬习俗的程序：开天窗——断魂哭丧——整容穿戴——“上马”——入殓——报丧赶客——祭奠（做外家）——装饭、开路——出殡安葬——打牛——复山——做“满场”。再如，黔东南方言苗族支系、西部方言麻山次方言苗族支系、滇东北次方言苗族的丧葬习俗虽然各有不同，但他们的丧葬习俗程序大致是统一的。

第三，丧葬祭品可以是牛、猪、马、鸡等。安顺苗族不同的支系，在祭奠苗族已故之人时，要用某样东西做祭品，这是共同的地方。但是，他们所用的祭品是有区别的，例如，川黔滇次方言苗族丧葬中比较典型的“打牛祭祀”；贵阳次方言苗族支系丧葬中不仅“打牛安葬”，还有“随葬猪”；西部方言麻山次方言苗族支系的丧葬中举行的是“砍马仪式”。

伊壁鸠鲁曾说：死亡并非死者的不幸，而是生者的不幸。通过以上苗族各个支系的复杂的丧葬程序可以看出，在丧葬观念和形态上，人们畏惧的不是死亡本身，而是死亡后灵魂的安置，讲究的是对个人灵魂的敬重。因此，在丧葬过程中，还保留着“事死如事生”的挂念，认为“阴间”的死者应如“阳间”一样，在丧事上热衷于“隆重”的举办，人们在丧葬中流露出浓浓的报恩之情。

下面将安顺部分苗族支系丧葬习俗简单梳理如下，具体内容见：

附录 3-1：安顺苗族丧葬习俗（川黔滇次方言支系）

附录 3-2：安顺苗族丧葬习俗（贵阳次方言支系）

附录 3-3：安顺苗族丧葬习俗（黔东方言支系）

附录 3-4：安顺苗族丧葬习俗（滇东北次方言支系）

附录 3-5：安顺苗族丧葬习俗（西部方言麻山次方言支系）

## 二、安顺蒙正苗族丧葬仪式

蒙正苗族的丧葬仪式会随着死者情况的不同有所变化，从年龄上看可以分为 12 岁以上和 12 岁以下；从死亡原因上看可分为正常死亡和非正常死亡；从性别上看，男女之间也有一定的区别。以下便是针对丧葬过程中不同情况的处理办法的梳理。

### （一）12 岁以下的死亡

蒙正苗族认为 12 岁以下的死亡都属于“短命”，这些早夭的人没有资格享受祭祀，不能上祭祖的名单。因为害怕他们的亡灵会回来危害到父母，所以要采取一系列的措施，彻底断绝他们与生者之间的关系。

蒙正苗族通常会准备好炒熟的菜籽和煮熟的鸡蛋，用布包好后放在死者的胸前，家族中的耆老会对着死者说：“你带去的菜籽种下去如能发芽，鸡蛋如能孵出小鸡，你再回来。如果菜籽不会发芽，鸡蛋孵不出小鸡，你就不能回来了。”3 岁以下的死者，就要用稻草包裹好尸体丢到人迹罕至的岩石上，称为“隔岩头”。必须将尸体反着放并用上百斤重的石块压在上面，表示永世不得翻身。如果个别家庭连续死两个以上的孩子，便会被认为是之前死去的孩子回来投胎作祟，这时需要采取某种极端的手段破坏死者的身体。具体做法是用稻草包裹尸体抬到三岔路口，死者的父亲紧跟着在扔掉之前举刀对着尸体狠狠砍下，边砍边骂：“短命儿，以后还敢不敢来？”连砍三刀表示让死者不敢再回来“投胎”祸害大人，从而保证以后生下的孩子能长大成人。还有一种处理办法就是找一个合适的地方，将死者尸体烧掉但并不将骨灰埋入墓中。

### （二）12岁以上的非正常死亡

蒙正苗族认为凡是意外、疾病致死都属于非正常死亡。非正常死亡的人被视为不洁的象征，如果人死在外面，尸体不能进屋停放。为了消除这种不洁对死者进行净化，必须采取“火洗”的手段，即用火焚烧尸体后下葬。蒙正苗族认为经过“火洗”之后死者能够清白、干净地转世为人，并且不会给家人带来厄运。除了用火焚烧尸体这点，其他的丧葬礼仪与正常死亡的人一样。

### （三）13岁以上的正常死亡

就蒙正苗族来说，装殓亡者尸体一般采用棺木，实行土葬起坟堆。与当地汉族和其他苗族相比较所不同的是抬尸上山的路上不丢“买路钱”，坟前不立碑。以寿终正寝的老年人为例，具体的丧葬仪式流程如下：

入殓：死者断气后要用温水擦洗身体修剪指甲，男的要剃发，随后给死者换寿衣（死者在世时穿衣是左衽，死后穿衣是右衽）。死者的腰带用棉线代替，按照死者的年龄准备相应的数量，将全部棉线合成一股拴在死者腰间，穿戴整齐后将死者放入棺木入殓。有的人家会在入殓前在棺底放入竹席和五根竹条，之后将死者放在竹席上。

停尸：停尸的位置一般选在堂屋中间，尸体朝向比较有讲究，一般是横向摆放，头要朝向进门的左侧，停放妥当后要给死者握拳、合眼、顺脚并摆放饭、酒等祭品。

图11　停尸（杨文金 摄）

取“竹王偶像”：蒙正苗族成年男性在世时都会供奉“竹王偶像”，停尸结束之后，由一名家族成员用竹筛去取“竹王偶像”。在取“竹王偶像”的过程中必须对着“竹王偶像”念特定的祝祷词：“竹祖，某人已逝，现请您下来，把某人带到阴间去和您在一起……”念完悼词之后，便取下“竹王偶像”放在竹筛中，摆放在棺木中间的下面，供来吊丧的客人祭奠。

图 12　取竹王偶像（杨文金 摄）

图 13　竹王偶像（杨文金 摄）

破“竹卦”：无论男女，死者的尸体停放好之后，需要拿取事先准备好的刺竹做成“竹卦”，“竹卦”是整个葬礼中最为核心的“道具”，因为做好的“竹卦”就象征着逝者，在之后的葬礼环节中将会多次出现。做好的“竹卦”会被从中间剖为两半，此举意味着逝者离开了人间。

“落气鸡”：破“竹卦”之后，由死者家族中的一人左手提着一只鸡在死者灵柩前，口中念悼词并用右手接住后再从背后递到左手，随后活活将鸡掐死。这只鸡被叫作“落气鸡”，其作用是为了祭祀死者，据蒙正苗族人的解释是死者刚离开人间还无法习惯“鬼饭”，这只鸡是帮助死者过渡的一餐，起到安慰和提示其已经离开人间的作用。在死者上山安葬之前，每天都用这只鸡来祭死者三次。最后，这只鸡的鸡骨需要做成鸡卦放在“竹王棍”中。

做“竹王棍”：将一根 80 厘米长的竹子顶端剖开，将鸡卦放入其中。把一样长度的化槁树与竹子捆绑在一起放在灵柩前，这根“竹王棍”要一直伴随整个仪式，直到下葬后插在坟头。

图 14　坟上的竹王棍（杨文金 摄）

报丧：村寨中的亲邻听见死者家人的哭声后要上门致哀并帮助料理丧事。大家会推选出一个能干的人去找“先生”翻“鬼书”，根据死者的生辰推算尸体的停放时间和安葬的日期，并将之传达给主人家和其他亲友，被通知的人家需要杀鸡等招待报丧者或者直接给钱答谢。

守灵：从停尸到埋葬期间必须要有人守在尸体旁边，要严防黑猫从死者身上走过。因为蒙正苗族相信一旦出现上述情况，死者就会复苏惊吓生人。死者的灵柩下要摆放一盏“亮脚灯”进行通宵照明，守灵的夜间要有歌手唱丧歌，歌曲内容主要是叙述死者的生平及表达对死者的哀悼之情。

图 15　守灵（杨文金 摄）

做“竹王宫”：在出丧的头一天，死者家人需要找到一块开阔的平地来做“竹王宫”。“竹王宫”的主体是杉树和竹子，其形状像一把伞，一共三层，每层按照四个方位插上不同数量的木牌。第一层，插12块木牌，每个方位3块；第二层，插8块木牌，每个方位插2块；第三层，插4块木牌，每个方位插1块。在“竹王宫”的前面要用一根竹子弯成弓形，作为“大门”，并用4根竹子按照东、南、西、北的方位插在“竹王宫”的外面，象征“竹王城”。在“竹王宫”“竹王城”中还需要安放充当守护神的9只木鸟，9只木鸟的位置分别在“竹王宫”第一层的4个檐角，“竹王城”四方的竹子上以及在丧礼进行中炉灶所在之处安插的竹子之上。

图 16　竹王宫（杨文金 摄）

在“竹王宫”前面用一长竹片弯为弓形，意为大门。在大门前用木桩做“×”型架，牛绳由“×”型架里穿过，供儿子手捏牛绳交牛给逝者用。在“竹王宫”左面栽一个树杈木桩，供第二天挂芦笙、老鼓用。

“悼丧”（吊丧）：各处亲戚受邀来为死者吊丧，按照亲疏关系准备各种祭品。最重要的祭祀礼品由亲女婿准备，要送酒、米一挑、猪两头、“祭被”两床（布九尺），还有唢呐、芦笙各一对。去吊丧的队伍一般会有二三十人，带着火枪等物品到了村寨附近就要鸣炮鸣枪燃放爆竹，表示吊丧的女婿已经到了，同时显示自身的经济实力和社会地位。一般的亲戚只需要带“祭被”一床和香烛若干。死者的内亲去吊丧都要准备一点饭、肉或熟鸡蛋一个（表示拿去祭给死者作回归阴间路途中用的午饭）。进家时，孝子在灵柩后跪着，“悼丧”之人要先到灵柩前烧香、纸，点蜡，然后面对死者灵柩跪下三叩头，起来时大声喊道“孝子起，发财发富”。这时孝子才站起来接客人送的礼品。到了晚间，所有客人到齐后揭开棺材，将客人带来的祭被盖在死者身上，让所有人再与死者做最后的告别。

图 17　吊丧（杨文金 摄）

送板凳、扇子：用一块白布包上茅草，在布上用红线绣出一个板凳的样子，将其放在死者身后。用一块红布剪成三角形的样子象征打开的扇子，放在死者胸前，然后对死者说：“亡人，你活是人，死是鬼了。送你一条花板凳，回归竹王祖先，祖先有板凳坐，你也有板凳坐。亡人，送你一把红扇子，回归竹王祖先，到休息的地方，祖先拿扇子扇，你才有扇子用，你才和人家一样。”

揣“竹证”：成年的男性死亡后，在盖棺之前要从所供奉的“竹王偶像”中取出两块竹片，然后由家中年长之人拿着竹片对死者说：“亡人，要把你胸间的竹片揣好，到祖宗那里去报道，祖宗问你，你要把竹片拿出来给祖宗看，有了竹片作证据，祖宗才承认你。”等数落完毕，再将竹片平放在死者的胸间，最后方可盖棺。

穿“九黎裙”：蒙正苗族老年妇女生前穿白色九黎裙，死后则要穿上红色的九黎裙，其作用与“竹证”一样都是作为死者去与祖先团聚时的凭证。

坐“竹马”：盖棺之后，由祭师为死者开路指引死者回归故土。开路前要把化槁树做好的“竹马”放在棺材下，象征给死者提供交通工具的同时，也是为了方便祖先进行身份识别。

图 18　开路（杨文金 摄）

开路：在死者埋葬的前一天晚上 10 点左右，用一头小猪祭祀死者的坐骑（用木板做的木马，男的称为花马，女的称为灰马），祭祀结束后由祭师开路。开路时要用“公鸡”“竹卦”等道具，第二天全部仪式结束后，公鸡要用手捏死并与装饭的“竹甑”一起葬在死者头部右侧。开路时，开路师要吟唱《指路经》，指引死者沿着祖先迁徙的路线返回。开路仪式结束后，要用小猪祭芦笙、老鼓后才能吹打奏乐唱丧歌。除了表达对死者的哀悼还有表示欢送的意味。

给死者准备食物：开路仪式结束后，开路师要给死者装午饭，主家要把亲戚带来的饭和肉放在灵柩前，开路师一一点名送来食物的亲戚名，将食物放在竹甑底上供奉给死者。

起鼓起笙：共由 4 人完成祭祀，一人击鼓三下，然后两人吹芦笙，接着唱苗族古歌追忆历史。

用猪祭“竹王偶像”：在出丧之前，死者家族中有一人用竹筛端着“竹王偶像”走在送葬队伍前面，一人提着猪笼，里面装着一头小猪。行至村外后选一处平地，对着“竹王偶像”祝祷之后宰杀这头小猪祭祀竹王，将猪血淋在“竹王偶像”和竹筛之上，随后再一起烧掉。

图 19 用猪祭“竹王偶像”（杨文金 摄）

图 20 送葬（杨文金 摄）

送葬：送葬队伍讲究一定的顺序，排在第一的是亡者的持火把的大儿媳；排第二的是端一升米（米上放鸡蛋）的二儿媳；排第三的是抬棺木的抬丧队，孝子走在灵柩前，家族中的人要手持大刀在旁守护，边走边喊“不准哪个来抢某人（亡者）的马”。长子牵牛走在灵柩后面，身背木牌手提大刀挥舞，同样喊着“不准哪个来抢我父亲/母亲的牛”。走在第五的是大女婿，手拿斧头也喊同样的内容。第六是拿祭祀牺牲的人，第七是哭丧队，第八是芦笙、唢呐队。

绕“竹王宫”：将棺木抬着绕“竹王宫”三圈，期间需要芦笙开路，抬棺木、牵牛、猪、鸡等的亲族跟随其后，绕行三圈之后将棺木停放在“竹王宫”前，象征死者已经入了宗庙。

图 21 绕竹王宫（杨文金 摄）

图 22 献祭（杨文金 摄）

献祭牺牲：凡是老人过世蒙正苗族都要杀牛祭祀，祭祀的牛必须是好牛，身体有残疾的牛是不能用的。经济状况好的人家在死者上山时牵牛跟在后面去交给死者，经济状况不太好的人家可以选择延迟杀牛祭死者的时间，程序一样，只是后来办的称“冷斋”，“冷斋”需要伴随另一套复杂的仪式。

过去的砍牛仪式比较血腥，就是将牛活活砍死，现在的“砍牛”只是一种象征性的仪式。由死者的儿子牵牛绕竹王宫，手提大刀大喊：“牛是我父亲/母亲的，不准任何人来抢。”大女婿则紧跟其后，手持大斧威慑其他的鬼魂。三圈之后，要将棺材盖打开，由大儿子将牛牵到灵柩前交给死者，大女婿用斧头在牛头上象征性的挥舞三下表示已将牛砍杀。大女婿砍牛结束后，舅舅要敬三碗酒，舅妈要拿肉给姑爹吃。

击鼓吹笙：灵柩进入“竹王宫”后，笙鼓队要把鼓等取下挂在木桩上，一人击鼓，二人吹笙转“竹王宫”三圈。杀牛之后先割下牛鞭和睾丸挂在木桩上，再从牛肚上割下牛油贴在老鼓上表示祭祀祖先。仪式结束后牛鞭和睾丸归保管老鼓的人带走。

图 23 祭祀笙鼓（杨文金 摄）

追忆历史：从牛骨中取下一块穿在木棒上，象征古代的兵器，由六个人组队表演战争迁徙舞，舞蹈内容反映了苗族先民战争与迁徙的文化。

“摆祭”：在“竹王宫”前摆上竹席，

将猪、牛、鸡头等摆在竹席上祭祀死者和祖先。族中一人先给竹王送上酒、饭，然后两人点祭。一问一答之间告诉亡灵和先祖祭品的归属。

图 24　摆祭（杨文金 摄）

图 25　吃魂归肉（杨文金 摄）

吃魂归肉：“砍牛”仪式结束后，众人将牛宰杀后先割下肚子上的油贴在老鼓上。牛的胸肉、脾脏会被用来祭祀死者，牛夹孔、牛柳、牛后腿三处的肉会被割下部分放在一起煮熟，由家族众人与大女婿家来的客人蹲在“竹王宫”两旁吃掉。其他亲戚吹奏乐曲、跳舞、唱丧歌，追忆死者生平等。

倒竹王宫：在家族成员的参与过程中完成祭祀程序，然后依依不舍地把棺木盖好，然后将灵柩抬出“竹王宫”。当灵柩抬出“竹王宫”之后，倒“竹王宫”程序一般由大女婿来完成。与此同时，家族中的媳妇都准备好火把在“竹王宫”两边等着，待大女婿去倒“竹王宫”时，媳妇们就放火去烧“竹王宫”，让火烧着大女婿并且取笑。

图 26　倒竹王宫（杨文金 摄）

选择安葬方向：蒙正苗族过去选择安葬的方式有三种：横葬、顺葬、倒葬。通常由死者的大儿媳在预先选定的地点将手中的火包扔出去，看火包的方向确定最后的安葬方向。现在这一习俗已经不再沿用，都实行顺葬。

下葬不买五方：蒙正苗族埋葬死者的时候不需要进行买地疏通的仪式，他们认为东西南北中五方土地都是祖先的。下葬前用引子杆（酥麻秆）、雄黄、酒一斤烧在井里，称为“热井”，然后用一只公鸡“跳井”，如果鸡在井里叫在场的人就说“龙势好”，如果鸡拉屎在井里在场的人要说“要发财”，等鸡跳出了井时，祭师就宣布安葬时间已到。

下葬：下葬前要抬着棺材绕井三圈，将棺材下的“竹马”取下后把棺木放入井中。死者的儿子铲三铲土盖住灵柩后跪下背三把泥土回家，象征把所有家族中和参加葬礼的人的魂魄背回，回家路上不许往后看也不能跟任何人讲话。这一举动表示生者和死者之间划清界限。族中老人要给死者开“天门”，指明东南西北方向，之后可垒土成坟堆。当坟堆高出地面后需要在坟前面留一通气孔，用一根竹子放在通气孔里表示可以把气引出。最后盖土，将竹王棍插在坟顶，竹卦放在坟的一边，下葬结束。

**图 27 下葬（杨文金 摄）**

返回：安葬结束后，挖土用过的锄头要把锄口倒挂在锄把上扛回家表示吉利。

洗手：送葬的队伍返回死者家，所有人要用清水洗手，表示将不干净的东西洗掉平安无事。

答谢：主人要准备各种物品答谢，给开路师 24 元钱、一升米，牛或猪的下嘴壳和舌头，两个粑粑。给砍牛的女婿 1.5～2.5 千克牛肩胛上的肉；给来的宾客准备退袋肉；死者出嫁的女儿们返回夫家时要赠“止泪肉”以示劝慰让其回去后少作挂念。

接竹卦：死者安葬之后，当天晚上要由家族中胆大的三个人去死者坟墓边上将“竹卦”取回，将其安放在死者家中堂屋里。意为接死者的“魂魄”回家，与家中亲人共度最后一晚。

给“竹人”做灵：安葬死者的第二条早晨，家中亲人要用竹条编出人形框架象征死者，并给竹人穿戴上衣物。将“竹卦”“竹人”等抬到寨边的三岔路进行“做灵魂”仪式。做灵的时候需要摆放一张竹席在三岔路口，将一只公鸡杀死后砍成肉块放在竹席上祭祀。需要摆成5排，每排11个，共55个。

**图28　给竹人做灵（杨文金 摄）**

第一排的第一个为鸡头，第三排中间摆两个鸡翅，第五排下摆两只鸡脚，摆法象形一只鸡，要反复摆祭5次。仪式结束后，用一只小鸡在“竹人”的头上绕三圈，把鸡丢到山上，称为“放生”，寓意为人与鬼分开了。

送“竹人”回家、送灵：在“放生”结束后，其中专门有一个人抬着“竹人”回家。此时，家中大门是关着的，一人假装是死者在门外叫门，隔着门两边的人要互相问答。门内的人要问来人的身份，门外的人要回答死者姓名，门内的人表明不让死者回来之意后，门外的人要说明回家的目的：给家人送来金银财宝及牲畜等。对话结束，屋里的人将门打开，将“竹人”抬入堂屋，并用小猪进行祭祀，祭祀结束后，一人抬着“竹人”走出大门，哭丧队伍跟随其后，到了村边三岔路口后将“竹人”“竹卦”等一起烧掉，丧葬仪式至此结束。

图 29 送灵（杨文金 摄）

综上所述，根据考察安顺苗族不同方言支系个体生命的“出生、成人、婚恋、丧葬”四个重要的人生仪式环节，发现形式多样的苗族人生仪式其功能在侧重点上是有所差异的，但是不同方言支系的苗族所传承和实践的仪式有一个共同的目的。这些仪式的目的之一就是促进家庭成员教化、增强角色扮演，更是在家庭层面传播村寨族群社会认同的道德伦常，具有超越具体家庭的社会意义。

# 第四章　过渡礼仪与象征分析

目前，范热内普提出的“过渡礼仪”理论，是人类学、社会学、民俗学研究不可忽略的研究理论和方法。他在研究民俗活动时提出了“过渡礼仪模式”，将人生礼仪、节庆、巫术等行为都归入过渡仪式，所以说“人生仪式”只是“过渡仪式”的一部分。范热内普认为，“每个个体的一生均由具有相似开头与结尾的一系列阶段组成，即诞生、社会成熟期、结婚、为人之父、上升到一个更高的社会阶层、职业专业化以及死亡等。其中，每个事件都伴随着仪式，其根本目标相同：使个体能够从一确定的境地过渡到另一同样确定的境地。”① 即是说个体生命的“人”逐渐成为社会一分子的“人”，要经过“出生”“成人”“婚恋”“丧葬”等系列仪式来完成，个体生命通过一定的仪式来改变其身份、地位，以赋予或取消该个体一定的资格或能力。所以说，不同民族的人在不同的人生阶段，都要通过若干民俗仪式来完成个体角色转变，仪式的目的也就在于维系社会秩序。

可以说，仪式作为人类情感表达的持续方式，确实在各族民俗文化中展现出了一种“分隔——边缘——聚合”的过渡过程。在某种程度上，仪式作为一种表演方式，通过一套赋有民族特色的符号体系表达某一族群理解世界、认识世界的方法；仪式作为一种交流过程，表达了人与人以及人与神的交流过程；仪式作为一种具有传统意义的周期性的模式化行为，建构了某一民族的“集体记忆”。所以说，安顺苗族人生仪式作为传统文化的一个组成部分，它是一种交流方式，安顺苗族人在仪式表演活动中就呈现了人与人或者人与神人之间的交流；它是一种表演行为，安顺苗族在生育、成人、婚恋以及丧葬过程中，通过“虚拟”的实物

① ［法］范热内普．过渡礼仪［M］．张举文，译．北京：商务印书馆，2010：3-4.

场景，让表演者和参与者神圣地过渡到人生的不同阶段；它是一种文化的延续载体，承载着民族文化认同的功能，发挥着构建社会秩序的作用。

这个部分首先分析范热内普的“过渡礼仪”的基本理论内涵，然后对不同民族的人生礼仪的“过渡性”进行普遍性考察；然后，以安顺蒙正苗族人生仪式的特点为案例，依次分析安顺苗族“生育仪式”“成人仪式”“婚恋仪式”和“丧葬仪式”的象征性特征。

## 第一节　范热内普过渡礼仪概说

人是社会的动物、文化的动物。人的一生是不断地学习社会文化、从事礼仪活动的一生，人的社会化过程从外在的表现形式上看就是从事各种礼仪活动的过程。

范热内普认为所有的礼仪都是一种过渡状态，无论是个体还是群体在空间、时间以及社会地位上都经历着从一种状态到另一种状态的过渡。进而，他又把“过渡仪式”分为“分隔——边缘——聚合”三个阶段，这种划分也就使得过渡仪式具有了多层次性，如空间意义、社会意义、心理上的过渡意义等。

### 一、范热内普的过渡礼仪层次

范热内普的“过渡礼仪”理论内涵大致可以分为三个层次：第一层是过渡仪式体系，即从人的出生到死亡过程中经历的不同阶段的人生仪式过程；第二层是阶段性过渡仪式，即从一个具体仪式过渡到另一个具体仪式的过程；第三层是某一具体仪式中蕴含着不同类型的过渡礼仪类型。具体阐释如下：

首先，就个体生命而言，从孕育出生到死亡所经历的连续的过程就形成一个过渡礼仪体系。在个体生命的过渡仪式中，包括人生仪式的四个关键环节，也包括各种节日的仪式活动。经过出生礼仪规范，“生命个体”便脱离了“神圣”（灵魂）阶段，得到了生存资格而进入世俗世界；经过成年礼仪，“生命个体”在生理和心理上都进一步成熟了，表现为具备了婚恋及更多地参与社会事务的资格；经过婚姻及生育礼仪，“生命个体”便完成了成年个体的责任；最后，通过死亡（丧葬）礼仪，取消该个体的生命资格，并将之与世俗世界隔离，回归“神圣”。

其次，在前后两个重要阶段的过渡，如怀孕（胎儿）到新生儿、从婴儿到成人、从临终到死亡后的灵魂过渡等，在这些特殊的时间节点所举行的过渡仪式。例如，“生育礼仪”的过渡性表现在以下几个方面：通过长辈给新生儿起名、祭祖（告诉祖先）、“满月酒”（融入社会）等仪式中消除对婴儿的束缚，赋予婴儿生的权利，整个族群也就在系列仪式中正式接纳了这个新生命。在范热内普看来，这一系列礼仪便是一个婴儿从“旧有的死亡状态”过渡到“新生的生命状态”的过渡礼仪。

第三，具体某一仪式从开始到结束的过程，可能又包含了不同的过渡礼仪类型。范内热普进一步将过渡礼仪分为三个亚类型：分隔礼仪、聚合礼仪以及边缘礼仪。“分隔礼仪在丧葬意识中占主要成分；聚合礼仪在结婚仪式中占主要部分；边缘礼仪则在怀孕、订婚和成人礼仪中占重要角色。”① 例如，在蒙正苗族婚恋礼仪中，“分隔礼仪”主要表现在新娘出门前要吃“离娘饭”，新娘与娘家通过仪式完成分离；“聚合礼仪”主要表现在新娘进入夫家的过程，在进入夫家之前，新娘由一名寨老拉着左手站在门口，另外一名寨老提着一只公鸡在新娘头上舞三转，并念诵祝词示吉利，然后让新娘进门融入夫家。“边缘礼仪”主要表现在新娘身份的转变，从姑娘定亲到新娘回门的整个阶段，新娘脱离了原来的身份（原来的氏族、村落、家庭），陆续获得新身份（夫家的氏族、村落、家庭）。在此期间，新娘的身份即是“边缘化”的一个特殊时期，而礼仪赋予了这一时期以神圣性和合理性。

从上述可以看出，一方面，仪式“阈限”是一种暂时的非常态，是一种反结构，是一个过渡，仪式的目的在于构建新的社会结构秩序；另一方面，仪式是一种文化建构起来的象征交流的体系，“它由一系列模式化和序列化的言语和行为组成，往往是借助多重媒介表现出来，其内容和排列特征在不同程度上表现出礼仪性的（习俗），具有立体的特征（刚性），凝聚的（融合）和累赘的（重复）特征。”② 因此，对于仪式的研究要通过发掘其背后的象征意义，才能有效窥探其维系社会秩序的作用。

## 二、关于仪式的“过渡性”的考察

以范热内普的“过渡礼仪”理论考察不同民族和地区的成年礼仪风俗，可以

① ［法］范热内普．过渡礼仪［M］．张举文，译．北京：商务印书馆，2010：10．

② ［英］菲奥纳·鲍伊．宗教人类学导论［M］．金泽、何其敏，译．北京：中国人民大学出版社，2004：178．

看出，生育、成年、婚恋、丧葬习俗礼仪都并非一个独立的阶段，而是人生不同阶段的衔接。以下从个体生命的成长阶段考察仪式的过渡性。

### （一）“孕育”——“儿童”——“成人”：群体身份的过渡

“成人礼仪”意味着个体生命从“儿童群体”过渡到“成人群体”。在古代，婴儿的存活率低，很多儿童并不能顺利长大到能够为族群贡献力量，因此儿童并不被认为是族群的正式一员，所以在这样的背景下成人礼仪显得尤为重要。因为成人礼标志着社会族群又吸纳了新的力量，有新的成员可以履行族群的权利和义务了。

其实，汉人将儿童过渡至成人阶段的冠笄礼，其中包含着深厚的儒家文化精神。可以肯定的是，中国古代“冠礼”的设计，考虑的并不是个体身体发育是否成熟的问题，也不是个体生存技能是否独立的问题，而是基于一种先天的逻辑——即合乎天理、物理与情理——以培养娴于“待人接物”之身体技能的文化体系。它强调“以身作则”，强调个体言行要合乎先验的人伦规范。人们判断一个人是否“成人”，要“听其言、观其行”；个体则要通过自身的言行、举止、衣着、名号等来展演自己的成人身份。[①] 显然，男性经过冠礼之后的成年其实从生理上来说并没有完全成熟，也并不会马上承担起作为一家、一族、一国成员的责任。但是从社会文化的角度来看，他必须将“礼”作为最重要的人生准则，舍弃儿童时期单纯的生理需求和行为模式，社会和群体会以成人的标准来看待他。经过一定时间的历练，这一个体将会达到“成人”的标准。

一个生命，从孕育到成年，不同民族通过不同的方式（服饰、头饰等）逐渐地使其被社会所接纳，实现群体身份的过渡。例如，贵州黔东南地区的岜沙苗族，男孩至15岁（虚岁）时举行“镰刀剃发”的成年礼，意味着该男子从儿童变为成年人，获得持枪这一重要的社会成员权利，同样被视为族群中的正式一员，实现了群体身份的过渡。

### （二）“成年”——“婚恋”：个体生命的身份过渡

成年和婚恋在多种文化中都是不可分割的。《礼记·曲禮上》记载：男子二

---

① 吕微．“过渡礼仪”理论概念与实践模型的描述与建构——对话张举文：民俗学经典理论概念的实践运用［J］．北京：民间文化论坛，2016（01）：15.

十冠而字。……女子许嫁，笄而字。郑玄注："以许嫁为成人。"[①]《礼记·内则》："十有五年而笄，二十而嫁。"郑玄注："谓应年许嫁者，女子许嫁，笄而字之；其未许嫁，二十则笄。"[②] 这段话的意思是，在女子订婚后至出嫁前这段时间要举行笄礼，一般情况下是在15岁左右，但是若女孩一直未订婚，到20岁也要举行笄礼的。可见，汉族女性的成年礼与婚恋是一体的，只有在获得婚嫁资格后，才意味着成年。男性的冠礼虽未与婚姻联系如此紧密，男性虽不必在确定婚姻对象后再举行冠礼，但是行冠礼却直接联系着该男子是否能获得婚恋的资格。少数民族的情况也多有相似。其中青海贵德藏区的藏族女孩有一个隆重的成年仪式——"戴天头"，13～15岁左右时少女母亲将为女儿举行一场婚礼，其仪式与正式婚礼相同，但并没有新郎。这一天母亲要为女儿梳上成人发型，并举行一系列的仪式[③]。这一地区藏族女性的成年礼采用了婚礼的形式，相当程度凸显了成年与婚恋活动之间的必然性。

之所以成人与婚恋活动联系得如此紧密，当然有生理性和社会性的原因。男女性在12岁、13岁后便逐渐进入了性成熟期，但这一时期地域、民族、个体之间存在差异，并没有完全统一的时间，但不可否认需要对这一特殊的时期进行一定的"处理"，也即是范热内普所说的"人生每一变化都是神圣与世俗间之作用与反作用——其作用与反作用需要被统一和监护，以便整个社会不受挫折或伤害。"[④] 少年钟情、少女怀春的原始本能需要在成型的社会文化中得以合理地释放。

从社会角度来看，成人意味着开始承担族群一员应有的义务，儒家冠笄之礼通过仪式让个体认识"礼"，但在儒家文化提出的"成家立业治国平天下"中，男性被视为只有成家（进入婚姻）后才算真正地成人，可以承担社会责任。

结婚是一个人的身份过渡，"因为至少婚姻一方需要转换家庭、家族、村落或部落"[⑤]，除此之外还有身份的变化，一个成家的人与未婚时是不一样的，表明责任不同了，为人处世的方式亦要有所调整。"回门"的习俗便是人们对家庭、家族和村落之间人际关系的适应性过渡。

---

① ［东汉］郑玄注．礼记正义（十三经注疏）［M］．北京：北京大学出版社，2000：64.

② ［东汉］郑玄注．礼记正义（十三经注疏）［M］．北京：北京大学出版社，2000：1014.

③ 刘军君．与婚姻规制建构——青海贵德藏族"戴天头"的田野考察［J］．银川：北方民族大学学报，2015（05）：27-31.

④ ［法］范热内普．过渡礼仪［M］．张举文，译．北京：商务印书馆，2010：3.

⑤ ［法］范热内普：过渡礼仪［M］．张举文，译．北京：商务印书馆，2010：15.

### （三）死亡打破平静

一个个体生命的“死亡”，往往把平静状态的社会生活给打破了，周围的整个家族、村落为了达到回归平静的目的，就通过系列仪式，把“生”与“死”分割开。

对于远古时代的人类而言，死亡就是灵魂与肉体的分离，他们对尸体的处理有一种不安的状态，如何解决呢？全世界不同的群体都是通过丧葬仪式来达到这种目的。首先，完成“生”与“死”的分隔。活着的人为了解决心中的不安，寻找到心灵的平静，在处理死者身体时就通过“净身”达到“生者”与“死者”的初步隔离。其次，完成两个聚合，通过有序的丧葬仪式行为，让死者带着信物或者道具进入祖先的世界，让死者完成与祖先的聚合；生者通过完成系列仪式，逐渐回归正常的生活，与世俗社会重新聚合。可以说，在“分隔”“聚合”的过程中，从死亡的不平静逐渐回归到了平静。

## 第二节　生育礼仪和成人礼仪的象征分析

在人类社会中普遍存在各种仪式，人们通过仪式可以维系社会秩序。“通过仪式固然可以从分隔、边缘、聚合这三个层面的仪式行为来进行分析，但并不表示，这三者是截然划分的三个具有阶序性的仪式过程。事实上，这三种性质的仪式，会随着整个通过仪式的进行，以不同的比重反复出现，互相交缠。”① 按照范热内普《过渡礼仪》中所讲，在早期的社会中，由于人认识自然和能动地改造自然的能力不够，人类社会对生育仪式和成人仪式很重视。但是，随着科学技术的发展，现代的诸多民族对生育仪式和成人仪式的相关内容逐渐地简化了。所以，在分析人生仪式的象征性特征时，将已经简化的生育仪式和成人仪式放在一起进行分析。

### 一、生育礼仪的象征分析

古代社会，人们认识自然现象的能力有限。面对各种无法抵御的自然灾害、疾病的发生，不同历史时期的社会战乱导致的饥荒和瘟疫的出现，让苗族的祖先

① 翁玲玲．从外人到自己人：通过仪式的转换性意义［J］．广西民族学院学报（哲学社会科学版），2004（06）：10-17.

们充分认识到了新生命的健康成长不是一件容易的事儿。所以，苗族先民为了婴儿能够健康成长，在婴儿出生之时，一定要举行祝福禳灾的仪式活动，让其信仰的某种神灵佑护婴儿成长。因而，安顺苗族在长期孕育新生命的历程中，形成了一套具有民族特色的生育礼仪活动和禁忌。那么，生育仪式作为生命成长序列的第一个阶段，其意义就是人的社会意义的诗学表达，其中蕴含着一个区域民族的文化传统，以及关于生命形态演变经验价值的叙事性附会。

这部分内容主要以英国人类学家特纳的仪式理论分析苗族生育仪式的特征。特纳的仪式理论源于范热内普的“过渡礼仪”，学者夏建中曾说“特纳的重点研究仪式三阶段（范热内普提出的聚合——隔离——聚合）中的第二个阶段，也就是过渡阶段。他因此也将范热内普的分隔、过渡和组合改称为阈限前、阈限和阈限后三个阶段。”① 特纳通过对“阈限”象征的观察，发现了仪式过程中的五个重要的特征：“第一，阈限的模棱两可性，即在一个阈限与另一个阈限的关系之间存在着‘中间状态’，它是仪式由一个阈限向另一个阈限延续的必要阶段。第二，阈限之间可以化解其分类性隐喻，比如‘生——死’‘幼稚——成熟’等。第三，人物角色的可逆转性；第四，仪式的阶段性处于封闭和孤立状态，从而使之为另一个过渡提供了理由；第五，仪式的展演过程存在着绝对而专断的权力。”② 因而，从“过渡礼仪”和“阈限”理论探讨安顺苗族生育仪式的象征性特征，可以为苗族文化的认知提供又一新的解读角度。

下文将结合特纳的理论，分析安顺苗族如何透过生育礼仪实现各个成员（新生儿、孩子的父、母及相关的人）身份的转换，并且通过社会成员身份的转换来重新建构社会关系。

### （一）分隔：孕期禁忌

在日常生活中，苗族妇女从怀孕到分娩的过程中有诸多的禁忌，这些禁忌内容就是孕妇与社会、婴儿与社会的分隔仪式。例如：苗族妇女怀孕期间，生活中不能挑重担，不能到危险的地方，夫妻不可同房。在饮食方面，孕妇忌吃母猪肉，担心孩子以后患上母猪疯病；孕妇忌吃寡蛋，担心孩子生出来会有翅膀；孕妇不能吃荸荠，因为这个是打胎药的一种配方；等等。苗族妇女分娩之后，坐月

① 夏建中. 文化人类学理论学派——文化研究的历史［M］. 北京：中国人民大学出版社，1997：314.

② 彭兆荣. 人类学仪式研究评述［J］. 民族研究，2002（02）：88-96＋109-110.

子的前三天，外来男人不能进家门，为了告知外人家中有人坐月子，主人通常会用小棒夹一块小布片在大门上，生的男孩就插红布片，生的女孩就用蓝布或青布。如果三天之后，有亲戚朋友要来看孩子的话，要先去一趟厕所，把身上的牛鬼蛇神去掉，不能吓到孩子。坐月子的苗族妇女，不能出门，不能参加红白喜事，不能去井边，不能去串门；如果去了别人的家门，就要帮助人家打扫家里或者放鞭炮来解决这个尴尬。

其实，各种不同民族日常生活惯有的禁忌仪式体现的是其民族的一种交感心理。正如泰勒所言“当人类智力还很低下时，人类已在自己的意识中联想那些亲身经历过的事件，并将这些联想与实际联系起来，但他们本末倒置，错误地得出结论：意识中的联想必然牵涉到现实中的事物。”[①] 因而，这些禁忌仪式都是人们在面对自然环境的时候产生的联想。当人们面对自然环境时，在他们的想象和象征认知中认为，如果触犯了某些约定俗成的禁忌，就不能正常孕育新的生命。苗族妇女怀孕和分娩过程，通过上述仪式规范的目的，就是为了保护孕妇和孩子不受邪恶势力的侵害，这些仪式具有感应性、间接性、泛灵性的特征，具备分离的意义，象征孕妇特定时期暂时脱离社会。

### （二）过渡：身份角色转换

过渡仪式所表现出来的是一种互相交缠的状态，处于过渡期的当事人或者事件，很难用一个具体的标志来界定。安顺苗族孕妇生产之后的一个月内所有的行为和禁忌，也就是“坐月子”的系列仪式最能体现其过渡性特征。

就产妇而言，在“坐月子”期间往往要被隔离在特定场所，不能参与社会的日常交流，例如不能参加红白喜事、不能去井边、不能去串门等，这些仪式象征当事人暂时隔离了先前的身份。当然，禁忌行为也是因隔离延伸出来的仪式行为，同时具有过渡仪式特征。例如，一位刚刚完成生产的妇女，孩子的诞生使之脱离了单纯的人妻角色，但是并不能同时具有为人母的角色。作为母亲的身份必须具备两个条件：一是孩子必须存活。孩子能存活下来，才能确定其为人母的身份；二是孩子和母亲必须得到两个家族的接纳，尤其是得到男方家族的接纳与认同。若以上两个条件不确定，则人母身份的转换就无法完成。所以，在这一段时间，作为刚刚完成生产的妇女，其身份是不明确的，社会关系就没有“秩序”可

① ［英］泰勒．原始文化［M］．蔡江浓，译．杭州：浙江人民出版社，1988：54.

遵循，因而无法参加社会活动。这种现象表现了当一个人“身份不明、社会角色不明确”的时候，往往以“分隔”的方式让其暂时从社会结构中“消失”，象征了不属于任何一个既定范畴和结构的过渡状态。也就是说，苗族的产妇只有结束了“坐月子”，才能以新的社会角色回归有“秩序”的社会，进入到新的社会结构之中。

就家庭中其他成员而言，当家中有人怀孕和“坐月子”时，孕妇暂时隔离社会，在家庭中是重点照顾对象，作为以前身份要干的工作，也就由其他家庭成员分担了，苗族妇女在怀孕及分娩时期内，其生活起居都需要格外照顾。

可见，整个家庭乃至家族，都因“生育事件”而呈现一种过渡状态。整个“坐月子”仪式过程中的过渡性表现在与婴儿相关的所有家庭成员身份的转换，分别是：一位妇女从人妻过渡到人母；丈夫从人夫到人父；家长从人父（母）到人祖；一个婴儿从胎儿过渡到家庭成员；等等。

### （三）聚合：“满月酒”

在苗族生育过程中，聚合礼仪主要表现在产妇分娩后返回社会、婴儿被社会承认的过程。因为，聚合礼仪主要体现在办“满月酒”过程，一方面是在向社会宣布孩子的出生，也是取得社会认可的一种仪式；一方面是完成产妇回归社会的仪式。

一般而言，苗族婴儿出生后，孩子的“满月仪式”（苗语为 lah）一般由舅舅家主持，庆祝婴儿的诞生，外婆家以及其他朋友都前来祝贺。而且，苗族对于婴儿的出生与汉族不同，苗族婴儿出生要外公来起名字，名字中必须有父亲名字中的一个字出现，而且起名字的时候要举办相应的仪式。虽然民族不同，但是他们对婴儿出生的重视是一致的。

在生育礼仪中，“满月酒”是最为典型的聚合礼仪。当天，亲朋好友来探望婴儿和产妇，象征着婴儿脱离了母体，正式地被家庭、家族成员和社会所接纳，象征着产妇由身份不确定的暂时“隔离”又返回正常的社会秩序中来。期间，为婴儿起名也算是整个生育仪式中最盛大而隆重的聚合环节，这些仪式宣告整个生育礼仪过渡仪式结束。安顺苗族生育仪式中通过一系列约定俗成的庆祝活动完成婴儿与产妇和社会的聚合，让所有与此生育事件相关的社会成员结束身份模糊状态，拥有明确的身份，“进入”（婴儿）或“重返”（产妇）社会，恢复社会秩序。在整个过程中，所有参与者都必须通过约定俗成的仪式，才能够得到群体的认同并加以“合法化”。

## 二、成人礼仪的象征分析

范热内普在分析“成人礼仪”时，创造性地提出了区分“生理成熟期”和“社会成熟期”的主张。其实，“成人礼仪”主要指的是个体生命的社会性成熟，是一种社会集体对个体的认定和期待。对于“生理性成熟”而言，一般情况下，结婚才意味着一个个体的生理性成熟，标志着生命个体可以履行为族群完成繁衍后代的责任了，能够作为家庭主要成员承担家族的职责了，也就象征着生命个体完成了成人身份的转换。二者之间存在一定的阈限，成人礼仪完成了从童年到成年的转变，而结婚礼仪是对成人礼仪的最后确立。

也就是说，生命个体在履行完“成人礼仪”之后，进入一个既不是“儿童”，也不是完整的、被社会认可的“成年人”的特殊阶段。生命个体什么时候才真正成为“成年人”呢？可以说，只有当生命个体举行了“成人礼仪”之后，在一段时间内要学习参与一定的社会事务，要经过恋爱到结婚，才能正式成为一个独立的成年个体。范内热普的“过渡礼仪”理论中的“边缘”是一个中性词汇，更准确地是指一个持续性的过渡时期。这一边缘性主要表现在成人礼仪对婚恋活动的衔接，以及在正式成人前处于一个过渡性的边缘状态。因而，按照范热内普的理论，成人仪式更多地表现在“过渡礼仪”中的边缘性特征。

### （一）男性成年礼仪的“边缘性”

一般来说，成年礼仪是在婚前举行，然而蒙正苗族男性的两个重要礼仪都是在婚后完成，这恰好体现了其成年礼仪的过渡性。与其他的成人礼仪相比较，蒙正苗族的男性成年礼仪更具有特点，除了标志着儿童至成人的过渡，另外一整套礼仪本身所表现出的时间跨度、仪式特点、心理变化等，都体现了范热内普理论中的“边缘性”。

蒙正苗族男性成人仪式分为两个阶段：第一阶段是“12 岁时的戴帽”，这标志着男性开始进入成人世界，获得了婚恋和一定社会事务的权利；第二阶段是“男性成婚当天的‘改名’仪式”。其中，“改名”象征着个体生命作为孩童时代的“乳名”将被舍弃，而获得的“成年名字”意味着男子的成人身份。

蒙正苗族生命个体的成年，还有一个重要的标志就是得到“竹王”祖先的认可。成婚之后，男性除了“改名”之外，还需通过“立竹王”仪式标志成年。在蒙正苗族传说中，先祖“多同”诞生于顺水漂流而下的竹筒中，后繁衍出此支系，至今蒙正苗族家中均供奉用刺竹制作而成“竹王像”。一般来说，蒙正苗族男性均要供奉竹王，形式可以有变化，现在的蒙正苗族主要有“父供子不供”“一家兄弟中长子供”“一辈兄弟中长兄供”等情况。举行“立竹王”仪式之后，标志着男子可以独立成为一家之主。

杨文金先生（原镇宁县政协主席）作为蒙正苗族的一分子，长期致力于本民族文化的发掘与保护，也是研究蒙正苗族的专家。2017—2018 年期间，笔者及项目组成员多次探访并实地考察了多个蒙正苗族的村寨。根据杨文金先生提供的资料可以看出“立竹王”仪式作为成人礼仪的特征及其对于蒙正苗族男性的重要性。杨文金先生提到，蒙正苗族男性如果一生中没有“供竹王”，死后没有带着“竹片”到祖宗那里去报到，哪怕是 80 岁的老人，也得不到祖宗的承认，只能拿当小孩看待。从仪式举行的时间上也可以看出，一般在婚后就举行的仪式，假若由于各种原因婚后没有及时举行，年老后其个人和家族也要举行供竹王仪式。

从上述礼仪对于蒙正苗族的意义来看，可以清晰地看到，其成人礼仪体现了范热内普的过渡礼仪理论，蒙正苗族男性的成人礼呈现出了一个时间性、心理性的阈限，从戴帽、“改名”到“立竹王”是一个过渡性的阶段，男性经过一环环的礼仪最终达到被聚合入成人这一群体。

此外，从戴帽到“立竹王”为止的蒙正男性处于范热内普认为的“边缘”状态。蒙正男性通过改变发型这一分隔礼仪从儿童群体中脱离出来，经过一定时期（恋爱、订婚、结婚），最后通过婚礼、“改名”“立竹王”等礼仪聚合入成年群体。处于边缘时期的蒙正苗族男性，身体上逐渐成人化、性成熟化，能够承担劳作和生育的职责，心理上正好进入青春期，有恋爱和独立的需求；社会给予这一群体一定的特殊照顾，给予他们恋爱的自由、参与并学习社会事务的权利，精神上也逐渐成熟，可以成家立业。最终的成人确立于结婚这一重要阶段。

### （二）婚恋活动的“边缘性”

在生产力较落后的时代，对于苗族这样历史上长期流散、久居于贫瘠环境中的少数民族来说，族人的成年和婚姻是人生头等大事，这意味着一批新劳动力的形成，同时族群的繁衍能够得到有力的保障。人口是族群生存的基础，缺医少药的条件下孩童的成年率并不高，每一个孩子能够顺利成长到一定年纪，是值得庆贺的事情；而男女之间的恋爱与婚姻又意味着劳动资源的再整合，并为将来提供了再生产的核心动力。因此在苗族的观念和习俗中，成年与婚姻是前后相接的阶段，“成年”意味着可以开始恋爱活动，可以选择婚姻对象并组成家庭，婚姻中的一些礼仪也代表着对个体成年的社会认可。“婚姻才是现代苗族人心理意义上的成年礼仪，它标志着人的成熟和社会角色的完全确定，具有重要的意义。”[①]

在这样的历史文化背景中，成人礼仪给婚恋活动提供了一种“正当性”，使得自由的恋爱交往，乃至私奔具有了伦理基础，也为族群的生存延续提供了保障。苗族自古以来崇尚自由恋爱，男女青年在成人礼后便可以参加“跳花”“晒月亮”等社交活动，遇见心仪的对象可通过交换定情信物的方式确立恋爱关系，稳定后男方便可向女方正式提亲。

《安顺苗族》一书概述中提到苗族恋爱风俗：“山野间恋爱之男女，有男拉女者，有女拉男者，挽劝者，怂恿者笑语喧，其乐融融，家属不加干涉。此苗人之极乐天、自由地，盖以俗使然，方之西俗自由恋爱，并不稍逊。”[②] 这种相当自由的恋爱方式正是以男女的成年为界限，不论是出于族群繁衍的集体意识，还是满足男女青年正当的生理心理需求，成人礼仪都为男女青年提供了一个合理的理由，为他们的交往提供了保证。以“晒月亮”为例，顾名思义在夜晚举行，年轻人自行邀约到固定的场所，交谈、对歌、相互认识，这里并没有父母长辈的严格监管，也没有严格的时间限制，无法正常交往的男女青年甚至可以利用“晒月亮”的机会私订终身。

此外，男女私订终身之事虽非常规，但也在情理之内。蒙正苗族有“引婚”的习俗，某些特殊情况下，女方在父母不知情的情况下跟随男方逃走，在举行“扫鸡”仪式后就正式成为男方家的人了，这种结婚方式也会得到当地苗族群众的承认。成年礼仪之后，个体对自身婚姻、生活的取舍所拥有的自主权得到了很大程度的认可，所以悔婚、逃婚、私订婚事等非常规行为在苗族人民中一定程度上可以被接纳，同时也表现出苗族男女青年追求婚姻自由的勇气。

蒙正苗族的成年礼是对范热内普过渡礼仪理论的印证。蒙正苗族通过发型的改变，将个体从孩童过渡至成人阶段，使之获得人生下一阶段所应具备的身份、权利等，并且在这一阶段赋予了男女青年婚恋活动的自由。而蒙正苗族男性的成人礼仪从戴帽开始持续至婚后“立竹王”仪式的完成，展现出了一个明显的时间上、心理上的过渡阶段，体现了过渡礼仪亚分类中“边缘礼仪”的特点。通过对

① 张凌波．苗族人生礼仪的生命美学意蕴［D］．重庆：西南大学硕士论文，2015：28.

② 安顺市苗学会．安顺苗族［M］．贵阳：贵州民族出版社，2011：3.

蒙正苗族成年礼仪的研究，可以从理论上加深对该民族的认识，同时使“过渡礼仪”这一经典理论得到实践的验证。

## 第三节　婚恋礼仪的象征分析

按照范热内普的理论可以看出，恋爱婚姻仪式的整个过程其实就是将女性（新娘）以及所附有的物质，通过一系列的仪式与过去的环境（女方家庭与族群）做出分隔，同时将其过渡至男性（新郎）的家庭和族群中，融合至新的环境中。这一过程涉及两个没有血缘关系的家族，涉及利益的分配，也涉及文化与信仰，因此需要慎重对待，而婚姻礼仪也正因此而显得烦琐。蒙正苗族的结婚仪式相对完整地展现了范氏过渡礼仪理论中所提到的“分隔——边缘——聚合”三个阶段，从新娘离家到送亲路上再到男方迎亲的不同阶段，动态地呈现了仪式如何将人或群体从一个阶段或身份过渡至另一个阶段或身份的过程。下面进行详细分析。

### 一、分隔：新娘离家

分隔礼仪的重要功能是将个体（在婚礼中即是新娘）与旧有的环境和存在状态分隔开来。这里存在两个层次的意义，一是新娘原有的身份，是某一个家庭中的女儿，同时也是这一个村落或族群的一分子，而经过离家前的一系列仪式后，她脱离了原有的这些身份，与娘家、亲族不再有关系；另一个层面的意义是，蒙正苗族女性出嫁后，从夫居，从夫姓，因此脱离原有身份、融入新身份的仪式意义更为重要。此外，新娘出门后到进入夫家前，在范氏看来属于一个特殊的阶段，她不从属于任何一个身份、群体，处于“游离”状态，进入到一个神秘的“阈限”。因此可以看到在送亲阶段的新娘需要通过“打伞”等仪式来驱邪避害，正是因为新娘此时没有获得一个独立受认可的身份，因此观念上认为她容易招致邪祟的侵害。新娘离家前的分隔礼仪中，有两个重要的仪式，“公鸡头敬母舅”和吃“离娘饭”。

从这两个代表性的仪式中我们可以看到边缘礼仪的存在——即对原有身份的割离。之所以送亲酒特别强调了“母舅”这一身份的存在，是因为苗族同胞看重母系家族中母舅（即新娘母亲的哥哥或弟弟）的身份，很多苗族婚礼仪式中，母舅对女性的婚事起着决定性的作用，新娘出嫁前，需要由新娘母亲（或者实际上从男方的彩礼钱中）支付一定金额给母舅，或是举行某种仪式，以取得新娘出嫁的合法性，蒙正苗族亦是如此。从这一角度来看，新娘也是归属于母舅的一份所有。而送亲宴中，比起父亲，母舅的存在更加突出，母舅需要提供宴席使用的公鸡一只，而表示尊贵的公鸡头需要献给母舅，以示征得母舅的同意将女儿出嫁。吃过公鸡头，则表示母舅或者说以母系家族为代表的旧家庭认可新娘可以脱离原本的社会归属。特别是在蒙正苗族中，因为还保留着一定的母系氏族社会的遗风（如母女连名制度、“清针线”仪式等），因此母系家族的作用颇为重要，新娘需要一个特定的仪式来脱离母系家族的身份。“离娘饭”也是对旧身份的脱离，一方面从情感和心理上显示出娘家与新娘的依依不舍之情，另一方面从边缘礼仪来看，“离”字很明显地表现出新娘要脱离原有的身份和社会归属，进入新的状态。

## 二、边缘：新娘出门

经过分隔礼仪脱离了原有身份状态的新娘，在过渡礼仪理论中便进入了一个特殊的边缘状态，也被称为“阈限”。这是一个过渡性的阶段，受礼者（即婚礼中的新娘）拥有了一些特殊的状态，需要特殊对待。在具体的蒙正苗族婚礼中，具体体现在“新娘打竹伞”这一仪式上。

“打伞”这一仪式其实在多民族多文化间均可见到。安顺市汉族婚礼中，新娘出门时，也需要“打红伞”。这一仪式的来源比较多样，在民间观念中，有的认为寓意“人不予天争”，这一天是新人的大好吉日，新娘运气旺盛，但仍需要向上天表示谦卑；有的认为红伞是古代红盖头这一礼俗的变化；有的认为是因为婚礼当日新娘的煞气较重，需要予以一定的遮挡，以免影响家庭（主要是夫家）的运道。蒙正苗族则认为在路上“打竹伞”表示“驱凶避邪”。无论哪种说法，都可以看到，新娘在这一天是与日常不同的状态，即是“边缘状态”。苗族认为世间的万事万物都可以具备灵性，人、神、鬼三者处于相对隔离但整体杂居的情况：如去世的人，可以升格为神（如祖先崇拜），也可因为非正常死亡而成为鬼，山川河流，草木禽兽都可以成为神鬼的组成，因此处于过渡阶段的新娘便拥有了一个“禁忌体”。从蒙正苗族的观念来看，之所以需要打伞，是因为担心有邪祟来犯，而之所以会出现这种可能性，恰恰正是因为新娘的特殊状态。新娘无论是出门前属于娘家这一宗族，还是入门后属于夫家的宗族，这两个阶段都有先祖的庇佑，唯独只有送亲路上这一个独立的阶段，失去了应有的身份，需要撑一把

“竹伞”予以庇佑。蒙正苗族有“竹”崇拜，“竹”是他们的圣物，可以给新娘提供足够的保护力量。

## 三、聚合：新娘进门/回门

新娘进门。“扫鸡”这一仪式实质上既是边缘礼仪的延续，也是聚合礼仪的一种。处于“边缘状态”的新娘到达新郎家后，不能直接进门，一是因为身份上尚不属于男方家族，二是避免路上所带来的凶邪乘机入门。正如前文所说，鸡是可以祛邪避秽的圣物。通过这一仪式，结束新娘的“边缘状态”，将其聚合入新的家庭。由于婚礼仪式的程序较多，这只是聚合礼仪的第一步。男方家举办的“认亲戚”和“栓锁钱”也属于聚合仪式的分类。

“认亲戚”其实是“转鸡头”这一仪式的延伸。通过宴请女方家的客人，以示双方此后成为一家人。鸡头同样奉给双方客人中的尊者（女方母舅，男方叔伯），喝满酒也寓意着对男主人家的祝福。除了将新娘聚合到新郎家以外，其亲族也从陌生人成为“亲戚”，虽然姻亲往往不会在一起生活，但需要在理念上聚合为一个家庭；将“栓锁钱”分发给不同的对象，一是表示对参与婚礼的亲戚的感谢，另一方面也提出了要求：未来参加孩子的“月米酒”（即满月酒）。新生命正意味着两个血缘的融合，也是两个家庭、家族的融合。

新娘回门。苗族在传统上普遍有婚后不落夫家（坐家）的习俗，怀孕生子后才正式移居夫家。蒙正苗族并没有这一现象，但是与其他苗族相同的是，新娘并不会在男方家举行完结婚仪式后就此移居夫家，而是需要通过再次返回娘家，等待新郎迎接的仪式来完成出嫁的流程。从这个意义上来说，苗族婚礼中的“回门”其实分为了两次，第一次是婚礼当日（男方家）即随送亲队伍返回，第二次是婚后特定日期后再次由新郎陪伴返回娘家。具体到蒙正苗族的仪式中，婚礼第一日是新娘出门，至男方家后活动持续至半夜，第二日新娘随送亲队伍返家，第三日新郎亲自接回，小住三日后再次由新郎陪伴回到娘家。新娘当日返家这一现象，笔者认为来源于多种传统习俗和观念，第一可能是母系社会的遗风，女性即便在婚后仍是母系女性家族的一分子，也表现出娘家对新出嫁女儿的看重，需由新郎亲自来迎接，并且也是对男女婚姻平等的一种表现；二是“不落夫家”制度的影响，这一制度在不同苗族支系中时间长短不一，有的只有在生育后才正式移居夫家生活，有的就是三五天回门后新郎新娘便可正式同居；第三，这一段时间内，新娘仍然没有完成全部的聚合礼仪，还处于边缘状态，为了避免给丈夫和对方的家庭带来不好的影响，女性虽然完成了在男方家的一系列婚礼仪式，但新婚当日男女不得同居，返回娘家后等待仪式完成（回门时还会再次祭祀并宴客），才正式得以融入新的家庭和集体中。因此，新娘回门实际上是边缘仪式与聚合仪式的重叠，回门阶段的新娘尚处于边缘阶段，而回门这一仪式本身也是为了让新娘完成最终的聚合。

## 第四节 丧葬礼仪的象征分析

在早期人类社会，死亡之所以会引起人们的高度重视是因为死亡的出现打破了社会生活中的平静状态，使得整个群体必须对此做出反应以达到重归平静的目的。

原始人的思维模式与现代人之间存在着明显的区别，他们并不遵循“概念——判断——推论”的逻辑顺序。原始人在抽象方面的能力不如现代人发达，所以对于客观事物的感知上，即意识对客体的映像方面常常掺入了主观的情绪、感情和运动因素。值得注意的是这些表象是集体性的，而非个体性的，个体往往是在一些能够对他的情感产生最深刻印象的情况下获得这些集体表象。所以，“原始人的集体表象一方面并不具备逻辑特征，另一方面它们也并不是真正的客体，而被认为是与其他的东西相关联或受到了某种神秘力量的作用。”[①] 死亡，同样属于集体表象的对象，在对它的认知方面同样存在上述的两个特征。所以，大量的人类学调查资料表明，人类最初是从超自然的角度而非生理角度去理解自身的死亡。也就是说最初的原始文明试图从自然过程之外去寻找死亡的原因，从而将死亡与巫术、巫师等相互关联。蒙正苗族的丧葬礼仪虽然经过了一系列演变发展，但仍然能够看出原始思维意识残留的痕迹，本文将分别从与尸体相关、与灵魂相关、与生者相关的角度对蒙正苗族由死亡引起的观念和实践进行梳理。

### 一、分隔：对死者身体的处理

“人的死亡与动物死亡的不同之处在于，它会引起相应的社会信仰、情绪变化和仪式活动。”[②]死亡对原始人来说是灵魂与肉体分离的过程，在最终下葬之前

① 列维-布留尔．原始思维［M］．北京：商务印书馆，1982：3.

② 罗伯特·赫尔兹．死亡与右手［M］．上海：上海人民出版社，2011：61.

对这二者的处理必须十分慎重，否则将会招致灾难性的后果。在原始人的认知中，他们认为尸体在安葬前的很长一段时间内处于极度不安全的状态，它们容易受到来自外界的威胁、攻击或者说某种程度的污染。因此，需要通过一系列的仪式和手段来防止上述情况的发生，比如为死者净身穿衣、合拢眼睛、封住尸体上所有的孔窍等都是十分常见的做法，最直接的体现莫过于下葬前的守灵。守灵时必须要有人陪伴死者度过危险期。尤其是在夜晚，敲锣打鼓能起到恫吓邪恶力量的作用。除了清洁、守护死者的尸体之外，蒙正苗族还很强调尸体摆放的位置。棺木要放置在堂屋中间，头一般朝向东方，脚朝向西方。“一些研究者认为这样的位置安排是为了让亡灵能够沿着祖先迁徙的路线回到东方老家与祖先团聚。”[①]

可以说，对死者的净身是最典型的“分隔”仪式。净身环节：“在安顺紫云麻山，死者断气之后，净身过程要由孝子与家族长辈或者邻居一起参与，净身没有具体规定的时间限制，逝者断气后的两个时辰内完成即可。首先，将酒水放在盆里，再用麻布为死者擦拭身体各处，若为男性则要为其理发和剃须，若为女性则要为其梳理长发。所穿的衣服一般是以织的土布为主，长衫、短衫、宽脚裤各若干条，也不规定具体的件数。穿上衣时，领口的第一个纽扣不能系扣。还有，如果是意外死亡或者难产死亡的，要给死者穿红布衣衫。”[②]

在这个时候，生者对死者的感情呈现出一种复杂的状态，已经不是单纯的血缘羁绊，而是掺杂了恐惧但又不得不密切关注的情绪。无论是怎样的表现，归根结底要达到的目的都是彻底斩断死者与生者之间的联系。

## 二、边缘：明确生死之界

涂尔干和范热内普对仪式的划分问题都曾作出过经典的阐述，涂尔干用二元法将仪式分为神圣和世俗两部分，与死者有关的部分是神圣的，与生者有关的部分则是世俗的，他认为二者不可调和；范热内普则反对如此绝对的区分，认为世俗与神圣的概念是相对的，他从更加综合整体的角度对这些仪式进行理解，将那些“从一个境地到另一个境地，从一个到另一个（宇宙或社会）世界”的仪式称之为“过渡礼仪”。丧葬仪式就属于死者在生者的帮助下加入亡者世界（苗族所谓的东方老家）的过程，在这个过程中需要借助一定的力量，这些力量可能是来自人也可能是来自具有神圣意味的物品。所以，在这个过程中就必然存在生者与

① 罗义群．苗族丧葬文化论［M］．北京：华龄出版社，2006：82．

② 说明：这段文字经紫云县大营乡妹场村偏岩组村 73 岁的杨再祥老人叙述整理而成。

死者之间的互动，而这里所认为的互动是指生者与死者灵魂之间精神层面的沟通交流。

在整个葬礼结束之前，死者的灵魂都是处于一种游离的状态，这段时间死者的身份需要经历一个“转换”的过程，在暗之世界与现世中间等待。在此期间，有个问题被一再强调和明确，那就是生死之间的界限。对生者而言，即使是亲人在死后也会存在某种程度的危险，死者将会被原有的社会成员排斥但同时又会在其帮助之下在彼岸世界获得新的身份。此时，生者的义务是：帮助死者解决身份转化过程中可能出现的困难，让其最终能够获得圆满归宿。

可以说，蒙正苗族非常重视与死者的灵魂进行互动交流，不断地要明确生者与死者之间的边界。在此过程中，主要通过葬礼中的禁忌完成。涂尔干强调举行丧葬仪式目的有二：“一是加速灵魂与肉体分隔的过程，因为灵魂只有经过了转化才能转变为神灵，因此灵魂与肉体的分隔被视为终极目的的一部分。二是使灵魂彻底离开身体，只有丧礼结束后，灵魂才算完全离开躯体去往属于自己的国度。涂尔干还认为任何仪式都呈现出积极和消极的两面，积极面就是人们在仪式上的作为，消极面就是人们的不作为即禁忌。”[①] 这两种面所对应的情绪分别就是“朝气、欢乐”和“哀伤”。从蒙正苗族的葬礼中可以看到无论是正常死亡还是非正常死亡都存在着一定的禁忌，这一点在蒙正苗族对待非正常死者身上体现得尤为明显。

## （一）早夭者的禁忌

苗族人因为现实生活中的善恶二元对立观念，认为鬼神的世界与人的世界一样都存在善恶之分，有的可以保佑生者而有的却会对生者造成危害。所以他们在对待鬼神的态度上采取的是一种双重的态度：对能带来好处可以保护自己的鬼神就虔诚的侍奉，不仅要准备丰厚的祭品还要在特定的时刻娱神；但是对待会招致灾难的恶鬼就要进行严厉的驱逐。蒙正苗族将十二岁以下的死亡称为“短命”，视早夭者为不吉的象征。对早夭者的禁忌在其他文明中也是普遍存在的，这种观念背后的逻辑是亡灵聚集的世界，就是现实世界的镜像，与现实生活相似，甚至可能社会组织形式都是一致的。所以，“死者去到另一个世界就如同回到了曾经

① ［法］涂尔干．宗教生活的初级形式［M］．林宗锦，彭守义，译．北京：中央民族出版社，1999：429．

所属的部族集体中、年龄群体或前世所从事的职业。”[①] 按照这样的逻辑，在蒙正苗族看来，十二岁以下的孩子没有在现实世界获得某种资格，换言之即没有聚合进入过生者世界的人死后也不能进入亡者的世界。这种被排斥在群体之外的“孤魂野鬼”无法得到安宁。因此，必然会给生者带来噩运，需要彻底地与生人隔绝。从蒙正苗族的处理办法中可以看到这种决绝性，为死者准备的菜籽和鸡蛋都是熟的，根本不可能发芽也不可能孵出小鸡，不再具备生命重新萌芽的可能性。生者为死者设置的归来条件完全没有实现的可能，这样的做法从根本上解除了生者的担忧。还有另一种做法就是破坏死者的躯体。例如：用刀砍尸或用火焚烧，蒙正苗族认为躯体的完整性与灵魂的状态有某种内在的关联，通过这样的处理方式可以让其不能返回生人的世界作祟。

## （二）“死歹”的禁忌

蒙正苗族的生命意识中默认生命的终结方式是“死好”，即自然衰老寿终正寝在自己家中的死亡。与“死好”相对的是“死歹”，即各种非正常的死亡，包括：难产、上吊、雷劈、中毒、交通事故甚至因病死在医院等。非正常死亡的人会被视为“恶鬼”并不是苗族独有的一种观念，在世界上其他文明中也存在类似的认知。范热内普在《过渡仪式》中就列举了印度的科尔人的例子，他们认为那些肢体有残损、被猛兽伤害、因为意外事故而死去的人都会成为“恶鬼”，是不能进入亡者世界的。蒙正苗族这种禁忌背后的原因很可能是出于种族繁衍的需要。苗族先民最早的活动区域是在黄河中下游地区和长江中下游一带，属于我国最早的稻作农业区，苗族先民的生产种植经验对于这个民族的文化构建有着深刻的影响。有学者提出：“这种影响表现在苗族的生命意识里，已将人的生命历程，同植物生命形态及生命繁衍的自然规律进行类化。”“人类的生命形态就像开花结果不断繁衍的植物，人都会经历生、长、病、康、老、死、繁荣与衰败，都在植物的生命历程模式之中。”[②] 根据这种逻辑，人的一生就像植物的生长，正常死亡即“死好”就像种子成熟结果后的自然掉落；非正常死亡即“死歹”就像还未成熟就已凋零的果实一样不再是完好的生命形态。自然落地的种子能够实现再次繁衍，但如果意外凋零或是破损了就不再具备这样的功能，甚至还会影响到其他种子，所以这样的种子就必须严格的清除或者隔离，相应地就出现了对待“死

---

① ［法］范热内普．过渡礼仪［M］．张举文，译．北京：商务印书馆，2010：118.

② 麻勇恒．苗族生命意识衍生的死亡习俗——W湘西苗族为例［J］．凯里学院学报，2007（4）：30.

好”与“死歹”的两套标准。需要补充说明的一点是，群体不为这些非正常死亡的人们举行正常的葬礼，并不是因为人们对他们的死亡感情淡漠，恰恰相反是因为他们的死在群体中引起了强烈而迅速的反应。

值得注意的是，与其他苗族彻底抛弃“死歹”者的做法不同，蒙正苗族会在“火洗”（即将非正常死亡者的尸体火化）之后按照正常葬礼的程序将死者安葬。

## 三、聚合：死者进入祖先的世界

苗族对死后世界的想象同样基于现世，更美好，但是社会组织、族群生活等大致与现实一样。所以，每个死者到达彼岸世界后同样需要一个被接受、逐渐融入的过程。

### （一）强调与祖先的关联性

祭祀祖先是世界上许多民族信仰中的共同主题，苗族同样不例外，在苗族流传的神话传说中能明显看到英雄祖先的身影，他们成为苗族集体记忆中的核心内容。因此，无论是日常的生产生活还是人生礼仪中的各个阶段，祭祀祖先是绝对不能忽视的。蒙正苗族与其他苗族支系不同之处在于对竹王的祖先崇拜，竹王虽然也带有一定传说的形式，但其身上历史人物的痕迹更加明显，可以视为是早期图腾崇拜衰落后向英雄崇拜发展的一种表现。在这个发展过程中，通过族群代际口口相传的讲述、历史形象的层层构建等方式，竹王在蒙正苗族的话语体系中成为祖先神一样的存在。这样的祖先神平时接受本氏族的供奉，那他当然也应当为本氏族服务，所以当氏族中的个人或者群体受到威胁时，他也就自然而然地成为人们寻求帮助的保护神。蒙正苗族没有传统意义上的宗教信仰，只有对祖先的遵从和怀念，他们世代相信祖先的灵魂不灭，通过祭祀祖先来表达对本民族历史的追忆和失去亲人的哀痛。在蒙正苗族自己讲述的发展史中，竹王是带领部族建立国家的开创者，也是整个族群得以延续的守护者，竹王在蒙正苗族的信仰中有着崇高神圣的地位。所以，当死者的灵魂离开生前的家园时要祭祀竹王，除了要告知祖先，更重要的是为了获得某种权威认证后的身份。通过请竹王偶像时祭师祈祷的话语中可以看出，供奉的竹王偶像、男子随葬用的竹卦、女子必须穿上的红色九黎裙等都充当了一种物质凭证，可以证明死者是竹王的后裔，通过仪式再次强调死者与祖先在血缘上的关联性。同时，竹王偶像还是祖先灵魂的载体，作为重要的物品参与整个丧葬过程，取竹王偶像的仪式也因此充满了召唤先祖保护死者灵魂的意味。因为灵魂去往东方的路途上充满了不可预知的危险与困难，为了对抗某种潜在的危险需要得到强大力量的庇护，而这种力量正是来源于祖先。

通过强调与祖先的关联性是死者获得祖先认可并顺利进入祖先世界的第一步。对另一个世界的祖先们而言，如果死者的灵魂没有获得某种具有权威性的身份认同，那么他是不能被接纳作为集体的一员的。这是一个同时发生的双向的过程，一方面意味着死者脱离了原有社会群体中的某种身份，另一方面他又在另一个群体中获得了新的身份。

除了具有象征身份的信物，蒙正苗族还在其他方面突出了与祖先之间紧密的联系。蒙正苗族在出殡的时候不丢“买路钱”，也不进行“买五方”的环节，因为他们坚信蒙正苗族的先祖曾经是这片土地的所有者和统治者，不必通过“买地”的程序来获得对下葬土地的合法性。蒙正在苗语里的意思是“遗留下来的人”，从这个称呼上就能看出这支苗族的发展史在他们的族群记忆中留下了不可磨灭的印象，反映在丧葬传统中就是始终保留了祖先曾统治这片区域的原始信息。

### （二）仪式中的重要道具

蒙正苗族的葬礼中常常会用到一些重要道具，例如：木鼓和芦笙。它们是帮助死者顺利完成聚合仪式的必要条件。在苗族的文化体系中这两样东西既是乐器又带有礼器的性质。

有的研究者认为芦笙是“母亲”的化身，因为在母系氏族社会时期它是女性领袖指挥祭祀、狩猎、战斗等重要活动时发出信号的工具。鼓在苗族迁徙的历史中有着重要作用，鼓声能够激起战士们的斗志可以召唤失散的亲人，甚至可以以鼓为中心建构起一个完整的社会组织——村落，形成所谓“鼓社”的家族组织。[①] 苗族人因为频繁的迁徙支系众多，但相同的一点就是都会祭祀鼓，对苗族而言“祭鼓”就意味着祭祖先。蒙正苗族在丧礼的进程中多个场合都会使用到这两种乐器，例如在开路环节，需要用一头小猪祭祀芦笙、老鼓之后才能唱丧歌；在送死者灵柩上山安葬的黎明前夜需要举行专门的起鼓吹笙仪式，意为让族人代代延续使用的“老鼓”“老芦笙”帮助死者顺利回归祖先所在的地方。值得注意的还有在杀牛献祭后需要将牛腹部的牛油割下来蒙在老鼓的鼓面上。这应该与六

① 杨渝东．永久的漂泊——定耕苗族之迁徙感的人类学研究［M］．北京：社会科学文献出版社，2008：244.

盘水地区的“歪梳苗”打牛祭祀的原因相似，因为传说“鬼师”在为死者“指路”的时候经书丢失导致仪式无法进行，这个时候老牛就开口讲话：“经书被我嚼吃了，……你们立即把我杀掉，肉用来招待客人，皮用来绷鼓，再将油皮撕下来蒙在鼓面上，这样经书记载的事就全部印在鼓面上了。”① 这一传说反映了苗族想要将本民族历史记忆流传下去的强烈愿望，正是出于这样的目的，这个习俗被生活在不同地区的苗族保留了下来，包括蒙正苗族。

除了历史传统的影响，蒙正苗族认为经过多次神圣活动的举行，这些器物本身获得了神奇的力量，生者能够借助它们的力量实现某种目的。老鼓和芦笙成为希望“祖先庇佑”的传达媒介，包含了老鼓、芦笙向灵魂诉说其在另一个世界的道路与其身份的再次重构，以达到族群纯净性与内聚力。② 蒙正苗族丧礼中的芦笙和老鼓已经成为一种标志性的符号，这种符号在苗族整体的历史上有代代相传的意义模式，甚至其发出的独特音色和旋律都能在潜移默化中帮助仪式的参与者穿越历史寻找曾经的共同记忆，蒙正苗族正是通过这样一种方式将想要传达的观念表现出来，芦笙和老鼓构成了人与祖先神互动的特殊结构，同时也是死者灵魂能够顺利到达目的地的有力保证。

---

① 柳胜远. 六盘水民族风情［M］. 贵阳：贵州民族出版社，2005：54.

② 杜朝光. “牛皮鼓”在苗族丧葬仪式中的人类——以中越边境草果湾苗族村为例［J］. 民族论坛，2014（7）：33.

# 第五章　人生礼仪与社会秩序建构

前面两章内容主要考察了安顺苗族生育礼仪、成年礼仪、恋爱婚姻礼仪、丧葬礼仪活动过程和内容，并且结合范热内普的“过渡礼仪”理论，主要对安顺蒙正苗族人生仪式各阶段进行了象征分析。

可以看出，安顺苗族的民俗仪式活动不仅仅是一个单纯的存在，它是由众多特定的象征符号来构成，这些符号对维系安顺苗族的社会秩序具有一定的意义。安顺苗族民俗仪式活动背后，实则蕴涵着人与鬼神、人与人、人与村落、村落与村落之间的一种交流方式；也是一种个体人由虚拟世界走进现实世界的特殊表演活动，并且在系列仪式表演活动中完成对个体生命的身份认同；这些仪式活动还具有承载着苗族民族历史叙述方式、强化着族群内部的认同感、构建着族群内部社会关系的功能。

## 第一节　人生礼仪促进族群内部交流

对于仪式的研究，英国著名结构学派人类文化学家利奇特别强调仪式的交流性特征，他在《文化与交流》中强调：“人类交流通过信号、代号和象征符号等表达方式实现。他与特定的文化背景紧密联系。具体到仪式中，仪式的参加者们同时经由许多不同的感觉渠道来分享、交流经验，他们在一个其本身已经安排好的为交流行为提供隐喻关系的领域空间编织出一个有序的隐喻事件系列，语言表达的、音乐的、舞蹈的、视觉审美的各个方面，都可能成为这个整体的构成部分。我们在参加这样的仪式时获取所有的信息，并把它们聚合成整体体验，称这种体验为‘出席一个婚礼’，或‘出席一个葬礼’，[①] 等等”。英国人类学家芮马丁（Emily Martin Ahern）在《中国仪式与政治》中，从社会关系与政治权威的整合来分析民间宗教与中国的社会关系，强调仪式是一种交流模式，并指出所交流的双方分别是人和神。通过分析安顺苗族人生仪式中的生育礼仪、成人礼仪、婚姻礼仪、丧葬礼仪等，可以看出其中的确蕴含着多种交流成分。

## 一、人与鬼神的交流

安顺苗族民俗仪式活动是人与鬼神进行沟通的中介，在个体人的出生、成人、结婚、丧葬不同的人生阶段，其仪式皆有严格程序。在安顺苗族的每一项仪式活动中都是由不同的符号组成，有语言形式、物品形式、行为方式、禁忌等不同的符号，这些众多的符号就是人生不同仪式活动的符号体系。

人与鬼的交流，就是指人与祖先的交流；人与神的交流，就是指人与神灵（各种自然崇拜的生灵、祭拜的神灵）的交流。在苗族人心目中，鬼神都是存在的，要与已故的祖先和有着超能力的神灵进行沟通和对话，就需通过祭祀的方式来实现。这一部分，需要在了解安顺苗族人的生命意识、死亡观念的基础上，把握苗族人与祖先的交流。

首先，安顺苗族人的生命意识——“万物有灵”。英国学者泰勒在《原始文化》中提出了“万物有灵”的经典理论，认为原始宗教的起源与原始人的早期崇拜来源于这种万物有灵的观念。法国学者列维·布留尔则认为“原始人先是对自然界产生了神秘感，在这种神秘感的支配下才有了巫术、宗教的形成。通过对苗族流传至今的一系列神话传说进行考察，能够发现苗族早期对自然充满了敬畏感，同时又表现出物我混一的生命观念。”[②] 在这种观念的影响下，苗族认为人类、动物、植物都具有相同的生命意义，人与自然万物之间并没有严格的主体与客体之分，在其传统的叙事习惯中也没有规定世间万物生命的等级次序。早期苗族先民通过对其他生命形式的观察与总结，得出了关于自身族群繁衍的最初认知，这部分关于苗族生命溯源的内容就通过代代传唱的方式保留在了《苗族古歌》之中。

泛灵论、泛生命意识导致了苗族图腾崇拜中的多样性和广泛性，除了对枫树、蝴蝶妈妈等这类母图腾的崇拜，还衍生了不同的子图腾崇拜，蒙正苗族的竹

---

① ［英］埃德蒙·利奇. 文化与交流［M］. 郭凡，邹和，译. 上海：上海人民出版社，2000：41-42.

② 列维-布留尔. 原始思维［M］. 丁由，译. 上海：商务印书馆，1995：389.

崇拜就是其中一种。随着历史的演变，这种竹崇拜又进一步演变为更具体的竹王崇拜。有的学者认为，“某个氏族部落一旦有这种子图腾出现，其母图腾崇拜的地位就会处于次要的地位。”[①] 苗族认为万物有灵，一方面包括自然界的山川、河流、植物、动物等；另一方面，除了肉眼可见的具体形象之外，还存在着不可见的神秘力量。在这种思维之下，人除了肉体身躯还有一个不可见的“灵魂”存在，对于一个人究竟有几个“灵魂”的问题，不同地区的苗族存在不同的理解。[②]

其次，安顺苗族的死亡观念——“灵魂不灭”。作家周国平曾说过：“死亡不是同归大海，而是各回各的源头。”[③] 这句话用来作为苗族对死亡问题看法的注脚十分合适。苗族认为人是由身体和灵魂两部分组成，死亡就是二者分离的过程，这与其他民族的理解是相通的。灵魂离开身体的瞬间并不意味着立即的死亡，死亡是一个过程，除了从肉身躯体的变化进行死亡认定之外，更重要的是通过一系列的仪式完成文化心理上的认定。

苗族认为肉身的毁灭并不意味着灵魂的消亡，灵魂只是告别了现实世界去到了另一个地方以其他形式继续存在，并且还会在特定的某些时刻返回与现世的亲人进行交流互动。在苗族人看来，人死后灵魂的归属之地是东方的老家，即苗族祖先亡灵聚集的地方。“魂归东方”是一种最为理想的死亡安排，既能解决死者灵魂的归属问题，又能解决生者的后顾之忧。按照泰勒“继续存在论”的看法，这些逝者的灵魂还会在彼岸世界过着跟现世一样的生活。为了保证这一理想结果的实现，许多的仪式环节也因此出现。

个体的死亡并不仅仅是家庭内部的事务，还牵涉到整个族群内部之间的关系，甚至事关集体的安危。人是社会性动物，个体不可能完全脱离群体而存在，即使是分析死亡的有关行为也应该从族群整体的角度进行考察。苗族历史上曾经经历了多次大规模的迁徙，在这个艰难的过程中需要尽最大可能地保证种族的延续，因此在处理死亡问题的时候形成了诸多禁忌。为了规避不良后果，许多仪式也因此出现。

最后，安顺苗族人在与祖先、神灵的交流过程中有一个共同点——人向祖先或神灵祭献物品，也就是祭祀仪式。这与这一地区的苗族信仰有关，安顺苗族绝

---

① 吴晓东. 苗族图腾与神话［M］. 北京：社会科学文献出版社，2002：46.

② 杨正文. 苗族“灵魂”观念浅析［J］. 贵州民族研究，1990（2）：66-70.

③ 周国平. 风中的纸屑［M］. 杭州：浙江人民出版社，2017：89.

大多数信奉万物有灵、灵魂不灭，所以相应的就有崇拜自然、崇拜祖先仪式。

安顺苗族信奉万物有灵，崇拜自然。对一些巨型或奇形的自然物，往往认为是一种灵性的体现，因而对其顶礼膜拜、酒肉祭供。其中比较典型的自然崇拜物有巨石（怪石）、大树、高山、水井等。还有，几乎在每个苗族自然村寨的寨边或路口都有“寨神”（俗称土地庙），大都用怪石、古树充当，每个寨子每年都要到祭祀一次“寨神”，祈求保佑寨人。常见的有土地菩萨，苗语叫（duokmiaob），一般由几块大方石头垒成简陋的菩萨屋，屋内塑有一尊石头土地菩萨，土地屋设于寨旁路口处或大路边行人休息处。例如，安顺蒙正苗族信奉“竹王”，他们认为活着的人供奉了竹王后，死后拿着竹片到祖宗那里报到，才能得到祖宗的承认。

安顺苗族认为灵魂不灭，崇拜祖先。在苗族社会中，祖先崇拜占有十分重要的位置。他们认为祖先虽然死去，其灵魂却永远与子孙同在，逢年过节必以酒肉供奉，许多地区定期或不定期地举行祭祖盛典。在祭祀祖先过程中，他们可以祈求“保佑”“搭桥”“竖碑（指路碑）”“祈神赐子”。例如，每一位老人过世，都要杀牛、砍马、宰猪来进行祭祀；逢年过节、丧事、喜事都要先祭祀祖先，然后才办理其他的事。在紫云麻山地区的苗族每年的大年初三都要举行祭祖，祭祀家族中已过世三代或五代的亡灵，祭祖时要求家族中的男士（大人、小孩）都要参加，并由熟悉家谱的长辈数落已经过世亡灵的名字，请他们来过节，喝酒吃饭，请已故亡灵在阴间保护家族人平安无事。

还有，在办理红白喜事前要“占卜”吉凶，苗族的不少村寨还保留着图文并茂的鸡卦书，红白喜事都要以鸡骨头进行“占卜”，不过“占卜”也可以取材望蛋、烧米、望米、吊剪刀、打“弥拉”等方法进行。

总之，安顺苗族人相信祖先和神灵是一种具有超能力的存在，他们的祭祀仪式灵验且有效。可以说，在精神层面，这是一种有效的交流方式。在各种祭祀仪式中，他们向祖先和神灵献供品，表达后辈人对祖先和神灵的虔诚与尊重。祖先和神灵也会保佑后代子孙平安、家庭和睦、六畜兴旺。

## 二、人与人的交流

人是社会人，人是无法脱离社会而存在的，所以在各种仪式活动中，恰恰是人与人交往的最恰当的场合。学者王铭铭指出“仪式总是在特定的场合下举行，各个仪式都有着一定的人群参与，不可避免都具有社会性。人生仪式中的生、成人、婚、死的庆典，更典型地表现了人的出生、成人、婚姻和死亡与社区的关系，使人在人生转折期步入社会”。[1] 所以，安顺苗族人的人生礼仪，就是不同群体的交流与沟通，诸如家庭内部、家族之间、姻亲家族之间、邻里邻居之间等。

生育仪式，确立一个生命个体的存在。当一个孩子出生之后，男方家到女方家报喜，女方父母及亲戚来探望外孙和女儿过程中，他们拿着诸多礼物表达对孩子的祝福。特别是“满月酒”充分体现了社会对孩子的认同。

订婚仪式，确立双方姻亲关系，是两个家族的初步交流。例如，安顺苗族川黔滇方言支系中的订婚仪式，男方到女方家一般要提酒、抱鸡和带点心作礼物，同时女方家要邀请家族和寨邻来吃订婚酒，并且还要开展热闹的“洗脚”活动；安顺苗族黔东方言支系的订婚仪式，一般在女方家举行，男方家请一桌人（八人），带十二斤猪肉、一斗二升米、十二斤菜油、十二斤米酒、十二两茶叶、十二两土烟、十二两盐、一只鸡、一对红蜡烛、一挂鞭炮等，到女方家门前要喝双杯拦门酒（喻好事成双），女方家请娘舅、叔、伯、姑爹、同辈兄弟姐妹及乡邻作陪。并且在订婚后第一年起，男方家要在每年的正月初二或初四日，挑糯米粑粑到女方家拜年。可以看出，订婚仪式中是两个家庭以及两个家族之间的初步交流，也是姻亲之间关系的建立和巩固形式。

结婚仪式，是双方家庭及家族之间的盛大交流会。例如安顺苗族贵阳次方言支系（平坝），这一支系苗族的结婚仪式是在择偶、提亲、抓鸡、认亲、劝亲等程序后举行，结婚要经历以下礼节：接亲出发前的准备（在选定的接亲吉日，男方家要在神龛前点香燃烛，祭供祖宗）、拦门酒（女方在男方接亲人员到来之前在院子门口放一张方桌设“拦门酒”）、婚宴（“跑马酒”、报彩礼、扯鸡卦、穿新郎装、上“兆乌生”、装烟）、婚礼对歌、“要新娘”、接亲人员返程、吃新娘饭、新郎家摆喜酒宴、新娘回娘家。在整个过程中，充分体现了结婚仪式不仅是两个家庭及两个家族的事情，还是整个村落的事情，需要邻里乡亲、亲戚朋友帮忙才能完成。而且是男方、女方都要在家摆酒席，给双方各自一次交流与沟通的机会。费孝通指出“婚礼在社会生活中具有重要的地位。结婚的宴会为亲属提供了相聚的机会，除了巩固原有亲属关系和承认新建立的亲属纽带之外，还可以调节社会关系”[2]。可以说，安顺苗族结婚仪式是姻亲双方人与人的一次交流会。

---

① 王铭铭．社会人类学与中国研究［M］．桂林：广西师范大学出版社，2005：146.

② 费孝通．江村经［M］．北京：商务印书馆，2001：121.

## 三、人与社会的交流

其实，人与社会的交流在生育仪式、成人仪式、婚恋仪式中也是有体现的，特别是“满月酒”“定亲”“迎亲”过程，但是最突出的表现则是葬礼中的个体与集体关系，也是生者在整个葬礼中心理变化的过程。

“死亡是生活给予的最直接的冲击，它威胁着团体的团结，尤其当死者是成人时，就会要求进行巨大的再调整，并常常意味着给生者造成孤独、凄凉与悲哀。”[①] 生者对死者的心理活动常常是十分矛盾的，一方面他们希望加速转换的过程尽快送走亡灵，另一方面又出于亲情表示强烈的不舍。因此在蒙正苗族的丧礼之中就会出现反复送走亡灵，但又将其灵魂再度接回家中随后再彻底分离的步骤。归根到底，这些举动背后的动机都是为了生者的利益，蒙正苗族葬礼中的守灵环节正是这种意识的典型体现。“守灵”又被称为“坐夜”，是指下葬前需要有人轮流守在死者的灵柩旁，尤其是晚上不能睡觉。守灵的青年来自村寨中的每家每户，这是约定俗成的规矩。如果有人拒绝履行这种“义务”，那这个人及他的家庭就会受到集体的排斥并且在将来不会得到来自氏族成员的帮助和支持。如果“守夜”人中有不称职的人选择中途离开或回家睡觉，那其他守夜人就可以去拿他家的鸡或者腊肉来给大家吃以示惩罚。在这种半强迫性质的规定下基本上可以保证葬礼过程中氏族成员的高度参与性。这种规定表面上看是一种互助行为的体现，但更深层次的原因是安顿好死者能够保障整个族群的安定。这种半强迫性质的规定如果是调和蒙正苗族内部凝聚力的一种消极办法的话，那祭祀时分享祭品就是一种积极的表现。“砍牛”祭祀活动结束后，牛身上不同部位的肉要按照严格的规章制度在死者的直系亲属、姻亲以及宗族成员之间分享，即“合亲族畅饮”。这样的环节往往还会伴随乐舞的表演，在类似狂欢的气氛中冲淡死亡给整个族群带来的阴影。

早期社会更强调集体生活的重要性，个人或单个家族的生存发展与集体的关系密不可分。人们观察到，对死亡的焦虑随着个性化的增强而加深，而处于集体主义文化中的人们则很少有这类焦虑。这种观察无疑是正确的，然而如果认为处于集体主义文化中的人们并无对死亡的基本焦虑，则是错误的。他之所以不同于更加个性化的文明，其原因是：集体主义所独具的特殊勇气只要不被动摇，就能

① ［美］鲁思·本尼迪克特．文化模式［M］．王炜，译．北京：社会科学文献出版社，2009：125．

减轻对于死亡的焦虑。但是，勇气须通过无数内部和外部（心理学和仪式）的活动和象征被创造出来，这个事实表明，甚至在集体主义中也不得不克服基本的焦虑。所以在处理这一类问题的时候必须要优先考虑集体而非个体。蒙正苗族正是通过血缘关系以及这种显而易见的现实利弊关系来聚合宗族内部群体。

通过祭祀仪式与祖先、神灵交流达到心灵的慰藉，通过各种富有意味的仪式过程达到人与人、人与社会交流的目的。在整个的交流活动中，人生仪式作为一种交流媒介，在安顺苗族的日常生活中起到建构社会秩序的作用。

## 第二节　人生礼仪强化个体身份认同

仪式在某种程度上就是一种表演行为，通过约定俗成的表演活动强化个体“人”的身份。美国人类学家、解释人类学的提出者克利福德·格尔茨（Clifford Geertz）在《文化的诠释》中提出：“对于参与者来说，宗教表演还是宗教观点的规定、具体化和实现化——不仅是他们所信仰的东西的模型，而且是为对宗教观点的信仰建设的模型。”[①] 格尔茨认为信仰的建立就在于仪式表演过程。我国学者薛艺兵对仪式现象做出阐释“一个仪式的一系列行为组合，就是一系列的表演组合，因而可以说，表演是构成仪式情境的行为基础，仪式情境就是表演的情境。”[②] 可以说，在安顺苗族的人生礼仪中，满月酒、订婚、结婚、丧葬等系列的活动，其实在某种意义上就是一种表演的过程，这种表演过程就是促成安顺苗族民族信仰的建立方式。

可以说，在整个人生仪式表演活动中，表演的场景有虚拟场景和现实场景两个，虚拟场景实现个体生命的超越，现实世界确认个体生命的存在；在虚拟场景的表演中，“生者”和“死者”灵魂得到有效的互动；在现实场景中，生命个体在参与表演的过程中呈现出表演者和观众双重身份。

这个特点在丧葬仪式中表现最为明显。在安顺苗族人的心中，一个是人活着的现实世界，一个是人死后的虚拟世界。一个鲜活的个体人，生活在现实世界，可以根据不同的行政划分分属于不同的村落或寨子，有着一定的生活空间以及生活的领地。如果一个人去世了，他将生活在虚拟的场景（一般称为阴间），这个

---

① ［美］克利福德·格尔茨．文化的解释［M］．韩莉，译．南京：译林出版社，1999：114．

② 薛艺兵．对仪式现象的人类学解释（上）［J］．广西民族研究，2003（02）：26-33．

虚拟世界的建立依托于现实世界的存在，有着与现实世界一样的社会机构。

## 一、虚拟场景：实现个体生命的超越

丧葬礼仪的完成，既需要世俗的现实世界社会秩序来维系，也需要神圣的虚拟场景来维系。整个丧葬礼仪体现了“生者”对“亡人”的超越意识以及对生命的终极关怀，也实现了对个体生命的超越。首先，死者的亲属能够通过丧礼获得族群内部的普遍同情和支持，这实际上是让整体分担了个体的悲哀。其次，通过生的美好来冲淡死亡的阴影。蒙正苗族为死者准备鲜艳的寿衣，对遗体进行精心的处理，放上丰厚的祭品，吟唱的丧歌中歌颂死者生前的种种功德等行为都是在用“生”之美好去冲淡、掩饰死亡，让生者尽量不再为“死”这个必然宿命而悲叹。最后，对生死的概念进行转化，将死亡理解成另一个世界的“重生”。蒙正苗族为死者准备丰富的吃穿用度，以期望死者在死后的世界仍然能够享用继续保持着“生”的状态。这个过程通常以葬礼参与者们“狂欢”的方式呈现，通过一系列象征性的、表演性的、由文化传统所规定的行为方式进行表达，极大程度上满足了生者情感宣泄的需求。从这个层面上来看，葬礼与其说是为死人准备的，不如说是为活人准备的。

值得注意的是，上述这些压抑死亡意识的方式只能暂时地麻痹心灵，并不能从根本上彻底消除这种焦虑。这就提出了一个有趣的命题，如果死亡无法避免，为了寻求心灵上的安慰，是否存在超越的可能性呢？答案是肯定的，蒙正苗族的做法就是：让个体融入集体之中，成为集体的一部分，将个体有限的生命融入家族甚至整个民族的集体中，实现个体生命价值的升华。死者生前是族群的一分子，死后去到祖先所在的“老家”，这样的观念比起死亡就意味着终结更容易让人接受。对生者而言，他们首先是经历了直面死亡的悲痛和恐惧，然后通过丧礼逐渐化解了悲痛和恐惧，建构起新的希望和憧憬；丧礼结束之后的状态是带着勇气、信心、希望继续生活下去。对死者而言，他们通过分隔、边缘和聚合三个步骤维护了尊严，又顺利通过通向彼岸的路并超越有限的生命获得了永生。蒙正苗族通过复杂的丧礼将死亡的负面情绪转化为积极的引导，体现了他们对生命的终极关怀。

有一点需要指出的是，蒙正苗族的信仰空间中并没有明确清晰的男女之别，或者说叫尊卑之别。在蒙正苗族的丧礼中，性别的差异没有被突出和强调，除了证明身份的信物（竹证和九黎裙）不同，男性和女性葬礼和其他的葬礼流程都是一样的，这反映出在蒙正苗族族群内部男女社会地位比较平等的状况。

## 二、现实世界：通过表演确认个体的存在

如果说虚拟场景中的葬礼是对“亡者”尊严的维护，那么鲜活的现实世界彰显了人的个体生命力。就个人而言，丧礼隔绝了生死，是一种生命形态过渡到另一种生命形态的转折点。“它标志着在世的完成，标志着生命的各种可能性的中断，标志着人的偶然性变成了自然的铁的必然性。”① 丧礼让人意识到这种人人不可逃脱的必然性，但是生前不同身份地位的人死后的葬礼规格是存在差别的，因而某种程度上来说丧礼成为确定人的存在，承认人的社会地位的一种方式。葬礼规格的不同反映了生者对死者的尊重程度，死者在年龄、性别、声望、地位、死因上的区别都会在葬礼中深刻地体现出来。这样的规律也适用于分析蒙正苗族的丧礼，例如早夭儿与成年人，“死好”与“死歹”之间的差异。

苗族的丧葬仪式中，往往借助某些手段实现对特定场景的还原和再现，使“生者”与“亡人”灵魂得以有效互动。例如，蒙正苗族在葬礼中将死者下葬前必须要把死者的灵柩抬到做好的“竹王宫”进行停放祭祀。这个环节对场景进行了强调和再现，由竹子和谷草扎成了三层的宫殿代表“竹王”居住的“竹王宫”，在“竹王宫”的东南西北四个方向插上四根竹子代表“竹王城”，“竹王宫”的正前方还有用竹子弯曲后做成的拱门代表“竹王城”的城门。

这种做法一方面反映了蒙正苗族对于自身历史的重现，在这一地区历史上极有可能真的存在过这一座苗族聚居生活的聚落；另一方面也是祭祀空间转换的体现。根据蒙正苗族老人的回忆，原来确实有一座供奉“竹王”的“竹王宫”但是后来被毁。“竹王宫”的性质类似于供奉祖先的宗庙或祠堂，是举行集体活动和族人人生礼仪的地点，因此“竹王宫”是维系族群内部成员之间紧密联系的重要空间。但值得注意的是葬礼中出现的这些场景并不是现实的场景，而是借由某种介质虚拟出来的空间和场域。象征是仪式的一个主要特征，在考察仪式的过程中必然要考察象征的含义。在这个过程中象征性事物的出现就是对原有时空的打乱和重置，死者虽然告别了人世的生活，可是他留存在人世的社会关系也并没有因为死亡而完全断绝。除了现实原因，从血缘亲情的角度出发，生者也认为自己有帮助死者安然到达另一个世界的责任和义务，所以葬礼中的一系列行为其实都是

① 汪堂家．死与思——死亡现象的文化分析［J］．复旦学报（社会科学版），1989（4）：62.

这种情感的体现，那么在这些行为中，象征是出现最为频繁的一种表达方式。蒙正苗族将死者的灵柩抬进“竹王宫”，可以视为是一种传统宗庙祭祀行为的表现，选择在“竹王宫”前表演的战争迁徙舞也具有十分强烈的象征含义，通过乐舞的形式来表达祖先曾经经历过的激烈战争和艰难迁徙过程，在热烈、悲壮的气氛中能够引起所有参与者情感上的共鸣，唤起生者对祖先的尊崇敬仰之情。这种象征性的演绎传达出了仪式主体对于古老历史和权威体制的膜拜，经过漫长时间沉淀的本民族的文化背后所蕴含的神秘力量通过仪式似乎被再度开启，亡灵在通往死亡世界的混乱而危险的路途中将能够得到最大程度的守护。同样的道理，为死者准备的竹马还有板凳、扇子等物品也是象征性的表达，不过这种象征是出于现实生活的考虑而非传统意象的选择。

蒙正苗族葬礼中其他的象征环节出现在下葬结束之后，下葬当天晚上死者的家人要去坟上将“竹卦”接回来，“竹卦”就象征着死者的魂魄。在接“竹卦”的过程中需要准备三个火烟包分别放在死者的坟和回家的半路上及村寨三岔路口处，走到这三个地方点燃火烟包后还要放一碗饭和肉，告诉死者这是为其准备的早、中、晚三顿饭。之后把接回的“竹卦”放在死者家的堂屋神龛上，表示死者的灵魂回家再与家中亲人再一起度过一晚上。第二天早晨，死者的家人需要给“竹人”做灵，就是用竹条做成人的框架穿上死者生前的衣服象征死者。“竹人”与“竹卦”一起被抬到村寨边的三岔路口处用公鸡祭祀，之后进行“放生”象征人鬼分隔。人鬼分隔的过程对于死者来说其实并不重要，相反这是一个为了生者举行的仪式。因为死者离开而造成原有社会的失序状态并不是随着死者的下葬就立即结束了，相反还需要后续的一系列活动来消除这种影响。除了期望隔绝生死之外，生者对死者还有其他方面的期待，比如能够护佑家人平安、子嗣绵延、去除疾病或者帮助家人达成某些愿望，例如积累财富等。所以在放生完之后，还会有人抬着“竹人”返回家中，家中亲人会把门关上，生者与抬着“竹人”假装死者的人隔着门进行对话。生者表示死者已死不能再回家时，门外的人要讲死者是带着诸多好处回来的，通常对话如下：“他来他带得子孙来，带得九男七女；带得牛马猪羊来，多得主家九条犁来十条闲，九仓吃来十仓卖。九条善牛白角根，十条骚牯大尾巴。”屋内的人回答：“他要带走猪吃崽，带走狗刨火坑，带走鸡吃蛋，带走鬼声叫，带走人声哭，带走各种疾病，他才能进来。”门外的人继续应答：“他带走了猪吃崽，带走狗刨火坑，带走鸡吃蛋，带走鬼声叫，带走人声哭，带走各种疾病，他才来；他来，他带得金银财宝来。”“主家大门喜喜开，金宝银宝滚进来，银子来得大又大，银柜装不下；金子来得小又小，金柜装不了；剩下买田又买坝，上头买齐云南省，下头买齐贵州城，买得长地好跑马，买得窝田好喂鱼，喂得鱼儿千斤重，喂得马儿赶翰林，主家房子修像猫坐像，下面修起虎牙门，牙门头上挂起灯龙宝，花花绿绿好照人，照得主家儿子得官做，富贵荣华万万年。”屋内：“感你的金言。”门外：“就是今年。”此时，房屋里的人才将大门打开，抬着死者影身的人才将“竹人”放回到堂屋的中间。

从以上对话，可以看出生者对死者的复杂情感，只有确定死者带来的不是厄运而是种种幸福生活的象征时，生者才能彻底消除死亡带来的恐惧。这一表现的背后说明了死者的灵魂与活人之间仍然会保持着最密切的接触，这种密切的程度甚至就跟活人之间的接触交往是一样的。所以，蒙正苗族葬礼仪式中诸多的象征环节都表明了两个世界之间的交往活动都是十分活跃的，某种程度上还可以说死者的灵魂实际上支配着活人的命运。

## 三、个体生命的双重身份：表演者和观众

在现实世界，个体生命“人”具有双重身份，兼有表演者和观众的角色。在重要的人生转折点，特别是结婚和丧葬的仪式场面最为盛大，并且具有区域性相对一致的仪式活动。在固有的仪式活动中，个体生命的“人”通过参与不同阶段的活动，完成社会对个体生命的认同。

在结婚仪式中，男女双方来参加婚礼的亲朋好友，他们根据自己的角色全身心投入到每一个仪式环节中，约定俗成地进行着各项仪式，他们从不质疑为什么这样做，他们心中相信按照传统的习俗目的，就是追求婚姻的幸福。显而易见，苗族的结婚仪式为苗族群落之间搭建了交流的平台，所以说，安顺苗族之间共同认同的就是苗族婚俗仪式和符号，并认为这些仪式和符号足以给当事人以幸福的未来。在这个过程中，对于新娘、新郎来说，每一个参与者都是观众；对于婚礼本身来说，每一个参与者又是当事人。

蒙正苗族的葬礼同样具有双重意义，对生者和死者而言都经历了一个“分隔——边缘——聚合”的完整过程。生者通过葬礼获得了心理上的转变带着信心和勇气以及希望继续生活下去，而死者则最终获得新的角色和社会关系，开始在另一个世界的生活，完成了对个体生命存在价值的确认。

故而，安顺苗族人通过参与他人的人生仪式和自己亲身感受的人生仪式，对自己所处的群落就有了更加深刻的理解。那么，每一个苗族人在参与或者演绎各

种仪式过程中，既是表演者又是观众，通过参与和感受仪式活动也就确定了生命个体的不同身份。

## 第三节 人生礼仪增强族群内部认同感

作为一种周期性文化表演的人生礼仪，建构了安顺苗族群落的“社会记忆”。古往今来，人们之所以会重视仪式是因为它对个人和群体都有着深刻的塑造作用。可以说，安顺苗族的人生仪式承载着民族历史的记忆，延续着族群文化信仰的规范性，构建着族群的内部社会关系。

### 一、承载民族历史记忆

苗族的历史类似于顾颉刚指出的“层层累积的古史”，蒙正苗族的历史记忆也是通过不断叠加最初原始信息的方式在传承，在叠加的过程中不断融入各个历史时期的社会背景和感情色彩，是一种集体建构的历史。

丧葬礼仪是反映本民族历史核心的重要组成部分，最具代表性的体现就是“指路”环节由“歌师”吟唱《指路经》以及表演战争迁徙舞。蒙正苗族中的歌师是具有祭祀、主持仪式身份的人，他们不仅对仪式流程十分熟悉，更是对本民族的历史有深刻的理解和认识。在葬礼中，歌师具有双重的身份，一是引导死者灵魂去往另一个世界的领路人，正如《指路经》中唱的那样：“你在阳间听阳间的话，你去阴间要听我的话。”另一个身份则是本民族历史的叙述者，《指路经》中最开始的内容就是在回顾本民族的创世神话，从创造天地讲到人的出现，再讲到蒙正苗族的由来；在给死者指路的环节会指出各种地名，这些显然都是苗族迁徙历史记忆留下的原始信息。如果说《指路经》中的文字内容显得比较抽象不好理解，那蒙正苗族葬礼中表演的迁徙歌舞就是最直观的表达，迁徙歌舞记录了关系民族存亡的重大事件，如迁徙、战争、反抗等。这种方式呈现了活化的历史，这对于没有文字记载的苗族来说是十分重要的。

对于本民族历史的理解，是要从时间和空间两个方面进行的，想要参与者了解过去，真正体验到不同的时间感和空间感，仪式就成了一个绝佳的选择。丧礼上独特的氛围与苗族祖先经历的苦难历史具有一定的契合性，丧礼上呈现的文化展演能让个体获得机会置身于本民族集体记忆的叙事框架中。与此同时，个体也在这一过程中充分发挥了自己的能动性，如歌师就能在丧礼仪式中一再强调被纪念的事件和人物，让强而有力的神圣象征符号成为历史的载体。歌师再通过具有强烈情感色彩和价值判断倾向的叙述让这些特定的文化符号持续不断地激起有关族群的集体理想、奋斗精神的热情，最终达到为个体和本民族发展提供精神动力的目的。

## 二、延续族群文化信仰的规范性

安顺苗族群体通过完成不同阶段的人生仪式，共同强化了安顺苗族族群内部的认同感。就蒙正苗族的婚俗而言，订婚仪式中最重要的是将即将结婚的男女青年通过仪式置于一个特殊的边缘状态，即从未婚、可自由恋爱的单身状态进入订婚、已有归属的状态。一方面从风俗道义上来说，这是一种约定俗成。古代没有法律条文，蒙正苗族地处偏僻山区，也没有婚书之约，男女婚事的约定全凭仪式和信物。“栓锁鸡”“接肉礼”“彩礼钱”都是这一类的仪式和凭证。这些行为被作为礼仪规范流传下来，对苗族内部社会秩序的建立也起到了重要的作用。苗族的婚恋观念较为开放，适龄男女青年的恋爱交往也较为自由，但是如何使得婚恋交往活动带来的问题（如婚前性行为、婚姻的合法性等），能够符合道德标准，能够符合社会规范，以及能够保障本族群体的发展，这是需要进行一定规范的。而订婚仪式中最重要的行为核心，就是使得男女青年及其家族在正式婚礼前，对婚姻的合法性做出保障。

首先，信仰上的规范性。在“清针线”这一仪式中，可以看到蒙正苗族母系氏族社会的遗风遗俗，同时女性往往被认为具备一定的“巫力”（如能够施蛊的都是女性），因此清理女性家族的历史被认为是重要的婚姻仪式之一。“清针线”的实质，是一种对本村落、本族群的保护行为，避免因某种不知名的现象或因素带来的问题。在“栓锁鸡”和“定亲酒”中，我们可以看到苗族需要杀鸡待客，这是较为郑重的礼仪。“鸡”在苗族的传说与日常观念中，占据着较为重要的地位，“鸡”多次出现在苗族的口头文学作品中，贵州西部的民间传说中认为是鸡带领着苗族先祖找到了新的栖息地，鸡也被认为是灵魂的带路者等，鸡和牛、犬等动物同样都被认为是神圣的动物，某些苗族支系甚至以此作为图腾崇拜。鸡在蒙正苗族的婚礼中不仅用于宴客，也用于占卜，象征着吉利，这也是动物崇拜的一种表现方式。同时，在现实生活中可以看到一种现象，卖鸡的人为了防止鸡逃走，都会将鸡的双脚用线拴住，这种来源于生活观察的模拟行为，也被运用到仪式中，成为一种象征，男方的媒人吃过这只鸡后，如同被拴住一样，不能够逃走或违背誓言。而在“定亲酒”中，可以看到“绕鸡头”的仪式，具体操作是在酒宴长席上，因双方座次不同，首先由女方家的长辈用筷子夹起鸡头，口中念唱并将手上下摆动，以示拱手礼，将鸡头传给女方家的长辈，最后整盘鸡肉料理由同席的人分食。鸡头在蒙正苗族同胞看来是其中最为珍贵的部分，因此需要献给在座宾客中最为尊贵的，以定亲酒为例，男方为客，因此要由女方家人将鸡头献给男方的媒人。鸡在这一仪式中具有神圣性，分食鸡肉则意味着同席之人都会成为这场仪式和婚姻的见证者。另一方面，男方客人返回时由女方提供的“一方一肘”和米饭，也被视为信物，男方带回后用于祭祖，向先祖神灵说明两个年轻人即将结合，祈求先祖的认同和保佑。

其次，财与物的交换。不言而喻，从社会层面来看，婚姻代表着生产力和物质资源的改变，在从夫居这一主流制度下，女性出嫁后必然意味着减少了女方家族的劳动力，而增添了男方家族的资源，因此给付一定的财物作为聘礼，是普遍性的一种补偿行为。同时从心理上，既是对男方家庭物质能力的判断，表现出了男方对女方的重视程度，满足了女方家庭对男方在经济上的考察。蒙正苗族的“定亲酒”和“彩礼钱”均由男方负责，具体金额视男方家的经济实力而定，长期以来金额大概在数千元不等，但是随着年轻人外出打工，经济条件改善，2000年以来彩礼数额呈现高涨的现象。据杨文金调查，有的地方甚至高达20万元。在现代蒙正青年男女的观念中，高额的彩礼钱会成为负担，一方面会对男性青年的物质财力基础提出了过高的要求，另一方面对于女性来说，也有一种被明码标价、成为商品的不良感受。同时，因婚礼花费巨大也会导致刚成立的小家庭难以经济自足，甚至原有的家庭为了负担孩子的彩礼费用，而再次返贫。对于此种现象，2015年11月由镇宁“夜郎竹王文化研究会”主办了“民族文化传承与改革创新协会”，并向参会代表发起了《关于改革本民族婚丧中的不良陋习倡议书》，经过这次会议，蒙正苗族的代表建议，订婚“平伙钱”不超过500元，“彩礼钱”不超过60 000元（专用于置办嫁妆），“母舅钱”不超过1 200元。目前，蒙正苗族举办婚礼的“彩礼钱”都在5万～6万元的范围。在订婚仪式中，女方几乎不需要负担费用，包括在“接肉礼”中提供给男方带回的“一方一肘”，事实上也是包含在“平伙钱”中，在具体的仪式中，也需要媒人以红包的形式来交换。

在订婚仪式中，无论是出于信仰或是现实层面上的仪式行为，最终都会导向一个结果，即族群认同。苗族的历史颠沛流离，生存条件较为恶劣，西南山区地势复杂，同为苗族，相互之间也可能存在语言不通、习俗不同的情况，即便是在同一支系中，日常的交往交流也可能并不通畅，生活风俗与行为习惯等并不一致。为了在漫长而艰苦的生存斗争中将自己民族的信仰、习俗、生活方式代代延续下去，族群认同是非常重要的意识。而婚姻涉及两个家庭、村落、族群一定程度上的融合。同时，虽然没有法律文书一类的硬性束缚，但为了保障族群的秩序性、婚姻的严肃性，订婚仪式被认为是重要的过渡阶段，意识上需要婚姻双方达成共识，物质上需要共同承办婚礼，信仰上需要上告先祖。通过订婚仪式，让原本仅处于恋爱状态中的两个年轻人，承担起相应的责任，也即是进入婚礼仪式的边缘状态。

## 三、构建族群内部社会关系

仪式除去对个人的意义外，对于社会整体的作用也应当受到重视，尤其是在加强社会关系整合群体内部结构方面的作用更值得探究。

蒙正苗族丧葬仪式的教育功能和文化传承功能是显著的，人们从中学习本民族的历史、宗教、习俗、生活、生产等知识，让民族传统得以延续传承。此外，对整个族群来讲，葬礼还具备了社会整合的功能，通过葬礼加强了族群内部社会结构的稳定性。如在吊丧的环节，对宾客携带的祭礼有着明确的规定，尤其是某些特殊身份的人，比如说死者的女婿就要送重礼，要送酒、米一挑，猪两头（不分大小，没有猪就用猪头代替），“祭被”两床（布九尺），还要带去唢呐、芦笙各一对。同时还要组织二三十人的吊丧队伍，扛着火枪和炮来。其他来吊唁的宾客就不用这么大张旗鼓，只需要送比较少的祭品表达心意即可。这反映了人们的等级观念以及亲疏有别或内外有别的原则。这样的做法让人们找准自己在整个社会结构中的位置，然后按照习俗的要求表现相应的行为，这有利于族群内部的稳定。按照亲疏远近的原则，每个人在葬礼中都扮演着不同的社会角色，承担不同的职责，在这一过程中就突出了寨老、祭师等当地文化精英在族群中的权威地位，在他们的带领下全体族人齐心协力共同完成了一件大事。所以说，蒙正苗族的丧礼将全族人的生活和情感紧密联系在一起，强化了个体对集体的归附关系，使个人的力量提升到了强大的集体力量中。苗族通过仪式明确不同人的责任和义务，强调了不同身份地位的人该扮演的社会角色，在一定程度上起到了规范族群内部社会关系的作用。

仪式可以被视为是一套企图与神圣发生关联从而产生超日常意义的特殊表达

系统。蒙正苗族参与仪式的过程既是增加彼此之间联系的过程，也是认知结构与情感、价值观等不断更新的过程。特纳曾经说过："通过仪式，参与者可以以反思的方式对于原先结构重新注入活力。"① 对于年青一代的苗族来说，诸多的人生礼仪更像是一种启蒙或者一种精神上的滋养。无论婚礼还是葬礼，参与者彼此之间共享着相同的情感，例如：受到祖先开拓精神的鼓舞，理解苗族与自然和谐共处的生命哲学，感受对故土家园的眷恋，对于生命的敬畏尊重，与命运做抗争，明白团结担当责任的意义等。上述种种价值观念的传递与一个种族延续之间有着密不可分的深层次关联，这些观念通过仪式唤起参与者的反思，这些情绪与感受就能被转化为积极行动的力量。总的来说，集体记忆得以唤醒，能实现参与者情感上的共鸣，苗族的文化得到了有效传承，族群内部的凝聚力得到了增强。

但需要注意的是，由于仪式的主持者局限在比较特定的范围内，记忆的局限以及其他原因会导致记忆异化的现象，这在一定程度上会影响社会记忆的保存和传递，随着与外界交流的加深，其他文化的浸入使得这种集体性的记忆出现了新的建构内容。

综上所述，安顺苗族将一整套的生命伦理蕴含在语言、农耕生活、各类仪式之中，成为完善个体生命以及引导族群内部和谐共生的重要基石。安顺苗族通过不同阶段的人生仪式建构起了自身信仰崇拜的神圣空间，在具体的演绎中一定程度上规范了社会秩序，在这个过程中将历史进程、社会文化、公共记忆等要素紧密关联。因而，在漫长的社会记忆中，安顺苗族群体形成的固有的人生仪式具有承载民族历史的叙述、强化族群内部认同感、构建族群内部社会关系的功能。

---

① 维克托·特纳．仪式的过程［M］．黄剑波，刘博赞，译．北京：中国人民大学出版社，2006：32-35.

# 结　语

随着人类社会的发展，不同族群之间的文化交流越来越频繁，不同民族所保留的人生仪式也随着社会的发展而悄悄地进行演变。在对安顺苗族不同支系的考察过程中，笔者请教过致力于民族民俗文化研究的高校学者，访谈过积极保护苗族民族传统文化的民间学者，走访过一些长期打工在外的苗族青年。当今大部分的苗族青年，普遍可以接受简化的婚礼方式，但是他们也表达出如果能举行一次传统意义的婚礼仪式也是非常乐意的。不过，在丧葬礼仪上他们的观点较为一致，认为丧葬仪式一定要按照传统的方式举行，心灵才能得到慰藉。因此，就目前的情况来看，安顺苗族群体同其他民族一样无法逃脱现代文明的冲击，不过对于人生重要的仪式活动，如婚恋仪式、丧葬仪式过程中，依然有大部分的现代苗族人仍然按照传统的观念和信念演绎着人生，恪守着本民族的传统民俗文化。

本研究报告共包括四个方面的内容。第一，从学术界对苗族、仪式、贵州苗族人生仪式的研究成果进行了梳理，为安顺苗族人生仪式的研究奠定基础。第二，通过田野调查，客观呈现了安顺苗族人生仪式四个重要阶段的仪式内容。第三，从范热内普的“过渡仪式”理论视角，以蒙正苗族的人生仪式为个案，窥探了安顺苗族人生仪式的象征性特征。第四，生活在安顺辖区不同支系的安顺苗族，他们有秩序地生活在这片土地上，正是因为其人生仪式的惯性习俗对此族群日常的生活起着建构社会秩序的功能。

通过本项目的研究，主要收获有两个方面，具体介绍如下。

其一，研究方法具体，研究内容明确。在研究方法上，主要采用文化史学、案例与文献互证的策略，根植于安顺苗族特殊的民族背景和社会实际，从中找出安顺苗族人生礼仪的独特文化内涵和文化价值。依据法国范热内普的“过渡礼仪”理论为研究视角，考察安顺苗族特殊的民族背景和社会实际，从中找出安顺苗族人生礼仪的潜在价值，及其人生礼仪独具匠心的世界观以及人生价值观对区域社会秩序的建构功能。在行文中将安顺蒙正苗族作为具体个案，采用文献互证的策略。

在内容上，正文以安顺蒙正苗族的人生仪式为个案窥探安顺苗族仪式文化，在“附录”中对不同支系苗族的婚俗仪式、丧葬仪式进行了整理，这样既可以具体地触摸到安顺蒙正苗族的人生仪式，又可以涵盖到安顺苗族民俗仪式现象。可以说，田野考察的收获，客观展现了安顺苗族人生仪式（生育、成人、婚恋、丧葬）过程的相关内容，明晰了安顺苗族在婴儿出生、长大成人、婚恋仪式、丧葬仪式中都惯有庆典仪式或禁忌。既可以有力地支撑本次项目的研究内容，又可以为今后拓展安顺苗族仪式研究打下坚实基础。

其二，梳理了学术界对“苗族文化”“仪式理论”“贵州苗族人生仪式”的研究文献，将仪式的功能与实践运用到安顺苗族的人生礼仪研究中去。通过考察安顺苗族生育礼仪、成年礼仪、恋爱婚姻礼仪、丧葬礼仪的活动过程和内容，并且结合范热内普的“过渡礼仪”理论，主要对安顺蒙正苗族人生仪式各阶段进行了象征分析。所以，安顺苗族的民俗仪式活动不仅仅是一个单纯的存在，它是由众多特定的象征符号来构成，这些符号对维系安顺苗族的社会秩序具有一定的意义。安顺苗族民俗仪式活动背后，蕴涵着人与鬼神、人与人、人与村落、村落与村落之间的一种族群交流方式；也是一种个体由虚拟世界走进现实世界的特殊表演活动，并且在系列仪式表演活动中完成对个体生命的身份认同；这些仪式活动还具有承载苗族民族历史叙述方式、强化族群内部的认同感、构建族群内部社会关系的功能。

但是，鉴于课题组成员的时间、精力以及经费不足等方面的原因，深入田野调查的深度不够，今后有待进一步深化的研究内容有三方面。

其一，研究视角方面有待进一步吸收最新理论成果。研究成果主要依据范热内普的“过渡礼仪”理论探讨安顺苗族人生仪式（生育仪式、成人仪式、婚恋仪式、丧葬仪式）与该族群之间的社会秩序建构的研究。可以说，这种研究方法较为传统，适合研究不同族群的民俗文化特征，但是不免显得有些单一。虽然笔者也引用了其他相关理论家的观点，例如利奇、格尔茨、本尼迪克特等人关于“仪式”的观点，但是仅限于对丧葬仪式的阐释。在今后的研究过程中，要进一步地吸纳最新的人类学和民族学的最新理论成果，扎实做好地方民族民俗文化的研究。

其二，对待田野调查中所搜集整理的资料的把握来说，有待进一步深化。有不少整理好的资料，未能有效运用于研究成果，最后以附录形式呈现。在具体调研过程中，发现安顺苗族中的不同分支，其具体的民俗仪式有明显区别，那么研究对象为“安顺苗族”的范围明显有些过于广泛。例如，安顺不同苗族的节日时间并不完全一致，他们的服饰及头饰区别明显；他们的成人仪式逐渐地在弱化；他们的婚俗仪式、丧葬仪式略有区别；等等。所以，研究报告中重点以镇宁、紫云、西秀区三县交界处的“蒙正苗族”为个案作为研究对象，探讨安顺苗族的人生仪式对社会秩序建构的作用，在今后的研究中可再继续拓展对安顺苗族人的人生礼仪与秩序建构进行深入研究。

其三，研究视域有待进一步的拓展，本研究成果关注了横向演变忽略了纵向演变，关注了“同”忽略了“异”。安顺苗族人生仪式作为一种“活态文化”，是一个动态发展和变化的过程，但是文中仅仅从横切面剖析了其内在机理，对其纵向迁徙的内在机理分析不够；从纵向的演变和横向的特征审视安顺苗族不同支系人生仪式的“同”与“异”，引申出社会秩序建构中的“同”与“异”，可以更加准确地彰显安顺苗族人生仪式及其对社会秩序建构的独特价值。

另外，在调研的过程中搜集了许多反映苗族人生仪式的资料，但未能有效地用在研究报告中。例如，本团队成员对紫云的麻山苗族、西秀区的大花苗的婚恋仪式、丧葬仪式也做了较为系统的整理，但是在研究报告中就没有详细展开论述，笔者期待在今后的课题中再做探讨。另外，针对安顺苗族的村寨走访没有达到全覆盖，在今后的搜集资料以及走访苗族村寨的过程中要进一步加强苗族村落的全覆盖。

总之，进一步挖掘安顺地域苗族民俗文化对构建社会秩序的功能，有利于发挥少数民族文化在当代中国社会文化建设中的作用，有利于丰富民族学和民俗学文化的研究，有利于促进民族文化遗产的保护，有利于推动民族地区的文化建设。当下，挖掘民俗仪式文化与社会秩序的建构，对于客观认识不同民族的民俗文化，研究不同民族文化的发展，提高地域民族文化自信具有非常重要的现实意义。所以，鉴于本课题研究的收获和存在的问题，笔者将会在下一步的研究过程中，进一步地深入对安顺苗族民俗仪式进行考察，客观地呈现安顺苗族族群的日常生活仪式，深入探讨仪式背后蕴含的深层象征含义，并且分析这种象征特征与建构社会秩序之间的关系。在研究范围上要进一步加大广度，在研究内容上进一步加大深度，在研究视角上用多种理论视角窥视仪式的多重意蕴。

# 参考文献

## 一、史料类

1. ［清］罗文彬，王秉恩．平黔纪略［M］．贵州大学历史系中国近代史教研室点校．贵阳：贵州人民出版社，1988.

2. ［清］徐家干．苗疆见闻录［M］．吴一文，校注．贵阳：贵州人民出版社，1997.

3. ［民国］刘显世，吴鼎昌．贵州通志［M］．贵阳：文通书局，1948.

4. 贵州省志民族志编委会．民族志资料汇编第二集（苗族）［C］．贵阳：贵州民族出版社，1986.

5. 贵州省编辑组．苗族社会历史调查（一）［C］．贵阳：贵州民族出版社，1986.

6. 伍新福，龙伯亚．苗族史［M］．成都：四川人民族出版社，1992.

7. 游建西．近代贵州苗族社会的文化变迁（1895～1945）［M］．贵阳：贵州人民出版社，1997.

8. 《贵州 600 年经济史》编委会．贵州 600 年经济史［M］．贵阳：贵州人民出版社，1998.

9. 《贵州通史》编委会．贵州通史［M］．第三卷．北京：当代中国出版社，2003.

10. 《贵州通史》编委会．贵州通史［M］．第二卷．北京：当代中国出版社，2003.

11. 吴荣臻．苗族通史（全 5 册）［M］．贵阳：贵州民族出版社，2004.

12.《苗族简史》编写组. 苗族简史［M］. 贵阳：贵州民族出版社，2008.

13. 贵州省民族事务委员会，贵州省民族研究所. 贵州“六山六水”民族调查资料选编［M］. 贵阳：贵州民族出版社，2008.

14.《中国少数民族社会历史调查资料丛刊》修订编辑委员会. 苗族社会历史调查（一、二、三）［C］. 修订版. 贵阳：贵州民族出版社，2009.

15. 杨昌儒，陈玉平. 贵州世居民族节日民俗研究［M］. 贵阳：贵州民族出版社，2009.

16. 熊克武. 台江苗族历史文化［M］. 北京：中国文化出版社，2010.

17. 贵州省少数民族古籍整理出版规划小组办公室编，燕宝整理. 苗族古歌［M］. 北京：中国国际广播出版社，2016.

18. 安顺市苗学会. 安顺苗族［M］. 贵阳：贵州民族出版社，2013.

19. 镇宁布依族苗族自治县苗学会. 镇宁苗族［M］. 贵阳：贵州教育出版社，2013.

## 二、著作类

1. 费孝通. 乡土中国生育制度［M］. 北京：北京大学出版社，1998.

2. 费孝通. 江村经济：中国农民的生活［M］. 北京：商务印书馆，2001.

3.［法］范热内普. 过渡礼仪［M］. 张举文，译. 北京：商务印书馆，2010.

4.［日］鸟居龙藏. 苗族调查报告［M］. 贵阳：贵州大学出版社，2009.

5. 武雅士. 中国社会中的宗教与仪式［M］. 南京：江苏人民出版社，2014.

6.［英］维克多·特纳. 象征之林：恩登布人仪式散论［M］. 北京：商务印书馆，2011.

7. 杨昌儒. 贵州世居民族节日民俗研究［M］. 北京：民族出版社，2009.

8. 肖远平，杨兰. 苗族史诗形象与母题研究［M］. 北京：中国社会科学出版社，2017.

9. 曹端波，曾雪飞. 苗族古歌演唱传统与地域社会研究［M］. 贵阳：贵州大学出版社，2017.

10. 王铭铭，舒瑜. 文化复合性：西南地区的仪式、人物与交换［M］. 北京：北京联合出版公司，2015.

11. 郭于华. 仪式与社会变迁［M］. 北京：社会科学文献出版社，2000.

12. 李廷贵，张山，周光大. 苗族历史与文化［M］. 北京：中央民族大学出版社，1996.

13. 徐万邦，祁庆富. 中国少数民族文化通论 [M]. 北京：中央民族大学出版社，1996.

14. 王铭铭. 村落视野中的文化与权力 [M]. 上海：三联书店，1997.

15. 罗康隆. 族际关系论 [M]. 贵阳：贵州民族出版社，1998.

16. 杨正文. 苗族服饰文化 [M]. 贵阳：贵州民族出版社，1998.

17. 杨知勇. 西南民族生死观 [M]. 昆明：云南教育出版社，2001.

18. 贵州宗教学会. 贵州宗教概览 [M]. 贵阳：贵州人民出版社，2004.

19. 郑晓云. 全球化与民族化 [M]. 北京：中国书籍出版社，2005.

20. 罗义群. 苗族丧葬文化论 [M]. 北京：华龄出版社，2006.

21. 贵州省中华文化研究会. 全球化背景下的贵州民族民间文化 [M]. 贵阳：贵州民族出版社，2006.

22. 曹端波. 民族文化与社会发展：贵州少数民族考察手记 [M]. 贵阳：贵州大学出版社，2007.

23. 朱希祥. 当代文化的哲学阐释 [M]. 上海：华东师范大学出版社，2007.

24. 高丙中. 中国民俗概论 [M]. 北京：北京大学出版社，2009.

25. 简美玲. 贵州东部高地苗族的情感与婚姻 [M]. 贵阳：贵州大学出版社，2009.

26. 石朝江. 中国苗学 [M]. 贵阳：贵州大学出版社，2009.

27. 巫达. 族群性与族群认同建构 [M]. 北京：民族出版社，2010.

28. 王万荣. 苗族历史文化探考 [M]. 昆明：云南民族出版社，2014.

29. 罗连祥. 贵州苗族礼仪文化研究 [M]. 北京：中国书籍出版社，2014.

30. 熊玉有. 苗族文化史 [M]. 昆明：云南民族出版社，2014.

31. 尤世忠. 苗族芦笙文化 [M]. 贵阳：贵州民族出版社，2014.

32. 何圣伦. 苗族审美意识研究 [M]. 北京：人民出版社. 2016.

33. 向轼. 流域与族群互动系列（西南人类学文库）[M]. 北京：人民出版社，2016.

34. 王唯惟，徐浩. 舞蹈与文化：贵州苗族舞蹈的身体叙事 [M]. 北京：人民出版社，2016.

35. 麻勇恒. 敬畏：苗族神判中的生命伦理［M］. 北京：民族出版社，2016.

36. 罗义群. 黔东南苗族历史文化研究［M］. 北京：民族出版社，2016.

37. 李欣欣. 消解与重构：现代性体验与苗族乡村妇女的家庭生活［M］. 上海：上海三联书店，2016.

38. 吴一文. 苗族古歌叙事传统研究［M］. 贵阳：贵州人民出版社，2016.

39. 何善蒙. 贵州台江苗族文化调查研究［M］. 北京：九州出版社，2017.

40. 龙仙艳. 文本与唱本［M］. 北京：社会科学文献出版社，2018.

## 三、论文类

1. 古文凤. 云南苗族传统生育文化论［J］. 贵州民族研究，1998（4）：10-16.

2. 吴曙光. 试论苗族祖先崇拜的“非异己性”特征［J］. 贵州民族研究，2001（2）：70-76.

3. 杨再彪，龙兴武. 苗族民间礼仪制度的产生与形成［J］. 吉首大学学报（社会科学版），2003（1）：84-86.

4. 袁定基，张原. 苗族传统文化的保存、传承和利用［J］. 西南民族大学学报（人文社科版），2004（4）：17-23.

5. 周相卿. 黔东南雷山县三村苗族习惯法研究［J］. 民族研究，2005（3）：49-58.

6. 吴雪梅. 椎牛祭：从历史的记忆到现实的操演：以小茅坡营苗族为例［J］. 贵州民族研究，2005（4）：130-134.

7. 何茂莉. 苗族口承文艺与巫文化的文化人类学研究［J］. 贵州社会科学，2006（4）：56-60.

8. 吴晓. 神圣叙事的日常表述：湘西苗族枫树崇拜的神话学解读［J］. 民族论坛，2006（8）：42-43.

9. 晓临. 贵州水城苗族跳花场［J］. 文史天地，2008（5）：73-76.

10. 刘锋，吴小花. 苗族婚姻制度变迁六十年：以贵州省施秉县夯巴寨为例［J］. 民族研究，2009（2）：38-46，109.

11. 张红娜. 苗族独木龙舟文化调查［J］. 原生态民族文化学刊，2009（4）：111-116.

12. 崔榕. 国家在场与近百年来湘西苗族文化的变迁轨迹［J］. 贵州民族研究，2010（1）：103-107.

13. 熊晓辉. 苗族蚩尤戏与非物质文化遗产保护［J］. 戏曲艺术，2010（2）：24-29.

14. 罗佳，杨正文. 音声韵律、节奏与仪式场景的意义：雷山苗族年节音乐浅析［J］. 西南民族大学学报（人文社科版），2010（8）：72-75.

15. 阿土. 清水江流域的苗族古歌（一）［J］. 贵州民族研究，2010（4）：92.

16. 杨世如，韦佳. 原始礼仪竞技的体育人类学研究：苗族独木龙舟竞技文化调查［J］. 贵州民族研究，2010（5）：64-68.

17. 阿土. 国家级非物质文化遗产名录——苗族鼓藏节［J］. 贵州民族研究，2010（6）：121.

18. 吴正彪，班由科. 仪式、神话与社会记忆：紫云自治县四大寨乡关口寨苗族丧葬文化调查［J］. 贵州民族研究，2010（6）：48-52.

19. 刘锋，张敏波. “蒙萨”苗族“烧灵”：二次葬的仪式化传承与变迁［J］. 民族研究，2011（1）：32-41，109.

20. 古文凤. 苗族民族认同的层级论：对苗族“蒙人”的个案研究［J］. 中央民族大学学报（哲学社会科学版），2011（2）：43-48.

21. 曾雪飞. 苗族“解簸箕”仪式芦笙乐的音乐学考察［J］. 云南艺术学院学报，2011（2）：41-44.

22. 李亚，侯万平. 澳大利亚苗族的传统宗教［J］. 民族研究，2011（4）：45-54，108.

23. 王越平. 仪式重构与社会整合：滇越边境 Y 村的个案［J］. 广西民族大学学报（哲学社会科学版），2011（5）：72-78.

24. 吴合显. 苗族丧葬礼仪的变迁：以湖南省凤凰县山江苗族地区为例［J］. 民族论坛，2011（24）：78-82.

25. 徐浩，王唯惟. 贵州苗族舞蹈与仪式［J］. 贵州民族研究，2012（1）：54-57.

26. 刘远林，王唯惟. 贵州苗族“鼓舞”的认知及文化分析［J］. 贵州大学学报（艺术版），2012（1）：90-93.

27. 孙立生. 人类学视野下黔东南苗族丧葬习俗功能探析［J］. 民族论坛，

2012（10）：103-105.

28. 范生姣，麻勇恒，杨子奇，等. 苗族村落社区中的消防预警机制研究：以黔东南苗族“扫寨”习俗调查为例［J］. 凯里学院学报，2012（5）：35-38.

29. 杨春艳. 仪式与族群关系表达：基于黔西北苗族族群“解簸箕”仪式的思考［J］. 贵州民族研究，2012（6）：55-58.

30. 黄秀蓉. 贵州化屋歪梳苗“谈姑妈话”习俗：“舅权”的历史遗留与变迁［J］. 民族研究，2013（2）：72-80，125.

31. 陆群. 民间仪式中的国家在场：以湘西花垣县大龙洞村苗族接龙仪式为例［J］. 中南民族大学学报（人文社会科学版），2013（6）：63-67.

32. 周永健. 论苗族丧葬习俗的社会文化功能［J］. 求索，2013（12）：76-78.

33. 区缵. 从若干仪式看桂北苗族鬼观的文化逻辑［J］. 广西民族大学学报（哲学社会科学版），2014（1）：81-87.

34. 麻勇斌. 《亚鲁王》唱颂仪式蕴含的苗族古代部族国家礼制信息解析［J］.贵州社会学，2014（2）：92-97.

35. 杜朝光. “牛皮鼓”在苗族丧葬仪式中的人类学阐释：以中越边境草果湾苗族村为例［J］. 民族论坛，2014（7）：30-34.

36. 陆群，蒋欢宜. 社会结构与巴岱身份的获得：以兴中村巴岱“过法”仪式为例对特纳理论的检讨［J］. 中央民族大学学报（哲学社会科学版），2014（5）:53-59.

37. 罗婉红. 苗族巴岱文化研究综述［J］. 民族论坛，2015（4）：63-66.

38. 曹端波，王唯惟. 生命、季节与舞蹈：苗族传统社会的仪式与艺术［J］.贵州民族研究，2015（10）：116-119.

39. 林春菲. 苗族宗教仪式音乐形态中的道德观：以湘西龙鼻嘴村为例［J］.民族论坛，2016（3）：58-63.

40. 张凌波. 仪式视野中的苗族史诗《亚鲁王》［J］. 民族文学研究，2016（2）:56-62.

41. 邹宇灵. 作为文化表征的仪式艺术与文化再生产：以两个场域中的湘西苗族绺巾舞蹈为例［J］. 民族艺术，2016（6）：105-112.

42. 王金元，唐巧娟. 社会记忆的表达与建构：基于麻山苗族“亚鲁”记忆的个案研究［J］. 民族论坛，2017（1）：96-102.

43. 谭卉. 苗族鼓藏节仪式音乐研究综述［J］. 贵州民族究，2017（11）：100-103.

44. 陈沛照. 从民间仪式到文化展演：湘西“苗族四月八”的人类学解读［J］. 广西民族大学学报（哲学社会科学版），2018（2）：153-159.

45. 何圣伦. 苗族审美意识研究［D］. 重庆：西南大学，2011.

46. 郎丽娜. 高坡苗族“背牌”文化研究［D］. 贵阳：贵州民族大学，2012.

47. 贾雪玲. 月亮山苗族鼓藏仪式的个体社会化功能研究［D］. 重庆：西南大学，2013.

48. 程学传. 所住村苗族人生礼仪研究［D］. 厦门：厦门大学，2014.

49. 吴明林. 苗族巫文化研究［D］. 重庆：重庆大学，2014.

50. 麻勇恒. 敬畏：苗族神判中的生命伦理［D］. 北京：清华大学，2014.

51. 张士苗. 源自“蝴蝶妈妈”的美丽家园［D］. 贵阳：贵州师范大学，2014.

52. 敖发萍. 从“窜月亮”的恋爱到“移动”的婚姻：一项关于苗族婚恋观变迁的研究［D］. 南京：南京大学，2014.

53. 林春菲. 苗族婚嫁歌的历史传承与发展研究［D］. 贵阳：贵州师范大学，2014.

54. 张凌波. 苗族人生礼仪的生命美学意蕴［D］. 重庆：西南大学，2015.

55. 罗凡. 石头苗寨“跳场”节日文化研究［D］. 贵阳：贵州大学，2015.

56. 黄文秀. 贵州水城小花苗婚俗仪式歌曲研究［D］. 重庆：西南大学，2015.

57. 佟彤. 魂兮归来［D］. 贵阳：贵州师范大学，2015.

58. 陈玲艳. 社会变迁视野下苗族傩文化的传承研究［D］. 贵阳：贵州大学，2015.

59. 冉永丽. 苗族史诗《亚鲁王》悲剧形象研究［D］. 贵阳：贵州民族大学，2015.

60. 郑新胜. 审美文化视域中的民俗［D］. 福州：福建师范大学，2015.

61. 孟猛. 贵州丹寨县苗族丧葬仪式中的芦笙乐舞研究［D］. 北京：中央

民族大学，2016.

62. 马静. 生命、季节与生态：清水江流域苗族稻作文化研究 [D]. 贵阳：贵州大学，2016.

63. 张好. 贵州苗族仪式道德教育功能研究 [D]. 贵阳：贵州财经大学，2016.

64. 罗义翔. 贵州西部苗族“烧灵仪式”音乐研究 [D]. 贵阳：贵州民族大学，2017.

65. 黎承源. 黔南布依族婚俗仪式审美探究 [D]. 成都：四川音乐学院，2017.

66. 霍晓丽. 信仰、仪式与地方社会 [D]. 武汉：华中师范大学，2017.

67. 付前进. 聚落与族群—清水江流域苗族的命名制度和交换体系 [D]. 贵阳：贵州大学，2017.

68. 邢稞. 山河之间：清水江流域苗族的祖先记忆与族群认同 [D]. 贵阳：贵州大学，2017.

69. 刘青. 传承与变迁：清水江苗族独木龙舟的文化传播研究 [D]. 北京：北京体育大学，2017.

70. 李晓艳. 贵州六盘水小花苗跳花节仪式中的芦笙舞研究 [D]. 昆明：云南艺术学院，2017.

**四、报纸/网络/其他**

1. 郭崇林. 民间仪式歌谣与民俗文化生活 [A]. 黑龙江省中华炎黄文化研究会. 龙江春秋：黑水文化论集 [C]. 黑龙江省中华炎黄文化研究会，2005：8.

2. 闵启华. 在“中国原生态稻作民俗科学研究基地”揭碑仪式上的讲话 [A]. 中国民间文艺家协会稻作文化专业委员会. 中国原生态稻作民俗文化抢救与保护：黎平国际学术研讨会论文选 [C]. 中国民间文艺家协会稻作文化专业委员会，2005：2.

3. 张密珍. 历史的演绎与延伸：乡村民俗事象中的仪式与象征 [A]. 浙江省社会学学会. “秩序与进步：浙江社会发展 60 年研究”理论研讨会暨 2009 浙江省社会学年会论文集 [C]. 浙江省社会学学会，2009：13.

4. 文忠祥. 信仰民俗与区域社会秩序：以青海土族纳顿、醮仪、六月会为例［A］．中央民族大学．边疆发展中国论坛文集（2010）·区域民族卷［C］．中央民族大学，2010：10．

5．三苗网:http://www.3miao.net/

6．苗族文化网:http://www.chinamzw.cn/

7．中国苗族网:http://www.chinamzw.com/

8．文山苗族网:http://www.3-hmong.com/

9．苗人网:http://www.hmongbq.com/

10．中国民俗学网:http://www.chinesefolklore.org.cn/

11．中国民俗:http://www.chinesefolklore.com/

12．中国民俗文化网:http://www.zgwhw.com/

# 附件　麻山苗族人生仪式个案

苗族分东部方言、中部方言、西部方言三大方言区。蒙正苗族与麻山苗族同属西部方言区，语言是维系民族共同体的重要纽带，也是民族的重要特征之一，蒙正苗族与麻山苗族近70%的苗语相通。他们共同居住在安顺这片土地上，有着相同的文化习俗，共同的信仰基础，相信灵魂不灭，相信人在世间只是一段短短的旅程，人这一世要好好地活着，死后才能平安顺利地回归到祖先居住的地方。

按照民族的概念，民族是在历史上形成的一个具有共同语言、共同地域、共同经济生活以及表现在共同文化上的共同心理素质的稳定的共同体。蒙正苗族与麻山苗族同属于西部苗族的不同支系，由于迁徙等原因，文化习俗或有些许差距与出入，但究其根源，麻山苗族与蒙正苗族是同宗同源同祖先。

蒙正苗族与麻山苗族是以“亚鲁王”作为共同祖先所呈现苗族人的宗教信仰和祖先崇拜、宇宙观与人生观、民族历史与族群记忆、生活伦理和道德风俗等，贯穿在两支苗族的整个生命历程之中。在漫长的西迁过程中，西部苗族各支系虽然形成了不同的土语，但表现在共同的心理素质上的文化习俗是一致的。突出表现在对共同祖先亚鲁的信仰上，蒙正苗族的所崇拜的竹王也是亚鲁王的后代之一，亚鲁王也是蒙正苗族的祖先。在传承亚鲁王文化和演绎苗族的宇宙观，西部苗族以实物符号来表达，只有蒙正苗族和麻山苗族表达得最直观、最立体，如麻山苗族在葬礼上用一把伞来表达天极王宫，蒙正苗族在葬礼上也用一把竹编伞来表达天极王宫，祖先住在天极王宫，那里是生命回归的终点。

故而，课题组成员在调研过程中也将作为同一方言支系的麻山苗族的出生、婚恋、丧葬等习俗进行了考察，他们之间既有区别又有联系，现将客观资料进行了整理，下一步再具体进行深入研究。

## 第一节 麻山苗族生育仪式

安顺市的麻山次方言苗族，主要聚居在紫云自治县南部的宗地镇、猴场镇、水塘镇、大营镇、四大寨乡共五个乡镇中。紫云自治县的麻山次方言苗族，如今能完整唱诵史诗《亚鲁王》的歌师约有 2 000 人。由于地理环境闭塞，独特的地域特色文化——亚鲁王文化体系还相对保存良好。麻山苗族的生育仪式是亚鲁王文化体系的内容之一。在此对麻山苗族的部分生育仪式作初步的概述。

### 一、孕前仪式：呐港呐娇与呐朵呐畅

#### （一）呐港呐娇

“呐港呐娇”仪式的适用范围：婚后不孕。如夫妻结婚已有三四年，但却怀不上孩子，丈夫则会拿鸡蛋从夫妻俩的头部滚到脚跟，在家中的床上撒几颗米，然后说：“我和妻子结婚已三年，我和老婆同房已四载，不见孩子，不怀娃娃，不知是哪里有沟，不明哪里有壑，我这就去找宝目占卜，我这就去找宝目预测，如有沟就请宝目来牵线，如有壑就请宝目来搭桥。”说完，丈夫就去找到宝目，宝目经过占卜后，确定举行“呐港呐娇”仪式。该仪式所需要的礼品也是猪和鸡，其中猪是送给“呐港”神，而鸡是指定给“呐娇”神。该仪式是在村口三岔路的地方举行。举行该仪式时，要在三岔路的路旁立两块石头，两块石头中间要放一块薄的石块作为底板，上面搭着薄的石板。两块立着的石块旁插上一根竹丫，竹丫顶端系上用剪刀剪好的纸片。立着的石块搭上薄的石板，意为这对夫妻的孩子过来时由于有沟壑阻隔，搭上石板就是为这队夫妻的孩子搭上通往他们家的桥梁，孩子的魂才能过得来，方可怀上孩子。此仪式的唱诵内容和后文“呐昂呐勒”仪式唱诵的内容大同小异。

#### （二）呐朵呐畅

“呐朵呐畅”仪式是做过“呐港呐娇”仪式后，仍然不能怀上孩子的情况时举行的。在“呐”的仪式类型中，它属于一种大的仪式类别，举行的过程比其他仪式较为复杂。宝目是该仪式的主持人，而仪式过程由男方及女方两家共同完

成。举行该仪式，需要一个“边呐[①]”，主要用于让小孩的灵魂有个舒适的栖息地。“边呐”是用两根长两米左右的毛金竹作为支架，在这两棵毛金竹的同一端，每一棵分别用凿子凿出两个距离30厘米左右、大小一样、位置对称的8个孔，同时另外找来两节长40厘米左右的毛金竹，这两节毛金竹也用凿子凿成距离、大小与长的两棵毛金竹一样的8个孔，然后用木头削好8根木条，其中4根长25厘米左右，有4根约长40厘米左右，最后将4根竹子和8根木条合起来，就成了“边呐”的架子。架子做成后，四周用竹片围起来，朝外的一面要留一道门，上下两个面是用木板扣紧。这样，整个“边呐”就做好了。这个“边呐”是由女方家找到匠人制作好后，按照预定举行仪式的时间、地点运送过来的。同时，还要带三个碗和一个南瓜及两只一公一母的鸡过来作为仪式时使用。此仪式一般在村口举行，使用两根竹子，不能砍掉竹巅，再拿来线筒，拿到举行仪式的地方，等外家来到了就举行仪式。主家也要准备两只公鸡作为仪式时使用。仪式开始举行，使用外家和主家各一只鸡。举行仪式唱诵内容和举行“呐昂呐勒”仪式的唱诵内容大同小异。“呐朵呐畅”仪式需要的礼品也是猪和鸡，宝目将猪指定给“呐朵”神，将鸡指定给“呐畅”神。指定清楚后，参与仪式的人就将主家的一只公鸡和外家送来的一只公鸡杀了，又将猪肉洗干净，把鸡肉和猪肉煮好后，宝目又唱诵第二阶段的内容。唱完后宝目先夹菜，接下来参与仪式的人也可以夹菜吃了，但还是叫赶集市，不能说大家吃饭了。仪式在村口举行结束后，要将外家送来的用纸剪成的小孩子模样的剪纸让妻子用围腰连外家送来装有鸡蛋的碗一起包起来，同时，将线筒拿出来，一端捆在举行仪式时插在路旁的竹丫，从捆有纸片的地方系好，然后一路拉着线回到家。到家后还要举行树立“边呐”仪式，“边呐”要立在夫妻俩的房间内，树立“边呐”时，外家选出一个人扶着“边呐”的一只竹脚，主家也选一个人来扶另外的一只。每只竹脚中间都要捆上一张毛巾，把“边呐”立起来后，就靠在某一面墙上，靠在哪一面没有讲究，只要方便使用就行。立起来之后，两个树立“边呐”的人就收下捆在竹脚的毛巾，同时送给制作“边呐”的师傅每人一张，也送一张给宝目，意为感恩大家出力，一起吉祥平安。接下来是鸡爬“边呐”仪式，将主家的一只公鸡放到“边呐”上面，同时将外家送来的一只仔鸡也放上去，就看哪只先跳下来，如公鸡先跳下来，预测为如怀孕则怀的是男孩，如仔鸡先跳下来，怀孕则怀的是女孩。等鸡都跳下来

① 边呐：苗语“Bjied Lah”的音译，孩子灵魂的栖息地。

后，就把从外家带来的三个碗和装上大米，并在米上立着鸡蛋的碗及妻子围腰包来的剪纸放进“边呐”里，又将准备好的小孩模样的剪纸贴在“边呐”露出在外的三个面。这样，整个仪式就结束了。

## 二、孕中仪式：弥邦

“弥邦[①]”仪式，当怀着孩子到出生时间而迟迟不出生时，也要拿鸡蛋、茅草或剪刀，带上准妈妈的衣服，找到宝目占卜。宝目用鸡蛋、茅草或剪刀占卜后，就会找出原因。一般情况下，上述情况是“弥邦”神用手堵住，胎儿就出不来。占卜结束后，如准妈妈的身体疼痛减少，则要请宝目到家中举行仪式。“弥邦”神索要的食物是鸡。该仪式是在待产妇的房间举行，在待产妇房间摆放四个碗，一个碗装上米，另外三个碗都倒上适量的酒，鸡就放在碗的旁边。摆放结束后，宝目就唱诵第一、第二阶段的仪式词，吃饭中看鸡骨洞的走向，判断孩子是否顺利生产。该仪式是为孩子的顺利出生而举行的，举行该仪式后，“弥邦”神得到了它需要的食物，就不再阻止孩子出生，孩子才得以顺利生产。

## 三、产后仪式：“米亚米俑”“呐弈呐盖”等

### （一）“米亚米俑”仪式[②]

“米亚米俑”是孩子起名时使用的仪式，“米亚米俑”是护佑孩子健康成长的神。孩子出生后，丈夫就带上一只鸡和红糖，一壶酒，第一时间到外家去，告诉外家，孩子已顺利出生。一般确定在第三天给孩子起名，但如来不及，可以确定在月子内的某一天举行起名仪式。举行“米亚米俑”仪式，是请舅舅去为孩子取名，也叫打三早。接到通知后，外家就通知自己的内亲，每家内亲要准备一床背带，一张小被子，五千克左右大米，十个鸡蛋。外婆家要准备两只鸡，两坛甜酒，一袋大米，鸡蛋及孩子要穿的衣服、裤子、鞋、袜子等。到举行起名仪式那天，所有内亲就早早地到外婆家，集中吃好早餐。而主人家的这边，头一天要先杀一头猪，预备好饭菜等外家亲戚前来为孩子起名时用餐。起名这一天，把家里各方面的事务安排好后，丈夫就要根据外家收到的鸡蛋、米、背带多少的情况，叫上家中的几个弟兄，一起前去接外家。去的人员主要是去把外家送给的礼品抬

① 弥邦：苗语“Mjis Bangk”的音译，神灵名，性别不详。

② 米亚米俑：苗语“Mjis Yerl Mjis Yongs”的音译，米亚神和米俑神的神灵名，性别不详。

回来，不能让外家送了东西又要自己扛，这样就不尊重外家了。这一天，丈夫的任务是背背带，如一个人背不动，也可以让亲的弟兄帮忙背。接到外家后，大家就前往主家。同时，主家这边的亲戚、朋友也送来米、鸡蛋、鸡等，用于坐月子时母子的营养补给。举行“米亚米俑”仪式，意为自己生孩子后，要告诉“米亚米俑”神，“米亚米俑”神才知道有个孩子已经来到人世间，要去护佑好这个孩子。同时“米亚米俑”神也要把孩子的名字记下来，才便于做护佑孩子的计划，所以起名字就特别的关键。送给“米亚米俑”的礼品也是猪和鸡，举行“米亚米俑”仪式时，用猪肉来代表一头猪，再用一只公鸡和一只仔鸡。宝目指定猪是给米亚神，仔鸡是给米俑神，公鸡是用于退给亲戚朋友兄弟姊妹送来礼品的礼节，仪式后大家能吃到这只公鸡肉，就表示送去的礼物已收到回礼。送给“米俑”的鸡不能杀，而是用于日后鸡下蛋给孩子作为营养补品，要让这只鸡一直陪伴着孩子一起成长。指定完后，完成仪式的第一阶段，参与仪式过程的人又拿着公鸡杀掉煮熟后，宝目进入仪式的第二环节。就是请“米亚米俑”神喝酒喝茶，吃肉吃饭。其间，做好取名的准备，即准备一张四方桌，方桌中间放一升子的大米，升子中间又放一个装米的碗，将一根约 7 厘米的短竹筒的一端插在碗的中间，另外一端放着一个鸡蛋，鸡蛋小的一头朝下，大的一头朝上，也准备一根茅草，茅草长约 30 厘米，将茅草对折并放于升子上。把含有鸡卦的鸡腿舀在一个碗里，也放在升子上面。一切准备就绪，就请外家亲人和主家弟兄一起围着坐在方桌的周围，进入了取名仪式的环节。取名时，宝目也请“米亚米俑”前来见证，孩子的舅舅会准备好几个名字，宝目唱诵取名词后，就问孩子的舅舅要给孩子取什么名字，这时孩子的舅舅说出名字，宝目就从碗里抓来一把米，将米放到鸡蛋上，如有三颗米以上立在碗上，说明这个名字吉利，孩子能健康成长，再将事先准备好的茅草放到鸡蛋上，如茅草左右传动，就说明名字已经稳定，请“米亚米俑”神记住孩子的名字，一路护佑孩子。取得好名字后，外家和主家等亲戚朋友兄弟姊妹就在升子上放钱，送给宝宝，祝福新生宝宝活泼开朗，健康成长。此时，主家和外家选出一个人来吃放在升子上面的鸡卦，宝目看鸡卦是否吉利，就将鸡卦装进小竹篓里，如是男孩，除了装鸡卦外，还要装上笔和本子，意为长大读书做大事。如是女孩，就装上棉线和棉花，意为女孩长大要做好针线，让家里不缺衣物。装好后，小竹篓就放在孩子的房间，让小竹篓伴随孩子长大，整个仪式结束。

### (二) 呐弈呐盖

“呐弈呐盖”仪式的适用范围是小孩日渐消瘦，皮包骨头，双目无神，卧床不起。孩子出现此情况的，大人就会拿鸡蛋从头到脚滚在小孩身上，将鸡蛋立在装米的碗中，在小孩住的房间撒几颗米，然后说："我的小孩没力气，我的孩子走不动路，现在双目无神，此时皮包骨头，前几天日渐消瘦，此时卧床不起，不知哪个神来索要食物，不明哪个神来要礼品，我现在就去找宝目，我这时就去占卜，宝目占卜得到名，宝目预测得到姓，我就请宝目来指定食物，我就让宝目来送给礼品。"说完，就带上小孩的衣服，去找到宝目。宝目拿到孩子的衣服后，打来一碗水，口中念约十来分钟的占卜词，然后将鸡蛋敲破，倒入水中，根据鸡蛋在水中分散的形状情况，宝目会讲出孩子目前的症状，病情的轻重。如病情与宝目讲的一致，主人就会很佩服宝目的占卜能力，并且立即邀请宝目前去举行仪式。一般情况下，如是孩子出现上述症状的，宝目占卜就会显现是"呐弈呐盖"神前来要食物所致。举行此仪式时，将三炷香插在装米的竹筒里，找来"呐弈呐盖"所需的食物，点上香，宝目就唱诵第一阶段的内容，将猪指定给"呐弈"，把鸡指定给"呐盖"。指定结束后，帮忙举行仪式的人就把鸡杀好，把猪肉洗干净，把饭煮熟。把煮好的肉和饭舀在一起，倒上一碗酒，摆放在第一次唱诵时摆放的位置，宝目就进入第二阶段的唱诵。第一次和第二次唱诵的内容与"呐昂呐勒"仪式唱诵的内容大同小异。唱诵完后，参与仪式的人就可以吃饭，宝目第一个夹菜，宝目夹菜过后，其他参与仪式的人员才可以夹菜吃。宝目不吃鸡头，也不吃鸡腿上的肉，如宝目在吃饭时吃了鸡头，也吃了鸡腿，这个仪式举行就不成功。吃饭期间，大家最关注的是鸡大腿里的两节鸡骨，宝目会通过看鸡骨上的骨眼来判断举行仪式是否成功，孩子的病情近期的好转情况。宝目向主人解读完，大伙又继续吃饭，饭后宝目会监督参与仪式的人洗好碗筷，整个仪式就结束。

### （三）"立哝立勒[①]"仪式

"立哝立勒"仪式的适用范围是：如大人白天在田间地头干农活，晚上回家后，孩子整夜哭泣，不吃不喝，原因可能是白天干农活时，孩子在地界或田界玩，遇上了"立哝立勒"神。如连续好几个晚上，孩子还是此情况的，大人就要找到宝目来占卜。仍然使用鸡蛋、茅草或剪刀来占卜，使用哪种占卜方式任意选择。占卜时，宝目唱诵一段占卜词后，将茅草上部掐掉，根部留有大约 30 厘米长，然后将茅草触碰一下孩子的衣服，再将茅草对折，这样一根一根掐茅草，边

---

① 立哝立勒：苗语"Nzeaf Ndongx Nzeaf Nzeul"的音译，是"立哝"神和"立勒"神的神灵名，性别不详。

掐边念念有词，直到找到是哪个神灵前来祈求食物为止。有的宝目使用剪刀来占卜，宝目面前放一碗水，用一根细绳捆住剪刀的两个手柄，剪刀尖部朝下，宝目将剪刀的尖部触碰一下孩子的衣服，然后又放到水里转动，一次一次地转动，一边转动一边念念有词，直到占卜出是某个神灵为止。有些宝目是用鸡蛋来占卜，将鸡蛋从小孩的头部往脚下滚一周后，手里拿着鸡蛋，唱诵占卜词，然后舀来一碗或一瓢水，将鸡蛋倒进碗或瓢中，观察鸡蛋在水中的形状变化，最后确定是哪一个神灵。一般来说，孩子病况如上描述，不管用哪种方式，占卜下来的结果都是“立哝立勒”神。占卜出来是哪个神后，宝目会告知该神，请该神不要再纠缠小孩。过一两天后，孩子的病况如有好转，则主人就前去请宝目到家中来举行“立哝立勒”仪式。举行“立哝立勒”仪式是在外面进行，主要是在种田地时孩子所到的地界或田界旁边举行。“立哝立勒”神索求的食物是狗和鸡。请来宝目后，主人在家准备好碗、筷、水、菜刀、酒、饭、砧板、香等举行仪式需要的工具，装进背篼里，带上一只鸡和一两斤狗肉，到了地界或田界后，找到平一点的位置，就在那里举行。举行的流程和在家中举行是一样的，即在地上横摆着三个碗，有一个碗装上狗肉，鸡放在旁边，另外的两个碗都倒上适量的酒，宝目点上一根香，然后就开始唱诵。唱完以上内容就进入指定食物的环节，将狗指定给“立哝”神，将鸡指定给“立勒”神。指定完后，就进入杀鸡和洗狗肉的环节，接着将狗肉和鸡煮在一起。煮熟后，宝目就进入了第二个阶段唱诵的环节，唱完就吃饭。在吃饭时都特别注意鸡卦里出现几个洞，以骨中出现的洞，看其走向来判断孩子的病情是否好转和家里近段时间或近年来的运势。吃完饭后，用背篼背去的所有用具都放在举行仪式的地方，三天以后才可带回家。餐具如当时带回家，担心“立哝立勒”神会跟随一起回来纠缠孩子。三天后，“立哝立勒”神已到别的地方去或认为那些餐具是别人丢掉的，即使背回家中，“立哝立勒”神也不再跟随回家了。

### （四）呐布章呐布姜

“呐布章呐布姜”仪式，该仪式的适用范围：孩子拉肚子、呕吐，身体瘦弱，萎靡不振。孩子有上述症状，孩子的父亲或母亲就会拿着鸡蛋从上到下在孩子的身上滚一遍，然后说：“我们的孩子不吃饭，拉肚子好几天，呕吐了好几回，身体瘦小，走路没力气。是哪里来的神灵，我不知道名字，也不晓得你们索要什么，我这就去找宝目，家里的礼品多，家里的食物到处都是，等宝目占卜看是谁来讨要食物，索要礼品，我们就请宝目来送，我们就请宝目来给。”说完后，带上孩子的衣服及鸡蛋或茅草[①]，前去找到宝目。宝目经过占卜后，会确定是“呐布章呐布姜”神灵前来要食物、礼品。这时宝目会告知“呐布章呐布姜”神说：“今天主人找到我来占卜，这时主人在我这里来预测，我占卜获知是呐布章呐布姜你们来索要食物，我预测知晓是呐布章呐布姜你们来要礼品，现在得到你的名，知道你的姓，如孩子病情有所好转后，我将会前去举行仪式，给呐布章呐布姜神所需的食物，送呐布章呐布姜神索要的礼品”。几天后，若孩子的病情有所好转，则孩子的长辈就会去请宝目前来为孩子举行“呐布章呐布姜”仪式。其中“呐布章”神需要的礼品是猪，而“呐布姜”神需要的礼品是鸡。由于呐布章呐布姜仪式属于“呐”这个大类，所以宝目在“呐布章呐布姜”仪式中的唱诵内容与上述“呐昂呐勒”的唱诵内容大同小异，在此不再重复。

### (五)“布叩[②]”仪式

“布叩”是一类神灵的总称。“布叩”由“布叩隆布叩基”和“布叩呐”组成。

#### 1.“布叩隆布叩基[③]”仪式

“布叩隆布叩基”的适用范围：孩子半夜惊叫或突然醒来大哭。孩子出现上述状况，则是“布叩隆布叩基”神所为，该神会让孩子在梦中看到两只如野猫的动物，并且这两只动物会露出黑色锋利的牙齿，向小孩猛扑过来，此时小孩就会从梦中惊醒，被吓得大哭。如果连续几个晚上都出现这种情况，大人就拿着一把茅草，带着孩子的衣服，在自己的家中说：“这几个半夜，孩子经常惊醒。这几个凌晨，孩子经常哭泣。不知是哪里的神灵来索要食物，不明是哪儿的神灵来要礼品。我这时就去找宝目占卜，你要在茅草显现。我现在就去找宝目预测，你就要在茅草出现。知道你的姓名我好请宝目送你们礼品，晓得你们名字我好请宝目给你们食物。”念完后，就去找宝目占卜，宝目确定是“布叩隆布叩基”后，就告知“布叩隆布叩基”神，请该神不要再恐吓孩子，如孩子不再从梦中惊醒大哭，则宝目就来举行仪式，将“布叩隆布叩基”神所想要的食物和礼品送给它

---

① 茅草：宝目使用的占卜方法之一。

② 布叩：苗语“Bub Kol”的音译，是布叩这类神的总称。

③ 布叩隆布叩基：苗语“Bub Kol Hlongb Bub Kol Jid”的音译，是“布叩隆”神和“布叩基”神的神灵名，性别不详。

们。占卜回家几天后，如小孩不再从梦中惊醒大哭，主人则会前来请宝目去举行“布叩隆布叩基”仪式。该仪式的举行所准备的食物是一节狗骨头和一节猪骨头。同时使用茅草制作出两只如野猫一样的道具，将狗骨头插在一只野猫的嘴里，意为是指定狗送给“布叩隆”神；而另外一只野猫的嘴里，插的是猪骨头，意为是指定猪送给“布叩基”神。准备好后，将嘴里都插着骨头的两只野猫放到孩子睡觉的房间，同时也准备一把使用五倍子树削成的宝剑。一切准备就绪后，宝目就进行驱逐“布叩隆布叩基”神的仪式。

举行此仪式时，宝目站在房间的门外，唱诵如下：

哦，“布叩隆布叩基”啊
占卜来这里
寻找到这儿
凌晨吓醒孩子
夜晚吓哭娃娃
占卜到这里
寻找到这儿
遇上布叩隆
还有布叩基
占卜到这里
寻找到这儿
找到布叩基
你们吃肉吃狗肉
你们喝血喝狗血
啃骨啃狗骨
你们吃肉吃猪肉
你们喝血喝猪血
啃骨啃猪骨

唱诵完这段词后，宝目将两只野猫放成一排，参与仪式的人将事先准备好装水的碗递给宝目，宝目将水含在嘴里，并向两只野猫喷去，接着嘴里唱诵：

一卦
二卦
三卦

四卦
五卦
布叩隆布叩基呐
你们从哪里的山丘来
你们从哪儿的山坡来
哪里的大森林来
哪儿的大丛林来
哪里的黑林来
哪儿的暮林来
凌晨来恐吓孩子
半夜来吓坏娃娃
这时
你们吃肉吃狗肉
喝血喝狗血
啃骨啃狗骨
吃肉吃猪肉
喝血喝猪血
啃骨啃猪骨
你们从哪里的山丘来
回哪里的山丘去
从哪儿的山坡来
回哪儿的山坡去
从哪里的森林来
回哪里的森林去
从哪儿的丛林来
回哪儿的丛林去
凌晨不要恐吓孩子
夜晚不能吓坏娃娃
该结束就结束
该了断就了断

唱完后，宝目又再次往两只野猫的身上喷水，然后将两只野猫拿到门外，用宝剑砍两只野猫，并扔石头驱赶两只野猫，仪式结束。

**2. “布叩呐[①]”仪式**

“布叩呐”的仪式和“布叩隆布叩基”仪式需要的道具一样，索求的食物也是狗和猪，宝目举行这两种仪式时唱诵的内容也大同小异。所不同的是，在举行“布叩呐”仪式时，需要将两只老虎放在前述“边呐”的脚下，原因是“布叩呐”神除了凌晨和夜晚恐吓孩子惊醒哭泣之外，还将孩子灵魂的栖息之处“边呐”弄破。而在驱赶“布叩呐神”时，使用的是一把高粱扔在老虎的后面来驱赶。

## （六）“呐德呐丹”

“呐德呐丹”仪式是用于孩子一天比一天瘦，身体一天比一天弱，人没有朝气，见到父母就哭个不停等情况。如孩子有上述情况，则孩子的父母或爷爷奶奶会拿着鸡蛋从头到脚滚在孩子的身上，带着孩子的衣服，一个鸡蛋，一碗米或拿着茅草、剪刀等到宝目的家中，请求宝目占卜，宝目占卜后会告诉孩子的大人，孩子需要一个保爷。宝目会告知“呐德呐丹”，等孩子身体有所恢复，不再见到父母就哭闹后，宝目就会前来举行仪式。如几天后，孩子果真不再哭闹，身体有所好转，则主人会请宝目前去举行“呐德呐丹”仪式。“呐德呐丹”仪式仍然需要猪和鸡作为礼物，所以举行仪式的第一阶段就是把猪和鸡分别指定给“呐德”神和“呐丹”神。指定结束后，就把鸡给杀了，把鸡和猪肉煮起来。然后，宝目和主人另外拿一碗米，装米的碗上面立着一个鸡蛋，鸡蛋小的一头朝下，大的那头朝上，同时也准备另外的一个碗和一壶酒，竹丫上捆着剪好的纸片，一并装在一个筛子里，拿到离家里不远的三岔路旁摆放在路旁，竹丫就插在一旁。这时宝目和主人就等着看谁是第一个经过这里的人，第一个经过的人当场就被认作孩子的干爹，经过的人答应后，倒一碗酒给他喝，由他将一端系在竹丫上，而另外一端系在鸡蛋上的线牵到家中，说明孩子的魂就回到家里。下一步是孩子的干爹为孩子起名，起名字时长辈要拿一点钱放在装有米的碗上，钱拿多拿少都可以，意为让孩子身体尽快恢复健康。起名仪式结束后，宝目接着又唱诵第二部分的内容，唱完了大家就一起吃饭，“呐德呐丹”仪式就算结束。每逢过年时，要带孩子去走保爷，一般是走一年或三年，礼品为一只猪腿，一壶酒，一个粑粑，两包红糖。孩子的干爹则给孩子准备衣服、裤子、鞋、袜子，同时，送孩子红包。

---

① 布叩呐：苗语“Bub Kol Lah”的音译，神灵名，性别不详。

## (七)“络觅络唆[①]”仪式

“络觅络唆”也属恐吓孩子的神，它和“布叩隆布叩基”神不同的是，它会让孩子梦见一只尖嘴大老鹰，并且飞奔捉小孩，将小孩带到空中。孩子做此梦后，往往非常害怕，会从梦中惊醒。孩子睡醒后，它就休息，听到孩子的哭声，它就高兴，因为它期盼的食物将会得到。等孩子熟睡后，它又再次让孩子做噩梦，仍然梦见大老鹰来叼孩子，并把孩子带到半空中，又带着孩子俯冲下来。做如此的梦后，孩子又一次惊醒。整个晚上，反反复复恐吓孩子，使孩子睡得不安稳，身体一天不如一天好。反复如此，大人只有将鸡蛋从头到脚滚在孩子的身上，抓来几颗米，扔到孩子睡觉的房间，意为提醒神灵，我有话向你说的意思。这时，孩子的父亲就说：“我的孩子半夜被吓得不轻，我的娃娃凌晨被吓得哭泣。我不知你们是哪儿的神灵，我不知你们索要什么礼品，我不明你们想要什么食物。我这就去找宝目，请你们从孩子的身上跟随鸡蛋一起走，请你们从孩子的身体随着鸡蛋一起去，宝目占卜时你来显现，宝目预测时你们来出现，我好请宝目给你们食物，送宝目礼品。”说完后，就前去找宝目，经过宝目占卜，才得知原来是“络觅络唆”神所为。宝目占卜过，就会告知“络觅络唆”神，让它不能再恐吓小孩，往后的几天，如孩子不再受恐吓，睡觉安稳，精神抖擞，则将举行仪式，送给“络觅络唆”神所索要的食物。若孩子确实能酣然入睡，一天比一天健康，大人则会去找到宝目，前来为“络觅络唆”神举行仪式。“络觅络唆”神索要的食物是鸡和鹅，鹅指定送给的是“络觅”神，而鸡指定送给的是“络唆”神。

仪式举行需要准备一只鸡和一只鹅，同时要用竹笋冒出来不久后脱掉的壳剪成一只老鹰，用一个蛋壳套住老鹰的头部，用一根棉线的一端将老鹰的颈部捆起来，另一端捆在一根一米左右长的木棒上。一切准备就绪后，将老鹰拿到小孩睡觉的房间，仪式的举行就在小孩的房间内进行。仪式只有一个部分，宝目唱完后仪式就结束。宝目的唱诵内容为：

一卦

二卦

三卦

---

① 络觅络唆：苗语“Hluob Mjif Hluob Hluot”的音译，是络觅神和络唆神的神灵名，性别不详。

四卦
五卦
“络觅络唆”啊
过去
你们从哪里的高坡来
你们从哪里的深山来
从哪儿的田坝来
从哪儿的湖泊来
你们凌晨恐吓孩子
你们半夜吓坏娃娃
今天是好日子
现在是好时辰
别人得来一只大鹅肥鹅
送给络觅神
别人得来一只大鸡肥鸡
送给络唆神
这样
你们从哪里的高坡来
就退到哪里的高坡去
你们从哪儿的深山来
就回到哪儿的深山去
从哪里的田坝来
回哪里的田坝去
从哪儿的湖泊来
回哪儿的湖泊去
现在
你们来吃肉吃鹅肉
你们来喝血喝鹅血
现在
你们来吃肉吃鸡肉
你们来喝血喝鸡血

这样
你们从田坝来
就退回田坝去
你们从湖泊来
就退回湖泊去
从大森林来
回大森林去
从大丛林来
退大丛林去

唱诵完后，要将老鹰送往太阳落山的地方，从家门口出发，顺着太阳落山的方向跟着大路走，哪时遇到岔路，哪时就将老鹰放在岔路的地方，说明已经送走“络觅络唆”神。

## （八）“珈陇珈兀[①]”仪式

当“珈陇珈兀”神碰上小孩时，它们就会跟随小孩来到家中，并在小孩熟睡的时候，让小孩梦见一只黑虎和一只花虎。两只老虎张开大嘴，露出尖利的牙齿，一边大吼，一边朝小孩的方向扑来，这时小孩就会在梦中被惊吓至魂魄离开身体，吃不进饭，身体逐步消瘦。如果孩子每天晚上都出现这种情况，则大人就前去请求宝目来占卜，宝目通过占卜发现是“珈陇珈兀”神后，会立即告知“珈陇珈兀”神，主人的食物非常丰盛，由于我暂时没有时间举行仪式，请不要再去打扰人家的小孩，过几天我有时间后，一定前去举行仪式，指定你们索要的食物给你们。几天后，如不再出现小孩被睡梦惊醒，害怕得大哭，则大人就去请宝目来举行仪式，指定狗送给“加陇”神，指定猪送给“珈兀”神。举行该仪式前，要事先用茅草制作出像两只老虎模样的道具，用五倍子树削成一把锋利的木剑，准备一根猪骨头和狗骨头。举行仪式时，宝目把一根猪骨头插到一只老虎的嘴里；将一根狗骨头插在另外一只老虎的嘴中，然后把两只老虎放到孩子的房间，宝目就开始唱诵。唱诵的内容是：

珈陇珈兀神啊
脚印来到这里

---

① 珈陇珈兀：苗语“Jod Hlongb Jod Wuos”的音译，是珈陇神和珈兀神的神灵名，性别不详。

痕迹就在这儿
凌晨把小孩吓醒
半夜把娃娃吓坏
现在跟着脚印走
此时跟随痕迹去
啊珈陇就在这里
现在跟着脚印走
此时跟随痕迹去
啊珈兀就在这儿
原来是来恐吓孩子
原本是来索要食物

唱完这段话后，从孩子住的房间将老虎放到房子的堂屋，宝目用事先准备好的水含在嘴里，向两只老虎喷去，然后又唱诵说：

一卦
二卦
三卦
四卦
五卦
珈陇珈兀啊
你们从哪里的高坡来
你们从哪儿的大山来
凌晨来恐吓小孩
半夜来吓坏娃娃
你们来吃肉吃猪肉
你们来喝血喝猪血
来吃肉吃狗肉
来喝血喝狗血
珈陇珈兀神啊
这时
你们从哪里的高坡来
就退到哪里的高坡去

你们从哪儿的大山来
就回到哪儿的大山去
该结束就结束
该了断就了断

唱完后，将两只老虎提到门外，沿着往太阳落山的方向去，扔在岔路口，并用宝剑刺杀老虎几下，意为将“珈陇珈兀”神赶出去了。

### (九) 理发仪式

麻山苗族人认为，当孩子三岁时，孩子的成长就进入比较稳定的阶段。此时，要给孩子举行理发仪式。意为孩子已经历过艰难的成长期，将孩子的头发理掉，标志着孩子已进入较为安全的生长期。选择好时间，确定哪一天理发后，就要前往舅家通知，由舅舅去理。在理发的前一天，主人就请来家族和邻居，先杀一头五十千克左右的猪等舅舅家过来，理发时不可用剪刀、推剪，用的是传统钢板制作的专业理发刀，由主人事先准备理发刀等舅舅。舅舅那边按照约定的时间，带上一只大公鸡，两包红糖，一袋大米，也请家里的几个弟兄一起前来。

舅舅来到后，亲自给外侄洗头，检查理发刀快不快，然后嘴里念着：

今天是好日子
现在是好时辰
侄子你今年已三岁
舅舅我现在来理发
第一刀理下来
是理掉神灵的纠缠
第二刀往下理
是理掉身上的疾病
第三刀理下去
是理掉你的坏脾气
第四刀往下理
是理掉你懒散的习惯
第五刀理下去
你将迎来更佳的健康
第六刀往下理

你会变得更加勤快
第七刀理下去
你会变得越来越聪明
第八刀往下理
你长大了会勤奋学习
第九刀理下去
你长大了会孝敬老人
第十刀理下去
让你这一生变得十全十美

接着，把头发理完，大家就一起吃饭，看看鸡卦情况，理发仪式结束。

### （十）招魂仪式

招魂仪式是麻山次方言苗族常见的仪式之一。当孩子不注意摔跤后，父母就担心孩子的魂魄是否已离开身体，接着就要观察孩子的身体情况，如孩子吃不进饭，身体消瘦，有叛逆心理，则说明孩子已经落魂了。不过，这只是猜测，是否落魂得拿鸡蛋或茅草给宝目占卜，如果占卜为落魂，这得马上择日把魂魄招回来。

招魂仪式比较简单，请宝目来到家后，装上一碗米，装米的碗上立着一个鸡蛋，小的那头放进米中，大的一头露在外面。再准备两个碗，一个放着一块猪肉，另一个倒上适量的酒，又带上自家织的布匹，布匹长约 3～5 米，也准备一只鸡。一切准备就绪后，鸡是提着，其余所准备的东西都放进竹筛中。宝目点上一支香，然后将准备在筛子的东西抬到孩子落魂的地方，宝目就在那里唱诵招魂词，一边唱一边用筷子敲着碗，当看到蜘蛛靠近布匹时，说明蜘蛛已把孩子的魂魄带过来了，于是轻轻地将布匹卷起来，让蜘蛛在布匹中，将布匹拿回家里，放在孩子睡觉的房间，招魂仪式就结束。

## 四、生育仪式个案

“呐昂呐勒”仪式的适用范围：家中的小孩瘦弱、厌食、走路不稳。孩子出现上述情况，一般都是神灵“呐昂呐勒”来到家中，索要食物而发生的。如通过占卜发现是“呐昂呐勒”神后，宝目就对神灵交代说：“呐昂呐勒啊！你来到别人家，让人家的小孩身体弱小，吃不下饭，走路不稳，我来看鸡蛋[1]占卜，已知道是你来到人家讨要食物，索要礼品。现在你就要让人家的小孩身体一天比一天好，吃饭吃得香，走路走得稳，过几天我就过来把你需要的礼品送给你。”具体需要什么样的礼品，就看是什么“呐”，不同的“呐”需要的礼品不同，不管是什么“呐”，需要的礼品是早的时候就规定好的。过几天如孩子好点后，主人就会请宝目来举行“呐”的仪式，把“呐”需要礼品送给它，孩子就得到健康了。“呐昂呐勒”神需要的礼品是鸡和猪，举行仪式的地点是房前屋后哪个地方积水就在哪个地方举行。举行时要剪白纸片，捆在砍来的两根竹丫上，将挂有纸的竹丫插在积水的两边，同时准备麻线和棉线，用一斤左右的猪肉来代表是一头猪，还要拿来一只公鸡。准备完后，宝目就开始第一阶段的唱诵，内容是：

远古的呐昂呐勒神
守候别人身躯也喊来
缠住别人身体也喊来
蹲在门边也喊来
坐在屋角也喊来
别人用稻谷引偌[2]来跟随寻找
别人用红稗引偌来跟随召唤
你们来坐桌子
你们来坐位置
你们来座席位
你们来要钱
你们来要钍[3]
你们来要礼品
你们来要礼物

哈呕[4]

---

① 看鸡蛋：麻山地区占卜方式之一。
② 偌：苗语“Roh”的音译，生灵名，能洞察神灵行踪。
③ 钍：苗语“Tun”的音译，货币类型。
④ 哈呕：苗语“Hal Hreuh”的音译，开唱是的语气词。

一卦[1]
二卦
三卦
四卦
五卦
远古的呐昂呐勒神
你们从哪里的疆域过来
你们从哪里的村庄过来
你们从哪里渡河过来
你们从哪里走路过来
别人披着衣服
出门不逢吉时
来与你们相逢
外出不对地方
来和你们相遇
别人来说直话你们来讲倔强话
别人来说好话你们来讲讨厌话
别人腿痛脚痛
别人耳痛头痛
别人胃痛脾痛
别人冰痛冷痛
别人吃不得菜
别人吃不香饭
别人过不了河
别人走不动路
别人心情怎么舒服
别人气息怎么畅流
别人才准备茅草
别人才准备大米

① 卦：苗语："Peas Ndws" 的音译，用苦竹制成，是召唤神灵的媒介物。

别人才匆忙找宝目
别人才急忙找东若
多次占卜才暴露
反复预测才显现
来知道你们的姓氏
来知道你们的名字
今天才是好日子
现在才是好时辰
别人讨来
别人借来
别人称来
得来一头大猪
得来一头肥猪
送给远古呐昂神
别人讨来
别人借来
别人称来
得来一只大鸡
得来一只肥鸡
送给远古的呐勒神
别人筹齐礼物才交给
别人筹足物品才送给
你们拿瘟疫给就解除瘟疫
拿疾病给就解除疾病
解除别人身体的瘟疫
解除别人体内的疾病
松开别人脚上的脚箍
解开别人肩上的绳子
让别人的手如镀铜一样牢固
让别人的手臂如镀铁一样坚硬
占卜是阳卦才解救别人的魂魄过来

占卜是顺卦才放开别人的灵魂过来
来到门口
来到家中
门口干燥
床铺温暖
你们要来保佑
来呵护
来呵护完
来呵护全
来呵护够
来呵护尽
来呵护别人的身躯
来呵护别人的身体
来呵护别人的皮肤
来呵护别人的躯壳
肉萎缩拿肉添加到萎缩的地方
血减少拿血补给到减少的血管
让别人吃得菜
让别人吃香饭
过河就过得
走路就走稳
下坡如石头滚动
爬坡如大火烧山
来呵护别人屋檐高如山崖
来呵护别人粮仓檐大如山丘
阳光照射下来不感觉到炎热
大雨飘落下来不感觉到破漏
让别人走好
让别人爬好
去森林森林响
吼叫如虎

响声如熊
抓石头抓得牢
抓悬崖抓得稳
抓竹子不让竹子断
来呵护别人的牛类
来呵护别人的马类
来呵护别人的鸡类
来呵护别人的鸟类
来呵护别人的狗类
来呵护别人的猪类
繁多的鸡夜晚喧闹
繁多的猪地里喧闹
激烈喧闹
梅花鹿喧闹
羚羊喧闹
红色的鸟叫唤
雪白的鸟召唤
白天要放
晚上要关
生长快如佛手瓜
肥胖如南瓜
大人见了就夸赞
小孩遇上就夸奖
来呵护别人的荞种
来呵护别人的豆种
来呵护别人的禾苗种
来呵护别人的庄稼种
熟地
生地
蛇月
马月

别人在平地播撒种子生长茂盛
别人在环坡地播撒种子生长茂密
一颗生长二株
一株抽芽二穗
别人采摘放家里装满家
别人采摘放粮仓装满粮仓
放在九柱的房子
放在九抱的粮仓
别人吃不完
别人吃不尽
酸臭
辣臭
臭如树发出的气味
臭如森林发出的气味
制造星星
制造货币
购买唢呐
购买鼓
购买长号
购买芦笙
多种买来齐全
多样买来足够
我来告诉你们的根源
我来讲述你们的起源
在远古的时候
是远古的岁月
别人造天造地
造人类造万物
迦泽生迦畄
迦畄生火布碟
来生波翁

来生帛翁
来生二个
来生二人
诺唷来编蓝天
卓唷来造旷野
吒牧来制造十二种乐器
吒牧来制造十二种鼓
来生赛杜
来生乌利
来生诺唷
来生诺耶
来生耶昵
来生耶旺
来生鲁土
来生鲁嘎
来生弥旺
来生卓娜
鲁土鲁嘎才到地方来占卜
鲁土鲁嘎才到村庄来预测
才来遇到弥旺
才来遇到卓娜
才来伤心地哭
才来痛苦落泪
鲁土鲁嘎才问你们哭什么
我们俩为不会生育儿女哭
鲁土鲁嘎才说你们哭什么
我们俩为不会生娃哭
鲁土鲁嘎才说
蛇月轮回蛇月
马月轮回马月
你们栽桃树

你们栽果树
弥旺来栽桃树
卓娜来栽李树
果树开花的开花
果树结果的结果
生儿女的生儿女
生娃的生娃
弥旺才生皖卯①
卓娜才生皖牧②
来生瓦蓝③
来生瓦宇④
瓦蓝瓦宇去田坝的地方
瓦蓝瓦宇去水田的地方
去变成呐弈⑤
去变成呐盖⑥
剩下皖牧变成呐昂⑦变成呐勒⑧
才变成呐港⑨变成呐娇⑩

顺着麻线过娃也来啊
顺着棉线过娃也来啊
娃来啊
娃来啊
布匹做成的房子破旧修补给娃住娃也来啊

---

① 皖卯：苗语“Waf Moab”的音译，吒牧之孙，性别不详。
② 皖牧：苗语“Waf Mul”的音译，吒牧之孙，性别不详。
③ 瓦蓝：苗语“Waf Lanx”的音译，吒牧的重孙，性别不详。
④ 瓦宇：苗语“Waf Yid”的音译，吒牧的重孙，性别不详。
⑤ 呐弈：苗语“Lah Yit”的音译，瓦蓝死后变成的神灵。
⑥ 呐盖：苗语“Lah Gaek”的音译，瓦蓝死后变成的神灵。
⑦ 呐昂：苗语“Lah Angb”的音译，瓦宇死后变成的神灵。
⑧ 呐勒：苗语“Lah Nengp”的音译，瓦宇死后变成的神灵。
⑨ 呐港：苗语“Lah Gangb”的音译，瓦宇死后变成的神灵。
⑩ 呐娇：苗语“Lah Qol”的音译，瓦宇死后变成的神灵。

纸做的房子倒下立起来给娃坐娃也来啊
父亲也怜惜儿女这就过来娃啊
母亲也怜惜儿女这就过来娃啊
爷爷奶奶祖爷爷祖奶奶也怜惜这就来娃啊
布匹做成的房子破旧修补给娃住娃也来啊
纸做的房子倒下立起来给娃坐娃也来啊
在天边放牛吃别人的禾苗别人吼娃也过来啊
坐在旷野角落放马吃别人的庄稼别人骂娃也过来啊
在远处就到近处来
在近处就早些过来
七帮男孩拿着七堆书娃也过来啊
七帮男孩拿着七堆写字的纸娃也过来啊
七帮女孩拿着七包线娃也过来啊
七帮女孩拿着七包棉花娃也过来啊
在远处就到近处来
在近处就早些过来
从坛子架下玩到了碗架下
父亲骂了也有母心哄开心
从坛子架下玩到缸子架旁
父亲骂了也有母亲想
布匹做成的房子破旧修补给娃住娃也来啊
纸做的房子倒下立起来给娃坐娃也来啊
顺着麻线娃也来啊
过着棉线娃也来啊
娃来啊
娃来啊

唱到这里，宝目就把猪和鸡指定给呐昂神和呐勒神，唱诵内容是：

今天是好日子
这时是好时辰
别人讨来
别人借来

别人称来
得来一头大猪
得来一头肥猪
送给远古呐昂神
毛色好看
尾巴漂亮
样子可爱
式样美丽
腿脚灵便
趾骨齐全
头顶蓝天
脚扫大地
虎毛
狮子毛
虎血
龙血
龙水
雷水
来交给
来指定
给早餐
给正餐
给礼品
给礼物
一起指定一起要
指定身躯给
指定身体给
你们一起吃
你们一起喝
今天是好日子
这时是好时辰

别人讨来
别人借来
别人称来
得来一只大鸡
得来一只肥鸡
送给远古的呐勒神
毛色好看
尾巴漂亮
样子可爱
式样美丽
腿脚灵便
趾骨齐全
头顶蓝天
脚扫大地
虎毛
狮子毛
虎血
龙血
龙水
雷水
来交给
来指定
给早餐
给正餐
给礼品
给礼物
一起指定一起要
指定身躯给
指定身体给
你们一起吃
你们一起喝

宝目唱完这一段，说明宝目已将猪交代给“呐昂”神，将鸡送给了“呐勒”神。接下来参与仪式的人把饭煮起来，然后杀鸡，洗猪肉，将鸡和猪肉煮在一起。饭菜煮熟后，参与仪式的人将鸡头，鸡的内脏，鸡脚和猪肉舀在一个碗里，加上一点盐和饭，碗里倒上酒，一起摆放在第一阶段唱诵的位置，宝目就进入第二阶段的唱诵。内容是：

哈 呕
一卦
二卦
三卦
四卦
五卦
远古的“呐昂呐勒”神
前次交代牲口和种类
交代带着毛的牲畜
这次
猪肉熟端来进餐桌
饭熟端来进饭桌
鸡肉熟端来进餐桌
饭熟端来进饭桌
肉熟热气扑来
饭熟雾气喷来
炖肉你们才吃
炖茶你们才喝
吃肉下饭
喝酒下肉
你们来吃完
你们来吃干净
你们来吃饱
你们来吃剩
你们拿瘟疫给就解除瘟疫
解除别人身体的瘟疫

解除别人体内的疾病
松开别人脚上的脚箍
解开别人肩上的绳子
让别人的臂如镀铁一样坚硬
占卜是阳卦才解救别人的魂魄过来
占卜是顺卦才放开别人的灵魂过来
来到门口
来到家中
门口干燥
床铺温暖
来保佑
过呵护
来呵护完
来呵护全
来呵护够
来呵护别人的身躯
来呵护别人的身体
来呵护别人的皮肤
来呵护别人的躯壳
肉萎缩拿肉添加到萎缩的地方
血减少拿血补给到减少的血管
让别人吃得菜
让别人吃香饭
过河就过得
走路就走稳
下坡如石头滚动
爬坡如大火烧山
来呵护别人屋檐高如山崖
来呵护别人粮仓檐大如山丘
阳光照射下来不感觉到炎热
大雨飘落下来不感觉到破漏

来呵护别人走的路
来呵护别人过的路
来呵护别人种农活过的路
来呵护别人种地走的路
让别人走好
让别人爬好
去森林
吼叫如虎
响声如熊
抓石头抓得牢
抓悬崖抓得稳
抓竹子 不让竹子断
来呵护别人的牛类
来呵护别人的马类
来呵护别人的鸡类
来呵护别人的鸟类
来呵护别人的狗类
来呵护别人的猪类
繁多的鸡夜晚喧闹
繁多的猪在地里喧闹
喧闹激烈
梅花鹿喧闹
羚羊喧闹
红色的鸟叫唤
雪白的鸟召唤
白天要放
晚上要关
生长快如佛手瓜
肥胖如南瓜
大人见了就夸赞
小孩遇上就夸奖

来呵护别人的荞种
来呵护别人的豆种
来呵护别人的禾苗种
来呵护别人的庄稼种
熟地
生地
蛇月
马月
别人在平地播撒种子生长茂盛
别人在环坡地播撒种子生长茂密
一颗生长二株
一株抽芽二穗
别人采摘放家里装满家
别人采摘放粮仓装满粮仓
放在九柱的房子
放在九抱的粮仓
别人吃不完
别人吃不尽
酸臭
辣臭
臭如树发出的气味
臭如森林发出的气味
制造星星
制造货币
购买唢呐
购买鼓
购买长号
购买芦笙
多种买来齐全
多样买来足够

我来告诉根源
我来讲述起源
别人造天造地
造人类造万物
迦泽生迦甾
迦甾生火布碟
来生波翁
来生帛翁
来生二个
来生二人
诺唷来编蓝天
卓唷来造旷野
吒牧来制造十二种乐器
吒牧来制造十二种鼓
来生赛杜
来生乌利
来生诺唷
来生诺耶
来生耶昵
来生耶旺
来生鲁土
来生鲁嘎
来生弥旺
来生卓娜
鲁土鲁嘎才到地方来占卜
鲁土鲁嘎才到村庄来预测
才来遇到弥旺
才来遇卓娜
才来伤心地哭
才来痛苦
鲁土鲁嘎才说你们哭什么

我们俩为不会生育儿女哭
鲁土鲁嘎才说你们哭什么
我们俩为不会生娃哭
鲁土鲁嘎才说
蛇月轮回蛇月
马月轮回马月
你们栽桃树
你们栽果树
弥旺来栽桃树
卓娜来栽李树
果树开花的开花
果树结果的结果
生儿女的生儿女
生娃的生娃
弥旺才生皖卯
卓娜才生皖牧
来生瓦蓝
来生瓦宇
瓦蓝瓦宇去田坝的地方
瓦蓝瓦宇去水田的地方
去变成呐弈
去变成呐盖
剩下皖牧变成呐昂变成呐勒
才变成呐港变成呐娇
顺着麻线过娃也来啊
顺着棉线过娃也来啊
布匹做成的房子破旧修补给娃住娃也来啊
纸做的房子倒下立起来给娃坐娃也来啊
父亲也怜惜儿女这就过来娃啊
母亲也怜惜儿女这就过来娃啊
爷爷奶奶祖爷爷祖奶奶也怜惜这就来娃啊

布匹做成的房子破旧修补给娃住娃也来啊
纸做的房子倒下立起来给娃坐娃也来啊
在天边放牛吃别人的禾苗吃别人吼娃也过来啊
在旷野角落放马吃别人的庄稼别人骂娃也过来啊
在远处就到近处来
在近处就早些过来
七帮男孩拿着七堆书娃也过来啊
七帮男孩拿着七堆写字的纸娃也过来啊
七帮女孩拿着七包线娃也过来啊
七帮女孩拿着七包棉花娃也过来啊
在天边放牛吃别人的禾苗别人吼娃也过来啊
在旷野角落放马吃别人的庄稼别人骂娃也过来啊
弄掉筷子别人吼娃也来啊
把碗弄破别人骂娃也来啊
把菜弄掉别人吼娃也来啊
把饭弄落别人骂娃也来啊
娃来啊
娃来啊
娃来啊

宝目唱诵结束后，参与仪式的人就将麻线和棉线的一头捆在仪式前插在积水位置两旁的两根竹丫中部，然后将麻线和棉线牵到家中小孩睡觉的房间，表示小孩的灵魂已经跟随过来。牵完线后，大家就一起吃饭。吃饭也是讲规矩的，吃饭时宝目先夹菜，其他人员才能夹。宝目不能吃鸡头、鸡脚、鸡腿，如宝目吃这些东西，神灵就不走。吃饭时只能说大家一起来赶集市，不可说大家一起来吃饭。吃饭过程中，大家最关注的是鸡卦[①]的好坏，鸡卦好则神灵走了，家里吉祥平安。吃完饭后，把碗筷清洗干净，仪式就结束。

当然，上述列举的仪式并未穷尽，涉及孩子成长过程中的部分仪式还未列举出来，比如“米蓓”“米赔”等仪式。然而，综上所述，不难看出，安顺市的西部方言麻山次方言苗族人对生与育方面特别重视，主要体现在生育前、怀孕中、和生育后成体系的仪式当中。

① 鸡卦：鸡大腿的骨头。有洞，宝目会根据两节对称的腿骨中显现的洞的走向来预测吉凶。

# 第二节　麻山苗族婚恋习俗

在苗族西部方言中，语属麻山次方言区的人口最多。麻山次方言又可分为六个土语区：即以紫云县宗地乡为代表的中部土语区；以长顺县摆梭为代表的北部土语区；以望谟县乐宽乡为代表的南部土语区；以紫云县四大寨乡为代表的西部土语区；以罗甸县木引乡把坝寨为代表的东南土语区和以望谟县打狼乡岜奉寨为代表的西南土语。

麻山次方言苗族青年男女结婚途径有父母包办和自由选择两种形式。前者主要是指通过媒人提亲，女方同意之后结婚；后者通常是青年男女通过游方认识对方，双方情投意合之后结婚。以下就麻山次方言中部土语区和西部土语区的婚俗简述如下。

## 一、西部方言麻山次方言中部土语区婚俗[①]

### （一）提亲

麻山次方言中部方言区没有专职的媒人，凡愿意牵线搭桥并了解青年男女双方情况的男人或女人，都可以充当媒人。麻山次方言苗族婚姻提倡“同姓不婚，异姓通婚”。一般来说，通婚与否是以苗姓为主，基本不受汉姓影响。

当某个青年男士中意某个青年女士后，男士家父母就请媒人到女士家去提亲。提亲时，无论是否相识，也无论是否知道来者有何意，一般都会受到女士家热情的接招。媒人前来说亲，一般要带一包红糖到女方家串门，而且还要婉转地说明自己的来意。姑娘家无论是否答应这门亲事，也不会立即表态。如果立即表示同意，会显得过于看重对方而有损自尊；马上表示不同意，又显得轻视对方而失礼，甚至得罪对方。他们一般会对媒人说：多谢某某家看得起我家姑娘，请允许我们考虑后再回话。此后，媒人第二趟还要带着一包糯米饭或者三个粽粑，去女方家打听消息。女方经过调查了解，如不同意这门亲事，就婉言谢绝，比如说姑娘还小，过几年再考虑婚事；如果同意这门亲事，就把定情物如姑娘的围腰或

① 梁勇，亚鲁王史诗与仪式［M］. 贵阳：贵州民族出版社，2021：29-33，并在田野中得到紫云苗族自治县宗地镇大地坝村摆弄关组杨光应的口述协助。

者上衣等拿给媒人回男方家看鸡卦，若是鸡卦好的话，媒人还要包着这双鸡卦，带着一包糯米饭、一只公鸡与姑娘家送的定情物和12元放口钱回女方家去第三趟；女方家要把这只公鸡杀来招待媒人，并把家族成员叫来一起和媒人磋商其他认亲事宜，约定认亲的日子，向亲戚朋友通报确定这门亲事。

### （二）认亲

在麻山次方言苗族地区，无论是通过说媒或是私奔，只要女方家同意后，都要择吉日举行认亲仪式，以示双方的姻亲关系正式确立。

认亲一般都是女方家同意这门亲事后两个月内举行，如果把日期拖延太久则会被别人笑话。认亲的时候，女方家就开始张罗认亲的酒席了。女方家会四处邀请同门家族的舅舅、舅妈、姑爹、姑妈前来赴宴。认亲当天，男方家选派9至11个不等的青壮年男子组成认亲队伍，抬着一头50多千克的猪，背着几包糯米饭和数只公鸡以及红糖等物品，浩浩荡荡地向女方家走去；认亲的队伍到家后，先喊人来杀这头猪来招待男方客人。就餐时，双方的家族长辈同坐一桌吃饭，男方把认亲彩礼钱交给女方家族清点，认亲钱是120元、240元或者360元不等，它们分别象征一年的十二个月、二十四节气和三百六十天。随后，认亲队伍又跟着女方叔伯弟兄挨家挨户吃认亲饭，每从一家出来都要给此户老人送礼钱。以前的送礼钱都是两元钱，如今随着物价的高涨，一般要送50元或100元。

认亲结束，男方的认亲队伍返回时，女方家族回赠的礼物一般是一串粽粑，一张洗脸巾，而男方家则以一条裤子或者是上衣和三个大粽粑作为回赠礼品。

### （三）彩亲议聘

认亲过后，男方还要择吉日组织家族人员赴女方家进行“彩亲议聘”仪式。彩亲议聘，麻山次方言中部方言区苗语称为“soxd qeux”。彩亲议聘时，男方家所带礼品（物）也是一头50多千克的猪，一箩糯米饭，一只已杀好并取下内脏的小子鸡。另外，还要准备一壶酒、一只公鸡去请女方母亲哥或弟吃彩亲饭。到了女方家，先进行简餐。正餐时，双方在堂屋中间摆放一个簸箕，簸箕上面摆放着三个碗，其中两个装酒，另一个碗专门用来盛聘资的。男女双方家族首先将“母舅钱”谈好，按年龄排序，即按大舅、二舅、幺舅的顺序，分别送给他们120元、72元、36元不等，然后双方每议好一项，就把钱放在碗里，由女方家族人员把钱清点，然后交给女方父母。麻山次方言苗族的婚姻，如今也是自由缔结居多，由父母包办的占少数，但都要付彩礼钱，数量多少视男方家庭经济状况而定。20 世纪 90 年代以前，最多只是千元左右，少的为两三百元；目前，由于社会经济的发展和人民生活水平不断得到提高，物质生活逐渐丰盈，因此麻山次方言苗族在议聘时聘资也提高至万余元，少则数千元。

### (四) 私奔

在西部苗族麻山次方言中部土语区，青年男女私奔是比较常见的。因为私奔是反对封建婚俗的唯一利器。青年男女双方只要情投意合，不用聘请媒人去说媒，也不管女方父母是否同意，女生直接与男生私奔到男方家。姑娘到家当天晚上，寨邻老少和亲朋好友都要来鸣放鞭炮祝贺。男方则要杀猪宰羊，另外还要杀一只全身一色纯毛的公鸡或母鸡摆宴招待客人。同时，还要叫上几位家族长辈和寨老与这对自愿组合的年轻夫妇共坐一桌就餐。席间长辈和寨老们分别轮番询问姑娘是否已婚嫁、家庭成员和住处等。随后，还要质证男女双方的感情，姑娘必须回答（大意）："我自愿与某某结为夫妻共同生活，不起二心。要是我反悔我就找一个婆娘给他。"男方必须回答（大意）："我自愿与她结为夫妻共同生活绝无二心。要是我不要她，我的房子、田地都归她。"最后，小两口要给长辈、寨老和亲戚朋友们敬烟敬酒，男方要把邻里亲戚一 一介绍给女方认识。

等到第三天，新郎要找两个能说会道的中年男人带着一只公鸡、一壶 6 千克苞谷酒、数包糯米饭和红糖（视新娘后家有几个叔伯弟兄而定）去知会姑娘后家人。女儿私奔既成事实，大多数当父母的只有默认这桩亲事；只有少数人不同意，甚至组织人去把女儿抢回来，或者从此不认这个女儿，一辈子不让她回娘家。如果新娘的父母认可，他们会把公鸡和礼物收下，挽留前来告知消息的客人，热情招待；如果不同意，他们不仅出言不逊，把所带去的礼物全部扔出屋外，还将前来告知信息的男人拒之门外。

### (五) 接亲

举行婚礼，麻山次方言中部土语区苗语称为"axF queX，meuT nyaT，haF nplieS"，意为结婚、接老婆、嫁姑娘。男方在彩亲议聘时，有的已把接亲的黄道吉日定好；也有的返回后几天内，请人看好期辰，再请媒人到女方家去告知接亲吉日。接亲时新郎家在婚期的头一天要选派五个或者七个酒量大的青壮年男子和两个伴娘（20 岁以下未婚的女子）组成迎亲队伍，其中一个必须是新郎的亲伯或亲叔领队。同时，还要喊七八个甚至更多的年轻小伙子去当挑夫，他们只负责出力抬陪嫁妆，如衣柜、组合柜、洗衣机等物品。迎亲的人要抬着两箩糯米饭，一方猪肉，其中一箩糯米饭要放煮熟的猪内脏一样一点放在里面拿去新娘家。迎亲队伍刚到寨门口，新娘家已早有准备，设好了几道拦路酒。迎亲的押礼队伍每个人喝过拦路酒后，才能进入新娘家。这时，新娘开始在屋里闹哭嫁歌，大“骂”接亲人和媒人，但接亲的人均不能还口，只能多说好话以平息“吵闹”，有的甚至一直哭到第二天早上发亲时才停止。如今，随着时代的变迁和习俗的同化，已逐渐消失不见踪迹。随后，新娘家找来一名祭师，在堂屋里用簸箕摆上一桌菜肴，再喊双方家族长辈三四个人与祭师一起供祭新娘家祖先，新郎家陪供的人要拿一个红包放在祭桌上，红包里面包着 3 元或者 6 元祭祀钱。祭毕，双方家族长辈和祭师每人要拈几块肉吃，整个祭祀仪式才算结束。然后，新娘家设宴招待迎亲队伍，并请邻居来陪吃喝，新娘家的人频频向客人敬酒，小姑娘们则站在旁边端着饭盆添饭，嬉笑声经久不息。

迎亲队伍在新娘家住了一晚上，次日一早便接走新娘。在发亲出门时，由新娘的大哥或者兄弟从屋里背出娘家大门，来接亲的伴娘在大门外打开大红伞接住新娘背在背上，走在队伍的前面。新娘家送一箩糯米饭、一方猪肉。糯米饭是为到新郎村子边时让小孩子们抢吃而备的。随新娘到新郎家去的还有新娘的父老兄弟和姐妹们。送亲的人不超过 13 人，麻山次方言中部土语区苗语认为接、送亲的人必须逢单，回来的时候逢双，这才是最吉利的。

送亲和迎亲的人浩浩荡荡向新郎家行进。帮忙抬陪嫁品的年轻小伙们汗流浃背地来到寨门口休息等候送亲队伍，当迎送亲队伍进入村口，围观的孩子们成群结队地站在路旁。这时，扛糯米饭的接亲人把糯米饭和喜糖分给孩子们吃。新郎家早已叫祭师在三岔路口把一棵已用五色线捆住中间的打粑棒放在那里，等待新娘跨过，以示去污除秽。新娘来到新郎家门口的时候，新郎的伯母、叔娘已在门口中间摆着一半盆清水，再在水中央放置一盏清油灯，用筛子罩住，然后把新娘架来跨过油灯走进洞房。在新娘跨过门槛的那一瞬间，新郎家最为忌讳孕妇在场观看，认为是不吉利的，会影响夫妇和睦。因此，有孕在身的妇女都会避开远远的。不仅如此，连新郎父母和新郎都不得在场观看新娘进屋——这被视为今后两口子和公婆媳之间产生不和谐关系的根源之一。新娘家的送亲队伍进入新郎家，同样也要先喝好几道拦路酒。新娘来到新郎家后，举行的结婚仪式，如新郎新娘在婚宴上向长辈敬酒敬烟，翁姑、母舅分别轮番给新郎戴花挂红等。

婚宴之后，送亲队伍和新娘要在新郎家留宿一夜，第二天一早吃过早饭，新娘便由送亲队伍带回娘家。这种由老人包办的开亲方式，只不过是举行了结婚仪式，新娘打个照面就回娘家了，婚期当天新郎新娘并未同居。此后，到了农忙季节，新郎家才去把新娘接来，农忙过后又让其回娘家，经过几次往返新娘有了身孕之后，才长居夫家。

## 二、西部方言麻山次方言西部土语区婚俗[①]

苗族西部方言麻山次方言区的西部土语区，主要聚居在紫云自治县四大寨乡。四大寨乡位于紫云自治县西南面，距县城41公里，东与格凸河镇相邻，南与猴场镇接壤，西与望谟县交界，北接火花镇。四大寨乡所辖17个行政村，即牛场村、克哨村、冗长村、关口村、晒瓦村、喜凯村、喜瓮村、高坪村、卡塞村、新寨村、噜嘎村、缴卜村、茅草村、喜档村、猛林村、卡坪村和把才村，全乡总面积近160平方千米，苗族也是全乡人口最多的民族。

### （一）相识

从古至今，苗族的婚缘是从民间的各种活动场所开始的，如走亲访友、宴请酒席、赶集巷街和赶坡[②]集会等都是苗族男女青年的结缘之处。苗族是一个热情好客的民族，他们一年四季都在走亲访客；苗族日常生活中，各种大小事都有宴请酒席的传统。“人不走不亲，水不打不浑。亲戚常来往，亲上更加亲”，这种走亲访友和宴请酒席的生活常态，给青年男女相互认识提供了重要的机缘。赶集，也是苗族人生活的一种常态，在他们居住方圆数里范围内，每一个星期周期范围内，都有三至四个不等的赶集场所；苗族的传统节庆也比较多。过去，每逢传统节庆，很多青年男女三五成群地到长久以来约定俗成的某个野外场所集会玩乐。这些场所（赶集街巷和野外赶坡）不仅是苗族青年男女美好记忆的空间镜像，也是他们相互产生爱意的重要源头，他们在这里寻觅自己倾慕的伴侣，并愿自己的美好爱情和幸福人生从这里起步……

走亲访友相识。苗族青年男女在走亲访友中相遇时，如果双方都有爱慕之意，那或者男方返回家后就会给自己的长辈诉说，长辈得知儿子的话中之意后，就会乐意请媒人到女方家去提亲；或是男女双方主动邀约见面诉说和倾吐各自的

---

① 田野调查访谈人：紫云苗族布依族自治县四大寨乡卡坪村双龙井寨陈志忠。

② 每逢节庆日，青年男女在固定的某一野外场所聚会游玩。

爱意。之后，男方就带着女方到自家去，一是去向父母报喜，二是女方借此了解男方的家境和居住自然条件环境。女方经过到男方家了解实情后，如果觉得可行，女方就会同意与男方在一起。当然，女方经过这一趟“实地了解”并决定与男方一起生活后，还必须男方家请媒人去女方家提亲。

宴请酒席中相识。在各种宴办酒席中，在场的青年男女都比较多，如果男方有相中的对象，并持续观察女方的人品、言行和相貌，认为各方面都如意后，男方会主动向所倾慕的女方套近乎。如果是男士比较内向，不便于说出口，那他会在现场请人给他传话。女方得知消息后，如果觉得男士也不错，那她会把她的家庭住址等信息转达给男方，在宴席后再各自相约，以增进了解。

赶集中相识。“年轻人赶场是赶边边场”，这是在苗族地区常流传的一句口头禅，意思是苗族青年男女赶集的主要目的并不是去进行商品交易，而是通过赶集在返回途中去寻觅恋爱的对象。过去，这种“边边场”一般是有意结识的男女双方会在这里对唱山歌。通过对歌，双方进一步增进了解。对歌时间总是过得比较快，对歌意犹未尽时，太阳却已下山。这时，男生会主动提出送女方回家，而女士也会乐意接受。在回程的路上，男方会尽情地表现自己，以把自己最好的一面呈现给女方，获得对方的信任，以便早日手牵手，完成心愿。

赶坡集会相识。男女青年这种通过赶坡相识的情形，与上述三种相识方式有些许差异。因为“赶坡”是民间一种比较大型、浓重的娱乐聚会方式，有着悠久的历史和丰富多彩的文化意涵。到这里来汇聚的人来自四面八方，五湖四海。“赶坡”场所里，有老人，有青年，有小孩子等，各种年龄阶段的人群都有，但以青年群体居多。老年人在这里休闲，小孩子在这里消费（买零食），青年男女会在这里或对歌交友，或在田坎边上漫步闲谈，或三五成群就地而坐并敞开心扉谈天说地。通过“赶坡”聚会相识，也是青年苗族寻觅爱情，通往人生幸福之路的重要途径之一。

西部土语区苗族青年男女相识主要通过以上四种方式去实现。他们无论是哪种方式认识，只要双方都有意愿结为一家，那男方家必须请媒人到女方家去提亲议事，这也是所谓的“媒人说亲”环节。

### （二）媒人说亲

麻山次方言西部土语区苗族的“媒人说亲”环节，一般要进行四次。

第一次上门提亲。男方家会请已确定好的媒人来家吃饭，主家要杀鸡招待。

为何要杀鸡？过往在农村，鸡是待客最尊贵的佳肴之一，其次杀鸡的目的主要是为了看鸡卦。如果鸡卦是好卦，即顺卦，那就按之前主家预定好的日期去女方家提亲，反之，则另外选择吉日再到女方家去提亲。媒人提亲时，所带的礼物是两块红糖——据说这是先祖亚鲁王定下的习俗，因为古代除了红糖外没有其他糖类礼品，同时，红糖象征着人们生活红红火火，两块代表一双，暗喻男女成双成对、双双有喜等具有吉祥的象征意义。媒人初次到女方家时，先是与其家人闲聊，在闲聊中可得知女方家父母是谁做主。如是女方父亲做主的话，那就在就餐时看其菜谱的情形来决定是否提起说亲之事宜：若锅里是青白绿叶三菜，就不能提到本次上门的目的，只能谈一些与说亲无关的话题。待就餐结束后，媒人返回时就背着红糖带回，待第二次去时再次带去。

第二次上门提亲。媒人再择吉日到女方家提亲时，如果主家还是像第一次的菜谱，那这次媒人在就餐时当面向主家说明来意。主家得知来者的目的后，媒人和东家就开始提亲事宜的对话。媒人就主动委婉地说起“乡亲好，我们看见你家有一朵非常漂亮的花，想转接到我们家里去培育，可好?”女方的父亲接着答道：“我们家没有什么好花在哪里呢。”媒人回答：“你们家有啊，你们家的那朵花很好，长得非常漂亮，我们家的孩子很喜欢你们家的那朵鲜花，所以今天又特意再次到你们家来，希望你们家的漂亮花朵能到我们家传宗接代，以后还服侍我们家老的，不知道你们是否同意。”当主人听到这话后，如果回答道：“我们家这朵花还小，目前还没有这样的计划”，那提亲的话题就不能再继续了，只能继续吃饭喝酒，改话题谈其他。反之，如果主家说“只怕你们家嫌弃我们家里贫寒，姑娘又丑又笨”等这类自嘲的话语，那媒人就会顺势而为将红糖掏出并放在火炕上。随后就餐完毕后，媒人才有礼节地返回。之后，男方家和媒人就张罗着第三次去女方家提亲的各项准备事宜。

第三次提亲。本次提亲也叫作“吃同意饭”。由男方家选好良辰吉日，带一只公鸡、一坛 6 千克土酒、6 千克猪肉和数块红糖[①]等。鸡、肉和酒组成一担由一个人负责挑，红糖用背箩盛，由另外一个人背。前往女方家的男方人员，主要是男方亲房男性家族（女性不能一起前往），女方家接待的人员也是其亲房家族叔伯兄弟。男女双方家族人员在共同就餐，即“吃同意饭”席间，在语言和礼仪等方面都要非常谨慎，不能出言不逊，男方家更是如此。

① 红糖数量以女方家族户数来定，每户两块。

第四次提亲。同样地，这次前往女方家，媒人也要带红糖去。这次的目的主要是男方家媒人到女方家征询认亲准备事宜，如应该准备哪些礼品，各礼品是多少，商议彩礼钱等，并商议及确定认亲的具体日期。确定认亲所需礼品、彩礼和日期后，男方家就开始准备相应的认亲各项事宜。

## （三）认亲

男女双方按照第四次提亲定好的吉日，由男方家到女方家去举行认亲仪式。参加认亲的人员以各自直系亲属为主（女性不能参加认亲仪式）。认亲时，男方家必须准备的礼品是一头 150 千克左右的黑猪，两只公母各一的土鸡，一坛 6 千克的土酒，彩礼钱视男方家境情况来定。据说在明清时期彩礼钱是 36 块银币，民国时期是 360 张红票，改革开放初期是 360 元纸币，如今一般是 3 600 元至 36 000 元不等，甚至更多。

认亲当天，男方家前来人员到达女方家后，就到女方家准备好客厅就座。当天的人员就座位置很有讲究，即长辈和媒人坐在客厅中央，面朝大门，其余人员找空桌椅就座。全部人员有序就座后，准备就餐，当地称之为“下马饭”①。

“下马饭”后，休息片刻，男女双方主客分明各自陆续到客厅两桌就座。就餐前，女方家负责斟酒的人员先给媒人倒酒，然后再依次给现场的人员斟酒。斟酒完毕，由媒人主持喝酒，并说道：“我们原是想来歇脚赶集的，但路过你们家看见有朵艳丽鲜花，就进屋来探花，讨儿讨女，提请论嫁，我们家娃儿爱上你们家千金，今天特来敬意你们各位在场的老人和亲戚。”女方主事人接着谦虚地回答：“哎哟，我们以为你们是来赶集途中歇脚进屋喝口水的，哪知道你们是来讨花摘果，讨儿讨女的呢？我们家没有什么千金，再说也是人丑嘴笨，要是你们不嫌弃人笨家穷，真正来与我们成为亲戚，那我们就是一家人啦。”然后，女方主事人就安排女方的哥哥或弟弟将一张四方桌摆放在两个餐桌的中间，并将 6 个碗摆在桌子上：桌子四个角分别放一个（两个碗盛酒，一个盛腊肉，一碗盛鸡肉），另外两个摆放在桌子中央（放彩礼钱）。桌子和碗摆放完毕，女方主事人就开始说认亲的缘由：

这不是哪个造昨天，不得哪人兴昨晚，是亚鲁祖先造古老礼制，是亚鲁兴古代礼俗。亚鲁祖先兴本姓不娶本姓，近亲不能开亲。今天你们来同我们开亲，一

① 下马饭，即到女方家后的第一顿简餐。

定是有媒人牵线搭桥。媒人帮两家走路[①]打露水辛苦了，先给媒人点付露水辛苦钱。

随后，女方主事人就正式地说苗族人开亲的三十六个礼节：

一是媒人露水；二是送话报信；三是问父问母；四是问伯问叔；五是问哥问嫂；六是问媳妇之人；七是父母开口；八是哥嫂开口；九是媳妇开口；十是叔伯开口；十一是家族商议；十二是大小朝门；十三是大门小门；十四是背刀上门；十五是亲戚集中；十六是亲家商议；十七是新开亲戚；十八是拜亲拜戚；十九是挽亲挽戚；二十是砌石搭桥；二十一是牵线搭桥；二十二是问母舅爷；二十三是母舅开口；二十四是生儿育女；二十五是养育之恩；二十六是缝被织帐；二十七是缝被打柜；二十八是装毯装被；二十九是请伴亲娘；三十是媳妇穿衣；三十一是媳妇出门；三十二是上前拉马；三十三是媳妇下马；三十四是关伞上门；三十五是敬供三神；三十六是老少酒钱。

约 1 小时后，女方主事人将以上三十六个开亲礼节讲说结束后，由男方长辈和女方长辈共同举行祭祖供饭。之后，主家陆续上菜，双方才正式端碗喝酒，持筷夹肉，堂屋一片喜气洋洋……

### (四) 结亲

结亲吉日是在认亲环节男女双方定好的。临近结亲之日，男方家已按照认亲时拟定好的礼品准备齐全。男方家前往女方家结亲前，要杀一只土公鸡（只打理干净，不能在男方家用以做菜，要带到女方家去。打理鸡时，必须保证鸡的内脏完整，包括鸡肠子也不能截断），要请一支鼓吹乐队，牵两匹骏马，如图 1（结亲队伍与两匹骏马）所示。结亲出门时，由媒人走在前面带路，敲鼓吹乐跟随其后，并吹奏结亲《出门》曲调，其大意如下：

今日是个好时光，今天是个好良辰。主人翻书办喜事，主家择日结新人。请到我们来祝贺，找得我们来欢迎。请我们去接新娘，讨我们去接新人。出门正遇黄道时，举步巧迎紫微星。大家安全到亲家，大伙平安回主门。

男方结亲队伍跟随着鼓吹乐队，浩浩荡荡出发前去结亲了……

---

① 走路，即操劳婚事。

图 1 结亲队伍与两匹骏马（李立洪 摄）

结亲队伍快到女方家时，鼓吹乐队就要吹奏乐曲《结亲》曲调，在乐声中走进女方家里。《结亲》曲调大意如下：

我们结亲到主家，我们接人进亲门。结亲远乡远路到，接人远乡远路行。来到主家来坐桌，走进亲门来坐席。主人好烟来招待，亲家好茶来敬人。多谢肉来多谢酒，多谢主人一片心。主家发财又发富，从此广招百万金。

结亲之日，也是女方家操办婚宴酒席的期辰，当地叫“花园酒”。“花园酒”当天晚上，在男女双方都把第二天发亲有关事宜都安排和办理完结后，就开始对唱酒歌。过去对唱酒歌主体是男女双方的中老年人，对歌是在堂屋中央进行的。堂屋摆设两张长桌，桌上摆放一坛土酒、两把（舀酒）的葫芦和若干个土碗。由女方歌手（女性歌手）先起唱，女方歌手唱毕，男方歌手（男性歌手）接着对答还唱。

女方歌手歌唱（大意）。

今天是啥好时光，今日是啥好时辰？是何人来我们家，是哪客进我们屋？山路走了多少里，水路行了多少程？来我家有何贵干，进我家有啥好事？要把原因讲清楚，来把事情说分明。我们拿肉来招待，我们舀酒来待人。

男方歌手对答还唱（大意）：

今天是个好时光，此时是个好期辰。结亲来到你们家，接人进到你们屋。山路走了九十里，水路走了七十程。要来你家来结亲，来进你屋来接人。我把原因讲清楚，我把事情说分明。好酒好肉来款待，主家仁义值千金。

据说，对唱酒歌一共有 6 首（意为代表六亲），但现在已基本不用了。现在盛行对唱山歌，与以往对唱酒歌一样，男女歌手也是由男女双方各自邀请，唱歌场所由门外转至女方堂屋中央，一般而言，对唱时间从起声唱歌直接唱至第二天发亲，对唱内容围绕“结婚喜事”即兴编唱。现将“花园酒”对唱山歌摘录如下（先是在门外站着对唱）。

女方歌手：

主家办酒喜盈盈，接亲来到大朝门。
我拿竹竿来拦路，唱首喜歌慢进门。
主家办酒喜洋洋，接亲来到大门旁。
我拿竹竿来拦路，唱首喜歌慢进房。
不远不近接亲来，来到门前站成排。
主家拦你把歌唱，不要有想在心怀。
不远不近接亲人，来到门前站成群。
主家拦你把歌唱，不要有想在心田。
山歌三首唱三声，少数民族是号兴。
起头山歌简单唱，这首落到接亲的。
山歌三首唱三排，少数民族是号[①]来。
起头山歌简单唱，这首落到接亲来。

男方歌手：

匆匆忙忙接亲来，来到这乡喜开怀。
三亲六戚出门望，不得哪样害羞怀。
匆匆忙忙来接亲，来到这乡喜开盈。
三亲六戚出来望，不得哪样害羞人。
不远不近接亲来，来到朝门门不开。
想起准备不周到，不好意思把头抬。
不远不近来接亲，来到朝门门不分。

---

① 号：土语，意为“这样”。

想起准备不周到，不好意思见六亲。
为了来见金凤凰，天不见亮都在忙。
不得哪样来迎喜，不昂喜杆拦路旁。
为了来迎金画眉，匆匆忙忙到这村。
不得哪样来迎喜，不昂喜杆拦路围。
接亲喜歌唱三排，各方道理各方来。
主三首来客三首，这首落到主人来。
接亲喜歌唱三声，各方道理各方兴。
主三首来客三首，这首落到主人们。

女方歌手：

年纪轻轻来得忙，又挑酒来又挑糖。
糖食果品样样有，这种场面好悠扬。
接亲亲戚来得齐，又挑酒来又挑肉。
糖食果品样样有，这种场面好突出。

男方歌手：

人生一世有一回，小小礼物表心情。
有一样来无一样，站在朝门害羞人。
人生一世有一行，小小礼物表心肠。
有一样来无一样，不好意思站路旁。

女方歌手：

人生这天最闹热，这个亲家好舍得。
几十几样都拿到，今天看到好漂亮。
人生今天好开心，这个亲家想得真。
几十几样都拿到，哪个看到都热心。

男方歌手：

人一世来草一春，为了今天好开心。
管他周到不周到，亲家不要想多心。
人一世来草一棵，为了今天好热乐。
管他周到不周到，亲家不要看淡薄。

女方歌手：

想起人生这一场，这个亲家也奔忙。
来到招呼不周到，那些简慢放心肠。
想起人生这一回，你们亲家也奔腾。
来到招呼不周到，那些简慢放心平。

男方歌手：

竹子长密棵挨棵，仙米长脚脚挨脚。
满酒块肉来接待，还有哪样心不落。
竹子长密根挨根，仙米长林林挨林。
满酒块肉来接待，还有哪样心不平。

女方歌手：

高坡顶上云靠云，园中竹子棵挨棵。
讲起害羞老和幼，冷水当菜送你喝。
高坡顶上云靠云，园中竹子根挨根。
讲起害羞老和幼，冷水当茶送你们。

男方歌手：

高坡树子桠打桠，河中细水难淘沙。
满酒真肉桌上摆，我共害羞见亲家。
高坡树子林挡林，河中细水难淘泥。
站在路边不好看，麻烦亲家打开门。

女方歌手：

大河涨水淘细沙，风吹十里浪湿崖。
但拿酒菜桌上摆，想起得罪好亲家。
大河涨水和稀泥，风吹十里浪湿衣。
但拿酒菜桌上摆，多唱把首行不行。

男方歌手：

黄缸装酒香喷喷，亲家不要想多心。
美酒摆起六十碗，热心不了又热心。
接亲不得酒汉子，闻到酒香头都昏。
麻烦亲家开门送，麻烦开门给我们。

女方歌手：

劝你亲家不要忙，桌上摆酒你来尝。
尝到主家淡淡酒，不要拿它去传扬。
好歹不管放心上，接你亲家好心肠。
要想叫我开门送，不想唱来还哪行。

男方歌手：

喊声亲家听我说，亲家听我说下落。
要讲哪样不周到，搁下山歌所酒喝。
喊声亲家听我提，亲家听我说下文。
要讲哪样不周到，搁下山歌所酒吞。

女方歌手：

亲家不听你表扬，今天不听你商量。
主家桌上有美酒，可能今天难得尝。
山歌没有酒碗大，你想要端酒碗尝。
话中话儿不开讲，你管考虑在心肠。

男方歌手：

风吹南山细石梭，亲家到底说什么。
拿张枕巾来送你，这样表达是如何。
风吹南山细石飞，亲家到底说哪门。
拿张枕帕来送你，这样表达行不行。

女方歌手：

风吹南山细石飞，不用讲来你到心。
三亲六戚这里看，怎么不拿喜糖分。
风吹南山细石来，我不讲来你知怀。
三亲六戚这里看，怎么不拿喜糖来。

男方歌手：

亲家不要这样说，一港酒冷不好喝。
究竟亲家要哪样，你要哪样你明说。
亲家不要紧倒提，一港酒冷不好吞。
究竟亲家要哪样，直截了当讲来听。

女方歌手：

不想讲来不想说，看来亲家不自觉。
要想来喝热茶酒，不得钥匙钻门脚。
本来也是不想提，看来亲家不公平。
要想来喝热茶酒，不得钥匙喝不成。

男方歌手：

眼看亲家焦又焦，原来你是要红包。
早的时候不带信，看来今天枉自敲。
眼看亲家多焦心，原来你是敲黄金。
早的时候不带信，看来今天枉自得。

女方歌手：

有个亲家好狡猾，今天不要把我麻。
一道朝门一道锁，随便你们拿不拿。
一看亲家不心直，今天麻我不合适。
一道铁门一道锁，除非你们饭不吃。

男方歌手：

亲家不要想多心，先来开门给我们。
先开朝门来给我，明天再拿送你们。
亲家不要想太多，先开朝门是如何。
先把朝门开给我，明天我们再配合。

女方歌手：

你来接我我见人，我才讲句你听明。
今天不讲明天事，哪个信你这一门。
你来接我我见双，我讲一句你听详。
今天不讲明天事，哪个信你这一招。

男方歌手：

一路唱歌一路行，难免亲家不知明。
今天唱歌是代表，明天转去两个分。
一路唱歌一路说，难免亲家不明确。
今天唱歌是代表，明天转去再掌握。

女方歌手：

一路唱歌一路来，今天不由你安排。
几千几万拿来送，小小礼物不拿来。
一路唱歌一路行，今天不由你调腾。
几千几万拿来送，小小礼物不送人。

男方歌手：

既然亲家这样讲，表示礼物来转角。
红包我拿在手上，叫我过去也不合。
既然亲家这样提，拿点礼物表心情。
我喊新郎拿送你，少点不管别多心。

女方歌手：

讲起也是害羞说，尽拿主人受折磨。
原来主要拿送你，你拿躲在荷包角。
讲起也是害羞多，尽拿主人来爱拦。
原来主家拿送你，你拿躲起不拿来。

男方歌手：

以为亲家假装逗，原来你也会害羞。
新郎才将拿过去，急忙躲在衣裳头。
以为亲家假装说，原来你也脸皮薄。
新郎才将拿过去，急忙躲在衣裳角。

女方歌手：

你们两个不要假装乖，你得红包也想挨①。
我得一个你得个，我把脸面来推开。
你们两个不要装，见到红包像标枪。
我得一个你得个，别把责任都推光。

男方歌手：

太阳落坡天要黑，你讲哪个比你霉。
本来不想来讲你，拦你红包拦到黑。
太阳晒在一面山，你讲哪个有你贪。

① 挨：此为被惩罚的意思。

醒来不想来讲你，拦不到手心不甘。

女方歌手：

抬头看到天要阴，不要骂我胆心虚。
时逢难遇金满斗，不敲你们不落心。
抬头看天天要黑，不要骂人太贪财。
时逢难遇金满斗，不敲你们划不来。

男方歌手：

高坡树子棵挨棵，讲完讲笑讲好多。
我们唱歌无所谓，想起照怜新郎哥。
晓得是这一回事，开门送我把酒喝。
想起亲戚难得在，亲家不要又想多。

女方歌手：

我也想在我心怀，想起今天天气凉。
长话拿当短话讲，新郎忙去接新娘。
我也想在我心中，天气又冷又刮风。
唱歌之人爱热闹，免得新郎想不通。

以下歌手转至女方堂屋坐唱。

男方歌手：

好年好月好时光，主家打发小姑娘。
看好日子来贺喜，我们唱歌来捧场。
好年好月好时期，主家打发小千金。
看好日子来贺喜，我们唱歌来欢迎。

女方歌手：

冬月十一好时光，主家打发小姑娘。
三亲六戚来贺喜，我们唱歌来扶桑。
冬月十一好时期，主家打发小千金。
三亲六戚来贺喜，我们唱歌陪六亲。

男方歌手：

三亲六戚来挨拢，来看千金穿红鞋。
姑娘长大留不住，老人操心在心怀。
三亲六戚挨拢来，来看千金穿红裙。

姑娘长大留不住，老人操心心头急。

女方歌手：

三亲六戚望娃娃，来望娃娃戴红花。
姑娘长大要出嫁，老人请酒为了她。
三亲六戚来望人，来望娃娃戴红银。
姑娘长大要出家，老人操心又奔腾。

男方歌手：

姑娘本是出门客，长大十八舍不得。
虽然脸上带笑脸，其实内心也心窄。
姑娘本是出门人，长大十八难为情。
虽然脸上带笑脸，其实内心也心疼。

女方歌手：

姑娘就像一枝花，哪个当妈舍得她。
落到今天这场面，找开笑脸待大家。
姑娘就像一枝葵，哪个当妈舍得人。
落到今天这场面，打开笑脸陪亲戚。

男方歌手：

盘个姑娘本操心，盘她长大望成人。
姑娘本是花籽命，在舍不得也出门。
盘个姑娘本奔波，望她长大有落脚。
姑娘本是菜籽命，在舍不得要抬脚。

女方歌手：

盘个姑娘不简单，几多汗水都抹干。
明知姑娘不养老，一口一口冷气叹。
盘个姑娘不虚伪，好多汗水抹不赢。
明知姑娘不养老，个人叹气在心平。

男方歌手：

盘儿长大望成家，盘女长大望打发。
是儿是女都一样，要有好多汗水抹。
盘儿长大望成亲，盘女长大望出门。
是儿是女都一样，要有好多汗水滴。

女方歌手：

盘儿长大管家常，盘女长大离开娘。
是儿是女都辛苦，操心一场又一场。
盘儿长大就管家，盘女长大离开妈。
盘儿盘女都辛苦，操心万望都成家。

男方歌手：

高坡头上摘枇杷，操心受苦是爹妈。
姑娘生是菜籽命，菜籽命缘由在她。
高坡头上栽冬青，操心受累是老的。
姑娘生是菜籽命，菜籽命缘由在人。

女方歌手：

毛桃苦李结得多，盘儿盘女受奔波。
姑娘生是菜籽命，几多内疚在心窝。
毛桃苦李结得能，盘儿盘女尽操心。
姑娘生是菜籽命，几多内疚在娘心。

男方歌手：

生是菜籽心头刺，是个姑娘难比儿。
讲千讲万留不住，只有外面去维持。
为人生是菜籽花，姑娘难比儿当家。
讲千讲万留不住，只能离开爹和妈。

女方歌手：

不讲哪个都晓得，生是姑娘最心窄。
自家爹娘不服侍，双手服侍别家庭。
不讲哪个都知详，哪个姑娘心不凉。
自家爹娘不服侍，双手服侍别家娘。

男方歌手：

风吹树枝林挨林，想起明天要出门。
三亲六戚都来望，自己的亲在哪层。
风吹树枝棵挨棵，想起明天要起脚。
三亲六戚都来望，自己的亲在哪角。

女方歌手：

凉风悠悠吹过崖，越是越想心不甜。
想起自身生错命，从小从细老子嫌。
凉风悠悠吹过河，越是越想心不落。
想起自身生错命，自家老子都推脱。

男方歌手：

怪命生是菜籽花，自己亲爹不管她。
老婆儿女不服侍，双手服侍她小妈。
怪命生是菜籽朵，自己亲爹无下落。
老婆儿女不服侍，双手服侍小老婆。

女方歌手：

生错命来过错河，老子不抚和外婆。
得个老子不管事，不昂今天有下落。
生错命来想不通，老子不抚和外公。
得个老子不管事，不昂今天会成人。

……

男女歌手未间断唱到第二天清晨发亲。以下摘录发亲对唱部分内容。

女方歌手：

脚不抬手手不冰，人不想人久不亲。
有的亲的做不到，搭伴后福得翻身。
脚不抬手手不回，人不走人不热情。
有的亲的做不到，搭伴后福过前程。

男方歌手：

前头过苦苦过来，如今也是有安排。
姑娘出门当家好，爹妈在家要宽怀。
前头过苦苦过去，如今也是有下文。
姑娘出门当家好，爹妈在家心别疼。

女方歌手：

前头落难受人欺，事到如今算乐心。
今后当家气力治，记倒拿心想老呢。
前头落难受人说，事到如今算心乐。
今后当家气力治，记倒拿心孝顺着。

男方歌手：

想起出门去当家，几多恩情难表达。
父母操心劳累够，丢下老人心头辣。
想起出门去为人，几多恩情难表明。
父母操心劳累够，丢下老人心好疼。

女方歌手：

想起长大去当家，父母恩情难报答。
一言难尽父母苦，出门为人想到她。
想起长大去为人，才得恩情难报回。
一言难尽爹妈苦，成家为人要潜能。

男方歌手：

想起明天要起脚，好多话儿也难说。
出门离家也不远，想老想幼多转角。
想起明天要出门，几多话儿也难提。
想起离家也不远，想得老人多回门。

女方歌手：

想到一些好心疼，亦不出门也不行。
虽然明天洽[①]出去，照顾双方二老人。
想到一些好单薄，亦不出门也不合。
虽然明天出门去，照顾双方二老人。

男方歌手：

操心几多是爹妈，一到时间要打发。
押礼先生在追喊，娘要帮妹梳头发。
操心几多在心头，时间一到不自由。
押礼先生在追喊，姑娘出门娘梳头。

---

① 洽：方言，意为跨过去的意思，下同。

女方歌手：

晓得父母费心肠，惊到爷娘挽不强。
爷娘打盆清亮水，只好洗脸好出房。
晓得爷娘费心情，惊到爷娘晚不能。
爷娘打盆清亮水，只好洗脸好出门。

男方歌手：

江中凉水凉悠悠，又好洗脸好梳头。
边洗脸来边流泪，眼泪流下难得收。
江中凉水凉又凉，帮妹洗脸换衣裳。
边洗脸来边流泪，眼泪打湿衣裳旁。

女方歌手：

说不完的娘心肠，鸡叫三遍穿衣裳。
红头帕子一盖起，不敢抬头看爹娘。
说不完的娘苦心，鸡叫三遍要穿衣。
红头帕子一盖起，不敢抬头看老的。

男方歌手：

红头帕子盖老壳，眼泪顺到眼睛落。
跑到楼上和爹讲，跑到楼下和爹说。
红头帕子盖眼睛，眼泪顺到眼睛滴。
跑到楼上和爹讲，跑到楼下和爹提。

女方歌手：

身穿婚纱盖到脚，走到堂屋把头磕。
喊声父母娘再见，这回就是别家婆。
身穿婚纱脚戴金，走到堂屋摆良心。
喊声父母娘再见，这回就是别家的。

男方歌手：

双脚走到堂屋心，眼泪打湿衣裳裙。
和爹和妈吃顿团圆饭，千言万语记在心。
双脚走到堂屋脚，眼泪打湿衣裳角。
和爹和妈吃顿团圆饭，千言万语记心说。

女方歌手：

三洽两步大门走，眼泪落地起沟沟。
埋起老壳不好讲，各人稳住各心松。
三洽两步大门去，眼泪顺着脸上滴。
埋起老壳不好讲，各人稳住各心情。

男方歌手：

鸭骨筷子十二双，爹妈拉妹占斗量。
家拿六双治田地，妹拿六双织嫁妆。
鸭骨筷子十二轮，爹妈拉妹占斗心。
家拿六双治田地，妹留六双织嫁衣。

女方歌手：

桐木改板扎大门，扎得一轮挨一轮。
外面一扇妹拿去，家中一扇留送人。
桐木改板扎门方，扎得一方挨一方。
外面一扇妹拿去，家中一扇留送双。

男方歌手：

抬脚走到机子边，眼看爹妈泪涟涟。
劝爹劝妈别流泪，妹去三天又转回。
抬脚走到机子脚，眼看爹妈眼泪落。
劝爹劝妈别流泪，妹去三天又转角。

女方歌手：

洽脚一步到外边，接亲哥哥把妹牵。
也不光是娘想妹，妹也想娘在心边。
洽脚一步到外亲，接亲婆婆拉手心。
也不光是娘挂牵，妹也挂牵在娘心。

男方歌手：

眼看花车挨拢来，这种脚步好难抬。
脚抬一步千斤重，眼泪不哭自然来。
眼看花车挨拢围，这种脚步好难提。
脚抬一步千斤重，眼泪不哭自然流。

女方歌手：

三洽两步下石阶，眼看花车挨拢来。
妹生错命上车去，老人丢送弟安排。
三洽两步下石梯，眼看花车挨拢行。
妹生错命上车去，爹妈丢送兄弟人。

男方歌手：

脚戴千金上花车，可怜家中妈和爹。
晓得是这一回事，少想一些少心窄。
抬脚一步上车来，可怜家中爹妈来。
晓得是这一回事，少想一些多宽怀。

女方歌手：

车子开车喇叭响，好年好月好时光。
河水朝天归旧路，抹把眼泪各四方。
车子开车喇叭长，里面坐的是新娘。
河水朝天归旧路，抹帕眼泪各回房。

男方歌手：

坐在喜堂唱喜歌，好言好语摆好多。
老人听歌活百岁，主家发财万万多。
坐在喜堂唱喜音，摆完摆笑好事情。
老人听歌活百岁，我拿这首来完成。

女方歌手：

坐在喜堂唱喜歌，管他唱得合不合。
唱完这点算圆满，唱歌之人想起脚。
坐在喜堂唱喜音，管他唱得真不真。
唱完这点算圆满，唱歌之人想收音。

双方歌手在唱发亲歌期间，女方（新娘）家人就忙碌着给她换上盛装，如图2（新娘换盛装）所示。歌手把发亲山歌唱完毕，发亲时辰即已到来。此时，由女方亲哥哥或亲弟弟背其出门，走到早已准备好马鞍的骏马旁，由其亲人扶上马。同时，男方的妹妹也被亲人扶上另外一匹马。

图 2　新娘换上苗族传统盛装（李立洪 摄）

一切准备就绪，女方亲哥哥或亲弟弟手牵马，男方前来结亲的人员和女方 5 个或 7 个家属作陪，跟随新娘骑的马匹和男方妹妹骑的马匹，他们吹着欢快的鼓乐，一路兴高采烈地往新郎家方向前行……

### （五）正酒

正酒，即男方家设宴款待前来祝贺的各方亲戚。大约早上 9 许，结亲队伍就到达新郎家了。但在快到达新郎家时，新郎家的 5 至 7 名女性①家属要前来迎接新娘，待其下马后扶她走进新郎家里的火塘（坑）处，就座于火塘东面，并一直陪其就座至第二天，直至新娘返回娘家。新娘下马和走进新郎家的这一过程，新郎的母亲要避开不能目视②，如图 3（新娘骑马到新郎家）。办正酒，主要有唱山歌、挂红和开柜子等仪式环节。

图 3　新娘骑马到新郎家（李立洪 摄）

---

① 新郎家属女性，可以是其姐姐妹妹或嫂子等，但忌有孕的女性。

② 与麻山次方言中部土语区一样，如果新郎母亲目视新娘进家被看着今后婆媳关系不和谐的原因之一。

**唱山歌**

正酒当日约早上10点，男方亲戚陆续的来吃喜酒。当然，为更加热闹，男方家也会请男女歌手在现场演唱山歌。演唱内容围绕“婚事”并以即兴编唱的形式展开，其内容有祝福、教育和感谢众人帮忙等，有时也会演唱一些嬉戏诙谐的内容，如熊国举拍摄，梁小景和韦小桃等人演唱的“婚事”山歌内容①（部分）。

男队歌手：

金银财宝在白岩，你要不苦它不来。
为人吃得千般苦，要不宽怀都宽怀。
金银财宝在白云，你要不苦不可能。
为人吃得千般苦，才将奔得人上人。

女队歌手：

为人要想有钱多，受尽千苦万折磨。
天上不会掉馅饼，想方设法去拼搏。
为人要想有金银，受尽千苦万奔腾②。
天上不会掉馅饼，想方设法奔前程。

男队歌手：

为人要想有钱多，万般全靠来节约。
要讲大吃和大用，金山银山要处脱。
为人要想有钱财，万般全靠节约来。
是讲大吃和大用，再有好多用不来。

女队歌手：

要是双手不去磨，哪怕天天去节约。
甭学玩来甭学赌，一要节约二要磨。
要是双手不去拼，哪怕天天节约呢。
甭学玩来甭学赌，一靠节约二靠拼。

---

① 此类嬉戏诙谐的山歌，意在从侧面对新郎新娘进行教育。
② 奔腾：意为为生活而奔波。

男队歌手：

随你咋个奔得凶，你不节约也是空。
找得一块用一块，找一千天难出头。
随你咋个奔得来，你不节约难安排。
找得一块用一块，到头不见你有财。

女队歌手：

男人找钱女当家，得钱得米甭乱花。
女人得钱甭乱用，男人得钱要顾家。
男人找钱送女人，找钱找米要会存。
女人得钱要会用，男人得钱顾家庭。

男队歌手：

有些女人最不成，在家做起靠男人。
男人找钱也辛苦，还说男人无能力。
有些女人无成着，专门全靠男人磨。
男人找钱也辛苦，还说男人好堕落。

女队歌手：

男人找钱在手中，有钱时间耍威风。
外面找钱外面耍，女人在家想不通。
男人找钱在手边，有钱时间就乱玩。
外面找钱外面耍，女人在家心不宽。

男队歌手：

男人外面把钱抓，找得一分拿顾家。
家家都有老和小，哪会拿钱去乱花。
男人外面找钱财，找得一分拿转来。
找钱拿给老婆管，满街满巷去打牌。

女队歌手：

男人外面把钱抓，有的节约有的花。
个个若像你两个，哪点有钱来顾家。
男人出门找金银，又有节约有不成。
个个若像你两个，找得银钱花归一。

男队歌手：

男人找钱也心辣，都舍不得买烟炸。
找得一分拿送你，你还拿去发金花。
男人找钱也奔波，都舍不得打酒喝。
找得一分拿送你，你又拿坐麻将桌。

女队歌手：

你去出门把钱抓，都舍不得买烟炸。
婆娘儿女你不送，拿送别家顾小娃。
你去出门找金银，都舍不得花哪分。
婆娘儿女你不送，你还拿去养别人。

男队歌手：

拿顾自己不痛心，拿顾别人不可能。
愿意拿送自家用，别的哪个得一分？
拿顾自家才合格，拿顾别的舍不得。
愿意拿顾自家用，别的哪个会舍得？

女队歌手：

得个男人脑筋差，好多女人想办法。
搽脂磨粉吸引你，你有好多拿送她。
得个男人散脑筋，好多女人想来追。
搽脂磨粉吸引你，把你银钱摆归一。

男队歌手：

男人不是散脑筋，自己心中会调腾。
外面都是嘴摆嘴，哪个摆到不可能。
男人不是脑筋差，自己心中有办法。
外面一个摆[①]一个，都是嘴巴摆嘴巴。

女队歌手：

自古豆腐服酸汤，男人最怕女人诓。
外面老婆诓好点，你连妻子都不张。

---

① 摆：此为欺骗之意。

豆腐最怕酸汤捏，男人最怕女人追。
外面老婆诓好点，你连家都不想归。

男队歌手：

男人不是糯米粑，哪个想挼都得挼。
几多讲话我不理，她也拿我无办法。
男人不是糯米壳，她要想连费手脚。
几多讲话我不理，她也拿倒无奈何。

女队歌手：

十个男人九个憨，天天想在外头玩。
只要喜欢哪一个，裤子都脱送她穿。
十个男人九个木，看到女人都想撸。
只要喜欢哪一个，不得钱都买衣服。

男队歌手：

好多男人都不憨，外面都是骗来玩。
外面把她诓好点，摆她买裙送你穿。
好多男人都不木，都是外面把人忽。
外面把她诓好点，摆她帮你买衣服。

女队歌手：

叫你甭着[①]你甭着，甭骗别家好老婆。
万一他家来发现，可能打断你的脚。
叫你甭狂[②]你甭狂，甭骗别家好婆娘。
万一他家来发现，你个要着喝盐汤。

男队歌手：

外面野花我不连，实际是连她的钱。
多少摆得一点用，不讲哪个会晓得？
外面野花我不贪，不得银钱我不玩。
多少摆得一点用，不讲哪个会发现？

---

① 着：此为捣蛋之意，贬义词。
② 狂：此为嚣张之意。

女队歌手：

说你是猪你是猪，哪个女人有好木？
偷鸡不来倒贴米，你还拿送别人撸。
叫你甭花[1]你甭花，哪个女人有好差？
偷鸡不来倒贴米，你还拿送别人家。

男队歌手：

这些不和你讲明，懒得讲送你们听。
虽然有些不好摆，但是摆了好多人。
这些不和你讲说，说来怕你讲漏脚。
虽然有些不好摆，但是摆了好多婆。

女队歌手：

天天摆我在家磨，偷到偷到外头踔。
以为是去走正路，谁知你去玩老婆。
天天摆我在家忙，偷到偷到去荒唐。
以为是去走正路，谁知你去玩婆娘。

男队歌手：

叫你家在你甭愁，安心喂好猪和牛。
要是我们不去摆，哪点来的口中油。
叫你安心待在家，安心喂好鸡和鸭。
要是我们不去摆，哪点有钱送你花。

女队歌手：

你哥天天外面疯，无钱买粮来喂猪。
喂个猪儿像耗子，喂个牛儿像条虫。
你哥天天外头玩，无钱无米来顾家。
喂个猪儿像耗子，喂个牛儿瘦得多。

男队歌手：

我们天天不在家，你是对我有想法。
既然难喂就不喂，过年买个送你杀。

① 花：即花心，不忠贞之意。

我们天天不在屋，你是对我不舒服。
既然难喂就不喂，到年买个来吃油。

女队歌手：

喂牛喂猪我不焦，第一恨你外面飘。
哪个做多哪个累，你说操劳不操劳？
喂牛喂猪我不愁，第一恨你外头游。
哪个做多哪个累，将心比心都忧愁。

男队歌手：

拿猪拿牛送你拖，明不火齪暗火齪。
家头一样都不做，安心去把麻将摸。
拿猪拿牛送你盘，明不火翻暗火翻。
家头一样都不做，收拾打扮你去玩。

女队歌手：

只学聪明不学憨，吃喝嫖赌我不沾。
是讲我要和你像，可能别人骂背穿。
只学聪明不学木，吃喝嫖赌我不入。
是讲我要和你像，可能别人骂背通。

男队歌手：

去赌去玩我不焦，在我跟前你甭飘。
我的脾气不太好，害怕打你起枯捞[①]。
去赌去玩我想通，在我面前你甭飘。
我的脾气不太好，害怕打你耳朵聋。

女队歌手：

我们这批老奶奶，人正不怕影子歪。
哪天我来逮到你，怕你不捱你要捱。
我们这批老待年，人正不怕影子斜。
哪天我来逮到你，怕你捱[②]得捱不得。

① 枯捞：此为残废之意。
② 捱：此为承受的意思。

男队歌手：

男人可以不归家，女人少在外面花。
你不抓我我抓你，你看哪个吃汤粑。
男人可以外面飘，女人外面少妖娆。
你不抓我我抓你，拿点功夫给你瞧。

女队歌手：

男人爱玩要自觉，千万甭让我抓着。
抓到拿你打寡杠，到时面子有点薄。
男人爱玩要晓得，千万甭让我抓得。
抓到拿你打寡杠，少脸失面难见客。

男队歌手：

虽然男人在外边，都是爱好赌点钱。
我的为人你知道，难免你们不晓得？
虽然男人在外踔，都是爱好去赌博。
我的为人你知道，千万不要乱管说。

女队歌手：

唱玩唱笑是好多，抬头望见太阳落。
看来时间也不早，唱歌之人要收歌。
唱玩唱笑唱得蜜，抬头望见太阳阴。
看来时间也不早，唱歌之人要转回。

……

……

男队歌手：

唱玩唱笑得一天，主家喜事也方圆。
新婚之人百年好，一年四季笑开颜。
唱玩唱笑一天多，主家喜事算刹掴[①]。
新婚之人百年好，一年四季都欢乐。

① 刹掴：圆满完成。

女队歌手：

结婚唱歌唱笑谈，亲戚来到才好玩。
唱玩唱笑来祝贺，要唱主家出状元。
结婚唱歌才好听，亲戚来到才开心。
唱玩唱笑来祝贺，要贺主家添贵人。

男队歌手：

为了闹热这一天，主人花米又花钱。
主家今天来祝贺，明天又添小状元。
为了闹人这一回，主人花金又花银。
自从今天热闹后，不久又转添贵人。

女队歌手：

唱玩唱笑在堂前，恭喜新婚到百年。
恩爱夫妻手拉手，一家老小笑开颜。
唱玩唱笑在堂中，祝贺新婚到白头。
恩爱夫妻手拉手，一家老小好运多。

男队歌手：

堂前来唱圆满歌，祝贺新婚万事和。
夫妻恩爱长长久，头发白白牙齿落。
堂前来唱圆满声，祝贺新婚万事兴。
夫妻恩爱长长久，头发白白牙齿缺。

女队歌手：

坐在喜堂把歌收，把歌收在宝柜头。
等到来年打开看，露水珍珠滚绣球。
坐在喜堂收歌颠[①]，把歌收在宝柜边。
等到来年打开看，露水珍珠滚绣圆。

男队歌手：

一张桌子圆又圆，坐在桌边收歌颠。
山珍海味来摆起，麻烦主人坐下来。
一张桌子四角方，坐在桌边收歌场。

① 颠：即尾部，结束之意。

山珍海味来摆起，麻烦主人坐下尝。

女队歌手：

寨邻老幼站成排，麻烦老幼坐下来。

山珍海味桌上摆，大家吃起才宽怀。

寨邻老幼站成群，麻烦老幼来座席。

山珍海味桌上摆，大家吃起才开心。

男队歌手：

寨邻老幼实在多，大家站起好热乐。

帮忙一天也辛苦，麻烦你们来坐桌。

寨邻老幼也合心，大家站起成堆堆。

你们帮忙也辛苦，代表主人谢你们。

### （六）挂红

正酒当天，除了唱山歌外，还有一个重要仪式环节，即挂红仪式。挂红，即新郎亲戚不仅要送贺礼金，还要给新郎买一套从头到脚的新装，并请专人边唱着伏侍边为其穿戴。挂红在麻山次方言区多有盛行，在西部土语区的各种伏侍唱词如下。

#### 挂红之戴帽伏侍唱词

伏语——

一顶帽子圆又圆，金银珍珠绣两边。

××[1]来把此帽戴，定是高科点状元。

拿起此帽说一番，我往贵人头上端。

今日你把此帽戴，子子孙孙做高官。

伏侍已毕，戴帽大吉。

#### 挂红之穿衣服伏侍唱词

伏语——

此件衣服亮真真，说起衣服有根生。

此件衣服不多长，出在苏州锦绣房。

---

① ××，可以替换，如果是姑母挂红，这里的唱词即改为姑母，其他同理。

织女姑娘本姓赵，名叫巧巧美姑娘。
裁缝师傅手艺高，先裁袖子后裁腰。
先缝衣服后缝领，此件衣服多完整。
缝得衣服起菱角，新郎穿起正正合。
寿星来把衣穿过，子子孙孙进大学。
伏侍已毕，穿衣大吉。

### 挂红之穿裤子伏侍唱词

伏语——
一条裤子亮真真，新郎穿起正合身。
自从今日穿过后，夫妻顺利万事兴。
××送礼好合好，一好走来二好跑。
今日把它穿过后，白天进财夜进宝。
××送袜新郎穿，新郎文武两双全。
新郎穿上此裤后，夫妻恩爱情谊甜。
伏侍已毕，上上大吉。

### 挂红之穿鞋子伏侍唱词

伏语——
××送你一双鞋，贵人与你穿起来。
婚姻此日来穿起，儿孙高官坐府台。
新郎穿起这双鞋，日进金银夜进财。
穿起此鞋进官府，富贵荣华从此来。
伏侍已毕，上上大吉。

挂红除了以上的戴帽子、穿衣服、穿裤子和穿鞋子外，还有用自家纺织的一丈二的两条长土布挂在新郎家大门和一条红布背挂在新郎的肩膀上，其唱词分别如下。

### 挂红之长土布挂大门伏侍唱词

伏语——
手提红布不多长，挂在喜门两边墙。
婚姻此日天赐陪，配合阴阳大吉昌。

天合之日百年久，富贵荣华永明芳。
夫妻共度好日子，男亲女配子安康。
伏侍已毕，挂红大吉。

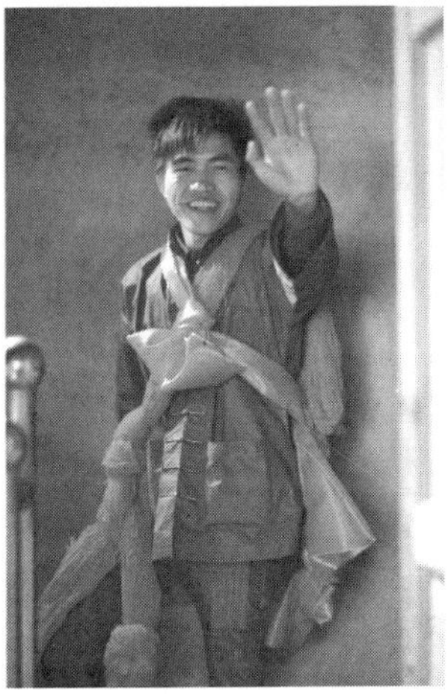

图 4 肩挂红布条的新郎
（李立洪 摄）

### 挂红之长土布背挂肩膀伏侍唱词

伏语——
一段绫罗不多长，金科状元美婚长。
婚姻本是百年侣，配合阴阳大吉昌。
天合之日百年久，妻伶俐，夫贤郎，夫与妻子是阴阳。
前世修起成双对，竹楼吹箫引凤凰。
夫妻共度长日子，男亲女配子安康。
伏侍已毕，挂红大吉。

## 开柜子

开柜子，亦是正酒中不可或缺的环节。柜子是新娘家的嫁妆之一，柜子送到新郎家后摆放在堂屋中央，开柜子仪式前，柜子正前方两角摆放纸币，一般是 1.2 元或 12 元[①]，染红的鸡蛋；有的地方柜子四只角各摆放两个碗，其中一个盛猪肉，另一个盛酒，在正酒当天下午 3 点左右，由送亲婆主持开柜仪式，并唱开柜伏侍，如图 5 所示：

### 开柜伏侍

伏语——
两家办事闹层层，说起办事有根生。
开亲本是两家起，讲了前听又后听。
三亲六戚都来看，大门高上喜字真。
金桌银桌当场摆，龙凤齐子上下分。
客来到屋请座位，家中童子倒茶迎。
伏似已毕，上上大吉。

图 5 结亲婆主持开柜仪式（李立洪 摄）

① 如没有两角钱的纸币，那可以摆放 1 元或 12 元。

伏语——

高师打柜打四方，油漆柜子摆中堂。
翼龙被子摆八个，鸭骨筷子摆八双。
葫芦酝酒杯杯过，鸭骨猪肉有九缸。
吃了主家这杯酒，儿子儿孙代代有。
吃了主家这片肉，子子孙孙多福禄。
伏似已毕，谢位大吉。

伏语——

甲子乙丑海中金，站在柜前是我们。
三亲六戚都来看，无脸无面见你们。
三朋四友都听我，不得好伏你们听。
姊姊妹妹都来听，不要拿我摆笑玩。
伏似已毕，上上大吉。

伏语——

丙寅丁卯未中火，站在柜前必是我。
我是天上太白星、文菊星、五菊星、财白星、桃江李、李江南，
来为姊妹开柜人。
伏似已毕，上上大吉。

伏语——

一不早来二不迟，正是主家开柜时。
左手提匙右手开，左手开来右手提。
打开龙来开开柜，麻布草鞋有一对。
打开龙来开开箱，麻布布匹有一张。
伏似已毕，开柜大吉。

柜子仪式结束后，前来恭贺婚姻喜事的三亲六戚也开始陆续返回，正酒也接近了尾声……

正酒第二天，由新郎的姐姐或妹妹送新娘返回娘家，之后每到节庆之日或农忙季节，新郎才又去接新娘回来过节或协助做农活。如此来回数次，待新娘怀孕

后，才定居在新郎家，此时才具有真正意义上的夫妻之实，小两口的幸福日子才算真正开始……

**附录：**

### 麻山次方言西部土语区婚礼结亲曲调

# 第三节 麻山苗族丧葬仪式[①]

## 一、麻山苗族葬礼概说

麻山苗族人认为死亡是启程回归祖先的故乡，死亡是开启另一个世界的生活，同样也有七情六欲和劳动生产。死亡是一件喜事，死亡是人生真正创业的开始。祖先在哪？祖先在天的上方，苗族人认为天的上方是天的起源，那里便是祖先生活的地方，生命和万物从天的起源点发展迁徙来到如今这个天地间。天地间日月星辰是祖先造出来的，祖先是一个群体，也叫祖先群，他们的生命还在，还活着，等待我们回归。路线是指定的，月亮是所有亡灵回归路途的空中休息点，休息就得有吃的，于是鱼、豆腐、糯米饭这些必备干粮，成为葬礼祭祀的核心内容。回归的方式有两种，一种是亡灵自己走路，另一种是骑马。马是现实世界的，得砍死了才会变成飞天的天马，才能载着亡灵实现天马行空的回归。有一段很脏的路，需要猪拱开出路来，叫猪开路。鸡的前世是祖先的书童，鸡能找到祖先的故乡，鸡在前面引路。马、猪、鸡都有自己的祖先，得唱它们的前世今生，因而有了唱《马经》《猪经》和《鸡经》的仪式。亡灵离开月亮继续向上走，要经过乌利王的城门，这一关是要经过乌利王的考试，乌利王得盘问亡灵的前世今生，也就是人从哪里来将要回到哪里去？答对了才能顺利通关进入天界。于是，苗族人死亡的时候就得唱史诗《亚鲁王》。《亚鲁王》是一部祖先群体创造宇宙万物的超级故事史诗，亚鲁王本是其中的一个祖先，但由于其具有承上启下的核心地位，成为所有祖先的创世代表。《亚鲁王》的主要功能是教育亡灵和规定现世苗人的生活动作，也是活着的苗人的生活经典。

麻山苗族人的死亡分为正常死亡和非正常死亡，两者得到的礼仪待遇不同。死在自己房子外面的和流血死亡的是非正常死亡，尤其是死在屋外的尸体不能放置家里，只能在屋外门口设灵堂，被视为不干净，体弱病残者避之。生老病死在家里的属于正常死亡，称为好死。流血死亡的，视为身体已经残缺，已经不能自己走路，无论经济条件是否允许，都必须砍一匹马给他骑着回去。正常死亡的，

---

① 该部分所有图片，由学者杨正江提供。

其孝子在经济条件允许的情况下就砍一匹马以表孝心，没钱买马的家庭也可以不砍马。此外，部分家族自己规定，但凡死了一个人就得砍一匹马，已经没有了正常死亡和非正常死亡之分。

21世纪之前的麻山腹地几乎没有通公路，生活与外界隔绝，没有医疗条件，当地苗族人生病的时候都是用传统的草药治疗。对于患特殊重病的中青年人，他们才会用滑竿把病人抬出来到乡镇医院救治。21世纪之后麻山的交通发生了翻天覆地的变化，寨寨通了水泥硬化路，轿车基本普及每个村寨，但是仍然还有多数老年人改变不了生病不去医院治疗的习惯。他们凭着世代人传承下来的生活经验，派人上山找点草药或托人去找熟人弄点偏方回来治疗，病情或多或少得到缓解，直到病情恶化才会同意年轻人送他们到医院检查，多数人的病情是已无法治好的情况了，拿了检查结果就得马上送回家。麻山苗族的老人最担心自己死在了家的外面，所以多数老人都会放弃争取治疗的机会，催着儿女赶快把自己送回家里去等死。

到了家之后，儿女们在火塘边或者堂屋一侧铺上稻谷草编织的草席，草席上再铺上一张床单，抱着病人睡在上面。活着的时候无论生活是怎样的富裕和辉煌，临死的时候一定要睡在稻谷草席上，因为稻谷代表祖先，也代表着苗族部族，死前要铭记着回归家园。

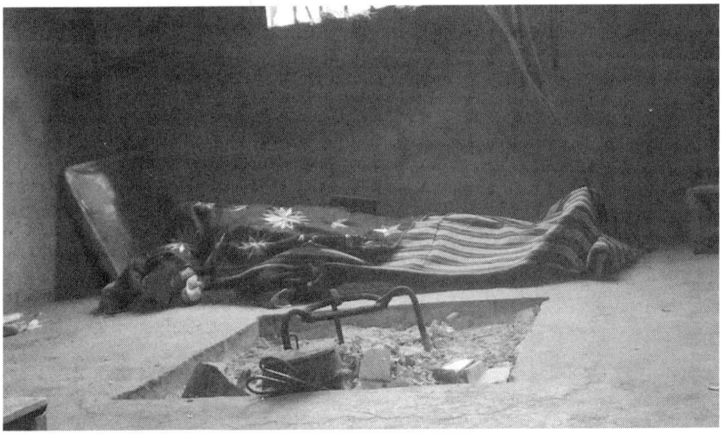

**图6　火塘边稻谷草席上躺着一位刚刚断了气的老人**

老人断气之后，主家在门口鸣枪或者放鞭炮告知全村人或者周围寨邻家有大事。儿女们暂时不能哭泣，还要等待主持仪式的东郎（《亚鲁王》传承人，类似祭司身份）前来宣布其死亡。

图 7　一男子坐在门口持枪等待火塘边的老人断气，即将鸣枪告知寨邻家有大事

部分家族在老人断气之后，把稻谷草席移开，直接把老人尸体放在一层竹筏之上，代表送给亡灵回归路途中过长江用的竹筏。

图 8　代表亡灵过江用的竹筏

传统的灵堂摆设是把棺材停靠在堂屋的一侧，男左女右。尸体放入棺材之

前，所有的亲人都得赶来送上一面代表族徽的旗子，苗族人称这图案是“太阳开花”，笔者理解为“生命之花”，是宇宙大爆炸的记忆，是宇宙元素的象征。图案变幻之多，都表达一个意义，即回归生命起源点的故乡。

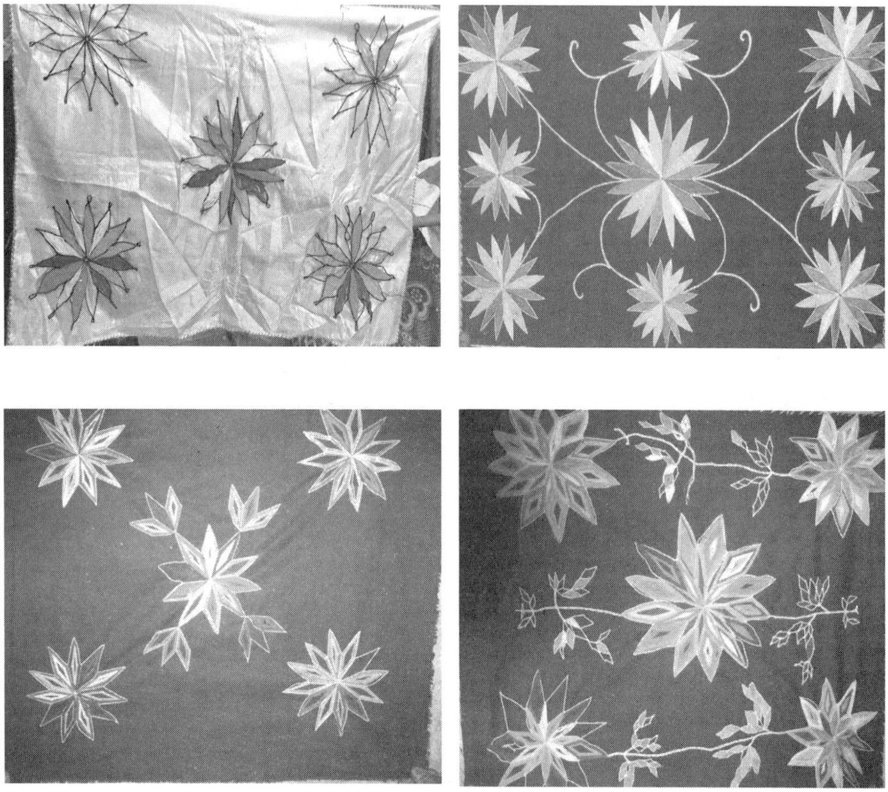

图 9　变化多样的族徽图案

一个亡灵收到的族徽会有很多，只能选女儿、姑妈、母舅的几面代表放入棺材内，有的家族是叠加盖在胸口上，有的家族是盖在脸上，部分学者据其放置方式取汉语异名“盖脸帕”，苗语自称“卜秋”（苗族音译），意为出口的盖子。麻山苗族人认为天地间是一个封闭的整体，他们认为回归到天的起源点得经过三个界，即下、中、上。天地间还只是下，穿越中，才能到达上方祖先的怀抱。下有个出口，乌利王在出口处建一座城门把守，这旗子是通过出口的身份凭证。笔者理解为灵魂出口的盖子。

盖好族徽之后，切点碎银放入亡者的嘴里。

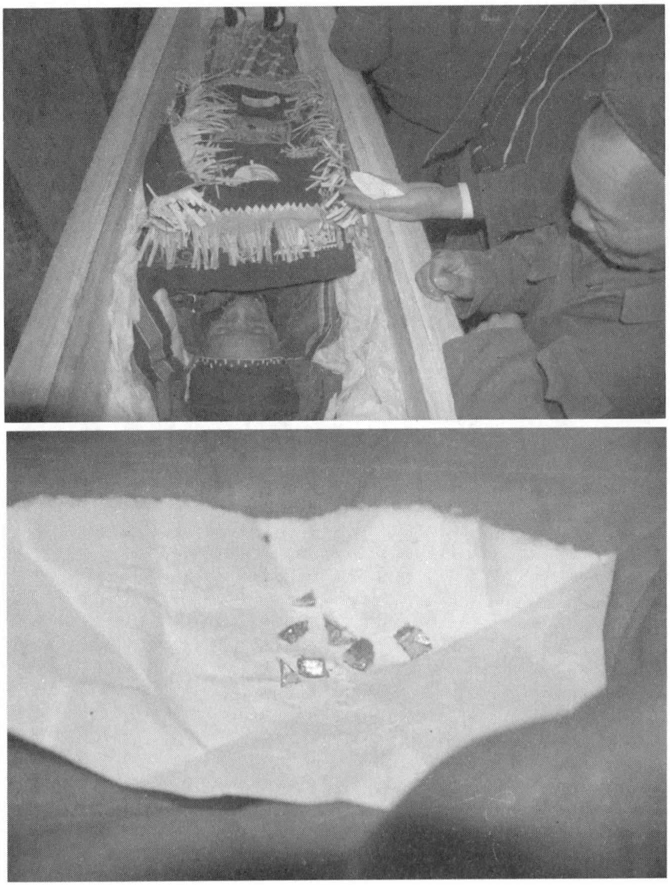

图 10　把碎银放入亡者嘴里

最后一步是关上棺材盖，挂起铜鼓，立起牛皮鼓，摆放祭桌，准备好枪、炮和鞭炮，孝女孝媳们准备好哭丧等，万事俱备，等待亡者的女儿、母舅或者姑妈前来举行入棺材仪式。以东郎击牛皮鼓为口令，鼓声一响，所有动作同步，即击铜鼓、吹唢呐、哭丧、鸣枪、鸣炮、放鞭炮、打糍粑、祭祀等一起进行，宣布亡者已经死亡并启程回归，整个仪式是模拟古代王者出征。麻山苗族人认为万物归宗，生命平等，死者为王。王，三横一竖，乃完成三层界面的穿越者，人人享有王的尊严和王的仪式。

图 11　摆好祭祀桌，持枪准备

图 12　准备好铁炮

**图 13　棺材盖上准备好稻谷草绳，入棺仪式之后所有孝子批绳**

**图 14　挂起铜鼓，铜鼓上方镶着羊角**

山羊是铜鼓的守护神，也是苗族部族的保护神。苗族部族离开江北岸的最后一次战争是设计的空城计，把山羊拴在铜鼓前，山羊不停地撞击铜鼓，城内铜鼓声阵阵，犹如千军万马在集结，敌军迟迟不敢攻城，部族赢得了过江的时间。

图 15　牛皮鼓、铜鼓一起击响

图 16　第一支女儿的唢呐吊唁队进场

图 17　打糯米粑粑作为亡灵路上的干粮

图 18　男孝跪拜、女孝哭丧

图 19　鸣枪，亡灵启程

## 二、紫云自治县大营镇芭茅村芭茅组岑万金葬礼仪式个案观察

时间：2016 年 9 月 2 日—9 月 5 日，全程观察 4 天。

地点：安顺市紫云自治县大营镇芭茅村芭茅组。

亡者：岑万金 66 岁，苗族，生于 1951 年。

**9 月 2 日**

上午 9 点，笔者跟随紫云自治县亚鲁王文化研究中心一行人赶到芭茅村，芭茅村位处麻山腹地，过去是贫困麻山的地理标志。麻山的群山很密也很高，上午的太阳艰难地穿过山峰照射着仿佛独处另一个世界的芭茅村，那层次建设的漂亮的现代水泥钢筋建筑，宣示着麻山告别了传统的破旧草屋，已经发生了翻天覆地的变化。

图 20　麻山腹地芭茅村芭茅组

图21　紫云自治县亚鲁王文化研究中心团队一行进入丧事人家

图 22　亡者岑万金生前的家

图 23　为道士作法准备的灵堂

图 24　岑万金遗像

一行人以吊唁亡灵的方式走进了丧事人家，亚鲁王团队事先与主人家沟通好了可以拍摄记录整个葬礼全程，我们才得以自由拍照和访问。笔者观察到岑万金的灵堂摆设与苗族传统的男左女右不一样，是设在了堂屋的中央，还搭建了道士专用的灵房。挂着亡者遗像的堂屋正面墙上还设有神龛，在笔者的印象中西部苗族没有神龛，祭祖时都是在火塘的东边临时设祭坛。访问才得知是因为现代住房建筑是模仿山外的汉族人修建的，山外的现代建筑房堂屋墙都挂着神龛，几乎是标配的装饰，苗人挂着神龛也只是挂着，没有任何实用价值。灵堂设在堂屋的中央，是因为其有个孙女嫁给了山外的汉族人，汉族人没有唢呐吊唁队，只有道士作法超度的仪式队伍，为了给孙女尽孝的机会和空间，而专门为道士作法的仪式准备的。这两个现象看似普通，却透视到麻山苗族文化的兼容性。因其占领了礼仪的高位，所以兼容所有外来文化。

亡灵岑万金是2016年8月30日上午去世，当天下午入棺，其死后两天我们才得到消息，因而没有赶上入棺的仪式。我们了解到9月4日是开客（开堂）日，也就是公开集中吊唁日，葬礼的大仪式是9月3日才开始举行，从8月31日到9月2日这天也只是每日反复举行的日常供饭小仪式。分早、中、晚三次供饭，每次都得击鼓，鸣枪，孝女哭丧。苗族人认为人有三魂，一魂回归祖先，一魂留守坟头，一魂守在房前屋后。该回归的魂已经在8月30日那天启程，可是留守房前屋后的魂还在，得一日叫醒他三次起来吃三餐。

在芭茅组，每死一个人都得砍一匹马。马须是从集市上买来，如今麻山的马集市供不应求，买马也是一件很艰难的事，通常要去到外县集市去买马，亡灵岑万金即将要骑着回归的这匹马是昨天才从惠水县买来的。

**图25　一男子站在门口鸣枪叫醒亡灵起来吃中午饭**

图 26　孝女哭丧叫醒亡灵起来吃中午饭

图 27　一位年轻的东郎在给亡灵供中午饭

图 28　前一日才从惠水县买来的马，即将是亡灵岑万金的坐骑

**9月3日**

早晨，拉猪的叫喊声响彻山寨。明天要招待从四面八方赶来的亲戚朋友，今天得提前准备好饭菜。在麻山，一个普通苗族人的葬礼都得杀十几头猪、几头牛和一匹马。

图 29　杀猪招待第二天来的客人

村民们忙着准备第二天的饭菜，东郎们也开始忙活，昨天就听说东郎们要在今天牵马去征粮。征粮是古苗族部落王国的军队补给制度，军队草粮由民间供给，每次出征前先到民间征讨军粮。麻山苗族的葬礼仍然有模拟古代苗族出征讨粮的环节，只不过是征讨的对象是至亲。据了解，以前牵马去走亲、征粮是很艰辛复杂的仪式，亲戚多的人家得提前 5 天左右开始行走，要走完所有的女儿、姑妈和母舅家。那时交通不便，一天也只能走到一个亲戚家，一支牵马走亲、征粮的队伍十几人，路上还得带着吃的干粮。征粮的队伍由孝子和东郎组成，孝子们负责扛旗子、牵马和背路上吃的干粮，东郎轮流接力一路走一路唱着史诗《亚鲁王》，唱几天几夜。现今麻山交通方便，年轻人们也忙着出门打工，葬礼的仪式或多或少简化了些，牵马走亲、征粮也改成了只走大女儿家或大姑妈家，而且都不走路了，直接用三轮车运马，东郎骑摩托车，时间大大缩短了，也节省了走路的力气。

图 30　一孝子给马装上马鞍

图 31　马鞍已经装好，等待东郎集中出发

图 32　东郎与孝子在灵堂前举行出发征粮的仪式

图 33　征粮队伍手拿香纸站在门口作揖，
出发前先到砍马的树桩下祈福

图 34　征粮队伍来到砍马的树桩下插香烧纸祈福，
口号喊三遍："天柱上的王！"

图 35　在树桩下鸣枪、放鞭炮，征粮队伍正式出发

图 36　把马赶进三轮车箱

图 37　运马的三轮车跟随征粮队伍慢行通过村口，
表示传统的走路征粮习俗还保留着

图 38　出村口后，东郎都上了摩托车，
坐在摩托车上唱《亚鲁王》

图 39　征粮队伍出发了，家里的女人们忙着做手工豆腐，
苗族人的葬礼只吃豆腐，不吃白菜等其他蔬菜

图 40　回归的征粮队伍

下午，夕阳西下，征粮的队伍回归到村口，看样子已经疲惫不堪。虽然都是骑车走的，但人们可能因为路途遥远，山路弯曲，几乎都晕车了，回归的征粮队伍已经分散，只有零星的几个人坚持走到砍马树桩下。

图 41　征粮回归的马已一整天没吃食

征粮队伍回到砍马树桩下，一天的牵马走亲仪式完成。马儿驮着满满一袋的糯米粑粑，装着大女儿对亡灵满满的祝福。

图 42　事有始终，从树桩这里祈福出发，归来要向树桩交代

小歇一会之后，东郎岑小强唱着祈福的古经，大概是向天柱（此树）顶上的某王交代一下今天的行程和收获，都走了哪些地方，是哪个亲戚给了亡灵干粮（糯米粑粑）。

《亚鲁王》是一部讲述宇宙的超级故事史诗，它唱诵宇宙是一个超级大家庭，宇宙有终极，那里的九根柱体是万物与生命的起源点，也是宇宙的起点，那九根柱体叫宇宙的“创生之柱”，中间的那根顶端诞生了生命，这是后来很多古歌里唱到的关于“天柱”的记忆，也叫宇宙树。苗人认为宇宙树或柱是灵魂通往天地的介质，人死后马能带着亡灵沿着宇宙树回到天上方的故乡。树根部编织的这个球体，里面放着稻谷草，代表着现在活着的苗族人。竹篾代表下方这个封闭的天界，史诗唱诵祖先用竹篾编织天。

图 43　东郎的晚餐，主食豆腐

暮色降临，出门征粮的东郎已全部归位，抓紧时间吃饭，夜晚还要唱长篇史诗。

图 44　出发唱诵《马经》前的仪式

晚饭后，东郎们再一次在灵堂前举行仪式，这一次是要出发去天柱（宇宙树）下唱诵《马经》，给马交代马的使命。

**图 45　备齐亡灵的行李担**

**图 46　把亡灵的行李担架在马背上，回归的路途马负责驮行李**

另一边，孝子们在给亡灵准备回归的行李，并绑成担子架在了马背上。行李有碎银、草鞋、烟叶、火草、打火石、糯米粑粑、鱼、酒、豆腐和水。

**图 47　驮着亡灵行李的马还不知道自己的前世今生，今晚它得认真听唱述**

夜色里，东郎队伍打着手电筒朝栽种天柱的方向走去。

在麻山，每个村寨都有一块公共使用的栽种天柱砍马的土地。除了公用的，也可以选择自己家的耕地。

**图 48　东郎黄东能在唱《马经》**

东郎开始唱诵《马经》。《马经》是史诗《亚鲁王》的一部分，缘起亚鲁王创建的礼仪。万物共一个始祖，但是万物都有自己的祖宗，马的祖宗是“诺赛飞”（苗语音译）。亚鲁王是唯一一个能在下、中、上三界来回行走的英雄，他到上界的祖先故乡去赶集市，非常喜欢“诺赛飞”（马）的形象，祖先告诉亚鲁王：“你可以骑着诺赛飞去打仗征战！”于是亚鲁王买下了诺赛飞骑着来到了下界，诺赛飞还带来了千万匹的马群。后来诺赛飞冒犯了亚鲁王，招惹杀身之祸，它向亚鲁王求饶恕说“亚鲁王，您先留着我的性命，日后您老死了我来驮着您回归上界故乡去见祖先！您死了就砍我陪伴您回归，您的后代死了就砍我的后代去陪伴！”这是《马经》的关键内容，其长篇幅唱诵祖先反反复复研究造马的历程，历尽了失败最后才成功的马。

**图 49　模拟搭建古代的“马倌棚”，是夜唱《马经》东郎队伍的临时休息地**

在唱诵《马经》场地的一边，搭建了一个“马倌棚”，过去是在草原养马的官人住的，现在是东郎们休息睡觉的场所。《马经》要唱诵一个晚上，需要几个东郎轮流上阵去唱诵。

**9 月 4 日**

上午 9 点，在村口处通宵达旦唱诵《马经》的东郎仪式队伍还没有收场，已经有客人队伍前来吊唁。

图 50 第一支客人队伍进村

图 51 客人陆陆续续进村，前面领队的妇女手握古代王伞

麻山苗族葬礼的花圈几乎都是本地区特制生产的，与山上外民族的花圈样式略有不同。他们遵循死者为王的民族训导，每一支客人都给亡灵准备了王伞，还有从族徽上的图案搬运下来制作成各种精美的花，这些花圈表达着宇宙空间的结构，给世人展示着生命的来途与回归，这些花圈究竟是谁最先研究发明的，现在没有答案，工匠们也只是为了传承而传承，已经失去了花圈样式本身意义的记忆。

图 52　道士进灵堂做法超度亡灵

亡灵孙女请来的属于当地汉民族葬礼习俗的道士队伍到了，几乎所有的苗族葬礼仪式都先暂停，为其让道，腾出空间，他们要绕棺材唱经做法。笔者观察到周围的苗族人都是平静地注视着这一行人，似乎什么都没有发生过一样，这本是文化的冲突，可是在这里一切都变成了融入。事后笔者访问东郎黄老华，他说：“汉族、布依族、苗族等以前都是一家人，后来分了家，他们把《亚鲁王》给忘了，所以才出现的这些仪式，目的都是归去一个地方，只是他们走到了半路就以为到家（故乡）了，这个没有多大问题的，他们做过之后我还要做（唱）的，我们会在半路把我们的人喊起来继续往前走，他最终会听我们的指挥回到家。”

黄老华这个看似简单的表达，却告诉了我们一个道理，因为麻山苗族人对“家”的理解占领了空间的最高度，所以包容了视线下的所有。

图 53　客人挑着担子来吊唁

图 54　客人挑来的担子里装的豆腐和五色糯米饭

豆腐、五色糯米饭是吊唁亡灵的核心内容。之前的麻山没有随礼金的习俗，翻山越岭赶来，只为助力其回归路途吃的干粮。

图 55　客人挑来的担子礼物最后都交给了亡灵

东郎黄老华把每一位亲人送来的五色糯米饭和豆腐都一一地念唱给了亡灵，这才是葬礼吊唁的意义所在。

图 56　牵马迎客的东郎队伍

屋外与村口，几名东郎牵着马来回不歇地引着每一支客人队伍。他们将一直迎客直到砍马的客人队伍到了才停止。今天是大女儿家来砍马，砍马队伍的主要成员是由对方村寨的东郎组成。在麻山，几乎每个村寨都有自己的东郎群体，他们在年轻的时候结伴去拜师学艺，学成之后就一直守望本村本家族的仪式至今，是名副其实的守村人，他们一生很少出门打工，甚至都没有出远门。一般情况下，东郎的家庭经济相对比较薄弱。

图 57　专为砍马东郎摆设的桌子

大女儿家砍马的东郎队伍来到村口了，家里的东郎们摆桌子等待，要发生一场竞技比赛。

**图 58　砍马东郎与主家东郎对接礼数**

砍马的东郎队伍来到了，他们先是围绕这张桌子转了三圈，然后主家的东郎唱着问话，内容大概是你们是哪里来的军队，为何要浩浩荡荡地从我们的地盘穿过？这是两军相约相遇时的对接暗号，内容都是传统传承下来的史诗行句，要灵活地搬运来对话，对答如流之后主家东郎放行，邀请其进堂屋。

**图 59　鱼是祖先与我们同在的象征**

宝剑柄上插着鱼，代表祖先授权，其有资格砍马。

图 60　灵堂前的长桌宴

主家东郎与砍马的东郎坐在灵堂前与亡灵一起吃长桌宴，这应该是苗族传统长桌宴的源头。在这灵堂前与亡灵一起的长桌宴如今也只是走走仪式的流程，没有人真正的在此进食。碗里盛的是鱼、黄豆、酒。姑爷给坐在两边的东郎递烟，顺时针递九次，逆时针递九次；倒酒在碗口九次，倒酒在碗底九次。仪式动作虽然单一重复，但也得认真仔细地数着做下去。

图 61　砍马东郎队伍

长桌宴仪式完毕，砍马的东郎起身给亡灵烧纸插香，同时左手留一纸一炷香准备前往那棵天柱下砍马。

图 62　砍马东郎列排灵堂门前等待主家东郎引路前往砍马场地

图 63　似乎，他们的仪式都是在祖先的见证下举行

主家东郎列排走在前面带路，砍马东郎列排跟随。三步一回头相互作揖一次，每一次都齐声高呼："天柱的王！"这个动作反复做，直到带路走到那棵天柱边上才停止。

这时，前来吊唁的客人早已经在此选择了最佳的位置坐下，等待仪式的进行。

图 64　马似乎懂得了祖先赋予的英雄使命

砍马东郎队伍进场前的一刻钟，主家孝子和大女儿家分开两次在天柱下放鞭炮轰炸，长鞭策马踩着炮火围绕着天柱奔跑，象征着战马穿越了炮火的战场。此时，鞭炮烟雾还未散开。

图 65　给马喂食糯谷穗

战马在穿越炮火的战场之前，由孝女和孝媳每人给它喂上一把糯谷穗。麻山苗族对故乡概念的理解分为两个层次，出发回归时先把身体放置第二层次的故乡，即中原，从南部或者西部回归中原这段路途不需要仪式也不需要强调，人死的时候是已经直接身处了中原；第一层次的故乡是上界的故乡，是灵魂的最终归宿。苗族妇女们给战马喂上故乡的糯谷穗，一是故乡的战马吃的是糯谷穗，二是糯米是祖先的粮食，战马吃了就能顺利回归到祖先的怀抱。

图 66　砍马东郎祭祀祖先

图 67　砍马前先行礼

砍马的东郎队伍围着天柱转三圈之后，把香插在天柱根部，年轻的东郎上阵完成砍马的仪式。

图 68　象征天柱的树被拔起抬往亡灵的坟地

图 69　它们代表着一匹完整的马

战马被砍倒地之后，孝子把天柱拔起来扛往要埋葬亡灵的地方，等待放置坟边上。割下的马头、马蹄、马尾将要埋葬在亡灵的坟头边上。马已经带着祖先的使命，将把亡灵顺利送达祖先的故乡。

图 70 给亡灵唱诵史诗《亚鲁王》前要准备的道具

灵堂前，人们开始准备红稗种子、小米种子、糯谷种子、柴刀、薅刀、挖锄和犁口，这些东西将送给亡灵。

图 71 东郎起唱史诗《亚鲁王》之前先洗脚

图 72　麻山传统的东郎演唱史诗《亚鲁王》的道具及装束

天快黑了，年轻的东郎洗脚和换装，净身和盛装代表对亡灵和祖先的尊重，他将第一个给亡灵唱诵史诗《亚鲁王》。

开唱前要呼喊三次亡灵的名字，呼喊亡灵回转到屋里来听唱《亚鲁王》再走，否则过不了乌利王的那个城门出口，因为此前入棺仪式的时候亡灵已经启程回归。

图 73　东郎黄老华

黄老华，他是芭茅村全体东郎的师父。每次葬礼仪式都是他亲自带着徒弟们一起轮流上阵唱史诗《亚鲁王》。

图 74　天亮了，东郎唱的《指路经》即将结束

**9 月 5 日**

天亮了，史诗《亚鲁王》也即将唱完，寨子的人们集结在门口等待东郎把史诗唱结束，发丧，抬棺出门。

图 75　出殡

图 76　射箭

一人在前面一边走一边射箭，众人点火抬棺跟随。这是模拟古代苗族部族一边战争一边星夜迁徙的场景。

图 77　扫寨仪式

刚把亡灵抬上山，东郎黄老华带着徒弟开始扫寨。麻山苗族的葬礼，一家人的亲戚全寨人的客，前来吊唁的客人们都分散住进了全寨子人家去，家家开门迎客。15 年前的麻山苗族葬礼，丧事人家不给客人提供吃的，都是全寨人帮忙接待，客住进哪家，哪家提供吃的。如今麻山不缺吃的，丧事人家自己提供吃的，全寨人负责开门提供住的。因为每户人家都参与了葬礼接待，葬礼结束需要举行扫寨仪式。

**图 78　倒簸箕仪式**

倒簸箕是给葬礼画上一个句号的仪式，簸箕代表大地，竹篾和衣服代表天。

# 后 记

作为贵州西部苗族的一分子，我一直对苗族的民俗仪式非常感兴趣。其实，仪式作为最能体现人类本质特征的行为表述与符号表述，它反映了人们对自身及其关联世界的理解与看法，彰显出特定群体的文化与社会生活的基本结构以及整体运行秩序。宦迹所在的黔南、安顺两地，大概皆以汉族、布依族、苗族占人口之多数，他若仡佬、彝、侗、回族等亦皆有之，各民族间交往交流交融深度发展，多民族互嵌式社区引领民族团结一家亲的局面欣欣向荣。目前，贵州各族人民正在为乡村振兴开新局而努力奋斗。乡村振兴，文化是灵魂。为推动铸牢中华民族共同体意识，提升乡风文明水平，发展文化旅游产业，实现乡村文化振兴，多民族之间的文化交流与理解是必不可少的。

民族文化具象呈现而为人们视听感官所触知的，最主要也最直接的内容便为仪式。人生仪式与社会秩序建构关系密切，特定社会群体往往将一整套的生命伦理蕴含在其语言、生活与各类仪式之中，成为完善群体内个体生命以及引导族群成员和谐共处的重要基石。人们通过不同阶段的人生仪式建构起自身信仰崇拜的神圣空间，从具体的仪式演绎中规范社会秩序，将个体生命与群体的历史进程、社会文化、公共记忆等要素紧密关联，从而实现人生仪式承载群体记忆、强化群体认同、构建群体社会关系的社会功能。

基于各民族交往交流交融的理念，加上自身在贵州迤南地区的长期工作生活体验，笔者试图以安顺蒙正苗族人生仪式为个案，梳理其历史演变过程中仍然保留的仪式（生育、成人、婚恋、丧葬）过程，以范热内普的“过渡礼仪”理论为视角分析相关仪式过程背后蕴含的象征性含义，诠释人生仪式在安顺苗族社会秩序建构中所起的作用。

天道酬勤，此书稿的完成，必须感谢石恪、杨正兴、梁勇等人在参与田野调查、资料收集与写作指导中的大量付出，感谢杨文金主席、学者杨正江提供的图片和文字资料。书稿得以出版，还必须感谢湘潭大学出版社，感谢出版社编辑老师们的辛勤付出与贵州省高校乡村振兴研究中心的资助。

罗荣彬

2022 年 8 月 11 日

图书在版编目（CIP）数据

安顺蒙正苗族民俗通论 / 罗荣彬著. -- 湘潭 : 湘潭大学出版社, 2023.6
ISBN 978-7-5687-1156-2

Ⅰ. ①安… Ⅱ. ①罗… Ⅲ. ①苗族—少数民族风俗习惯—研究—安顺 Ⅳ. ①K892.316

中国国家版本馆 CIP 数据核字 (2023) 第 132433 号

**安顺蒙正苗族民俗通论**

ANSHUN MENGZHENG MIAOZU MINSU TONGLUN

**罗荣彬 著**

**责任编辑**：丁立松　渠珊珊
**封面设计**：张丽莉
**出版发行**：湘潭大学出版社
**社　　址**：湖南省湘潭大学工程训练大楼
**电　　话**：0731-58298960 0731-58298966（传真）
**邮　　编**：411105
**网　　址**：http://press.xtu.edu.cn/
**印　　刷**：长沙印通印刷有限公司
**经　　销**：湖南省新华书店
**开　　本**：710 mm×1000 mm 1/16
**印　　张**：18.5
**字　　数**：342 千字
**版　　次**：2023 年 6 月第 1 版
**印　　次**：2023 年 6 月第 1 次印刷
**书　　号**：ISBN 978-7-5687-1156-2
**定　　价**：108.00 元